シリーズ◈世界の思想

カント 実践理性批判

御子柴善之

JN043528

角川選書
1008

はじめに

カントの『実践理性批判』は、道徳の本ではありません。道徳に普遍的な根拠を与える能力が私たちにあるかどうかを批判的に見極める本です。とはいえ、道徳の根拠に向けて問いを発しているのですから、話題はおのずから道徳にかかわるものになります。そこで、いったんカントから離れて、私たちの道徳にかんする語り方を振り返ってみましょう。

道徳はほとんどの場合、人間の行為について語られます。その際、私たちは、特に、人の世の出来事を斜めに見ることを覚えてしまった後では、その行為を外面的に実現した振舞いだけではなく、当の行為を実行した人の内面にまで目を凝らそうとするのではないでしょうか。あの人の行為は社会的には〈よし〉とされるものだが、その内実は偽善的なものだ、という批評を語るとき、ひとは行為者の内面を観ることができると思っています（そんなことが神ならぬ人間にできるのでしょうか）。他方、あの人の行為は一見したところでは社会のルールに反しているが、それでも当人の道徳的に純粋な心情は評価されるべきだ、という批評を語るとき、ひとは〈純粋〉という言葉に知らず知らずのうちに高い評価を与えています（そうした評価に根拠があるのでしょうか）。

さて、カントもまた、行為における道徳的判断を、行為の外面に表れた結果に基づいて行うことを退け、行為者の内面で行われた意志規定に基づいて行うという立場を採った哲学者の一人です。いや、その代表者であると言うべきでしょう。しかし、私たちはしっかり理解しておく必要があります。カントが『実践理性批判』という理性批判の書物で捉《とら》え出した、人間の実践的能力の実相が、私たちの日常的な道徳の語り方とぴったり符合しているわけではない、ということを。

カント哲学は「批判哲学」という言葉で特徴づけられます。ここでいう「批判」とは〈分ける〉という言葉を根源にもつ表現です。第一の批判書である『純粋理性批判』に則して言うなら、私たち人間には〈分かる〉ことと〈分からない〉ことがありますが、その両者を〈分ける〉ための哲学的な営みが批判哲学です。この観点から振り返るなら、カントは同書の頃から一貫して、人間は他人の行為はもとより自分の行為についても、その意志決定が何に基づいて行われたかを理論的に認識することはできないと指摘し続けています。私たちは自分や他人の行為の根拠を、自然現象を認識するように外側から観察して見極めることはできない、つまり分からないというのです。この指摘を受け入れるなら、私たちは自他の行為について、偽善であるとか純粋であるとか言えなくなるはずではないでしょうか。

ところが、カント自身は、すでに書きましたように、行為者の内面のあり方に基づいて行為の道徳的価値を語った人物です。彼自身が明言しているわけではありませんが、人間の行為を外側から眺めるのでなく、その行為を自分の行為として〈実践する〉という観点を取るなら、行為者の内面にアプローチできるかもしれません。

さらに、「純粋」という問題こそは、カント哲学にとっての大問題です。『純粋理性批判』は、一切の経験的なものから隔絶された「純粋理性」に対して批判を加える（それによって何かが分かるのかを問う）書物として、「純粋」という事態がどのようなものなのかを正面から論じています。私たちがこれから検討する、第二の批判書、すなわち『実践理性批判』は実践理性を批判することで、「純粋実践理性」あるいは「純粋理性の実践的使用」があり得るかを論じるものです。さらに、第三の批判書もまた、「純粋趣味判断」を扱っています。これらは、カントにとって「純粋」ということがらがいかに重要であるかを示唆するものです。

「純粋」については、ここでさらに確認したいことがあります。それは、カントが語る「純粋」、「純粋意志」、「純粋実践理性」が、私たちが日常的に語っている「純粋」とどのくらい大きく異なっているかを見極めることが、『実践理性批判』という書物の読者に求められているということです。

一例を挙げましょう。政治哲学や政治学の分野でポピュリズムという現象が話題になると、しばしば言及される書物に、ヤン＝ヴェルナー・ミュラーの『ポピュリズムとは何か』（板橋拓己訳、岩波書店、二〇一七年）があります。この優れた書物は、ポピュリズムの本質の一つを「反多元主義」に見いだし、ポピュリストは自分たちと異なる立場が正当性をもって存在する可能性を否定し、そうした立場を採る人々を排斥すると指摘します。その際に重要なのは、ポピュリストがしばしば道徳の言葉で「純粋」を語ると指摘されていることです。たとえば、A国の国民なら誰でもがBのように考えるべきであり、そう考えない人はこの国の国民とは言えない。Bのように考えられないなら、A国を出ていけばよい！　という語りを思い浮かべることができるかもしれません。こんな暴力的なことが語れるのは、ポピュリストが自分たちはA国のことを純粋に思っているからだ、その点で自分たちこそが道徳的な人間だと考えているからです。ここで詳述はしませんが、このミュラーの指摘が正鵠《せいこく》を射ていることが確かだとしてなお、ここで語られる「純粋」は、カントが論じて止まない「純粋」とはまったく無縁です。この一点を『実践理性批判』から読み取れるなら、それは、同書が私たち現代人にとってもなお重要な批判的意義をもつ書物だということのひとつの証明になるでしょう。

もちろん、『実践理性批判』の話題は、道徳的な行為の内面や「純粋」という問題だけに留《とど》まるわけではありません。かつてカントは『純粋理性批判』で、実践のことがらへの関心は総じて「私は何をなすべきか」（A805/B833）という問いに収斂《しゅうれん》すると指摘していました。この問いに答えるべく、『実践理性批判』では、行う「べき」ことと行う「べきでない」こととを〈分ける〉ための原則を取り出したり、この問いと善悪との関係を論じたり、意識された「べき」の持っている力を論じたりします。これらの議論は総じて、私たちに意志の自由を認めることができるか、という問いに貫かれています。そもそも自由なくしては、「私は何を行うべきか」という問いが成り立たないからです。さらには、同書の後半では、この問いの下で実践的に生きる人間がどのような煩悶《はんもん》を抱えることになるかが論じられ、それに基づいて、古くから問われてきた魂の問題や神の問題が、人間にとってどのような問題なのかも論じられます。これらの問題と『実践理性批判』の章立てとの関係は、別表1をご参照ください。

最後に、『実践理性批判』という本がもっている特有の難しさ、あるいは同書を解説することに伴う特有の難しさを指摘しておきましょう。すでに述べましたように、カントは道徳的行為における「純粋」さを目がけて精緻《せいち》な議論を展開します。そのとき彼は、これまで誰もそれを完全に実現したことがなかったとしても、それでも、ひとが「私は何を行うべきか」と問う限り、そこには実現されるべき「純粋」さが意識される可能性があるはずだと考えているようです。しかし、これは正反対の問題状況をもひき起こします。それは、カントの所説を理解するためになんとか好都合と思われる事例を挙げて説明しようとしても、そうした事例には彼の考える「純粋」に届いている保証がないという問題です。事例はいつでも経験の世界のことがらとして、経験的に認識されます。ところが、この「経験的」こそが「純粋」の対義語なのです。これはつまり、事例を挙げて説明すればするほど、カントの主張の核心から逸《そ》れていきかねないということです。これが、『純粋理性批判』には見られなかった、『実践理性批判』に特有の困難です。本書で私は、読者の理解を促進すべく、さまざまな例を挙げていますが、そこにはこうした問題があることを、こころに留めていただきたいと思います。『実践理性批判』という営みがカントの実践哲学全体の中でどのような位置を占めるのかは、別表2をご参照下さい。

　なお、本書は『実践理性批判』の構成に基づいて、その記述の順序に従って解説を行います。すると、最初に同書の「序文」を解説することになりますが、これは読者を困惑させるかもしれません。同書の「序文」は読みやすくありません。というのは、そこでカントは、自分が先に刊行した諸著作に対して行われたいくつかの批評を念頭に、それに反論すべくファイティング・ポーズを取っているからです。そこで、読者には、ひとまず「序文」の解説を読むのは後回しにして、さきに「緒論」以降の内容を確認することをお勧めしたいと思います。

目次

はじめに 3
凡例 11
別表 12
人と作品 17
第一章 闘うカント——序文から 23
第二章 「実践理性の批判」という構想——緒論から 42
第三章 純粋実践理性の根本法則に向けて——§1から§4 58
第四章 純粋実践理性の根本法則の提示——§5から§7 88
第五章 自律とはどういうことか——§8 117
第六章 自由のリアリティに向けて 134
第七章 実践的使用における純粋理性の権能 158
第八章 善悪とは何か 168
第九章 自由な行為の全体像 186

第十章　道徳的行為の動機　215
第十一章　批判的観念論と自由　250
第十二章　純粋実践理性の弁証論について　277
第十三章　実践理性の二律背反とその解決　286
第十四章　純粋実践理性の優位　312
第十五章　純粋で実践的な理性信仰　341
第十六章　純粋実践理性の方法論　364
第十七章　結語　385

コラム①　人間を敬うことを学ぶ――カントとルソー――　211
コラム②　カントと神の現存在の証明をめぐって　309

おわりに　395
カント略年譜　400
事項索引　406
人名索引　407

凡例

一、『実践理性批判』の原典からの引用は次のものに基づきます。なお、日本語訳はすべて引用者によるものです。

Immanuel Kant, *Kritik der praktischen Vernunft*, herausgegeben von Horst D. Brandt und Heiner F. Klemme, Philosophische Bibliothek 506, Felix Meiner Verlag, Hamburg 2003.

二、引用に際して、原文にあるさまざまの強調は、原則として傍点で表現しました。

三、引用文中に引用者による補足を加えた場合があります。その場合は〔 〕で示しました。

四、引用文中に、①②③④のような数字が挿入されている場合があります。これは筆者が説明のために挿入したものです。

五、『実践理性批判』からの引用は、その出典箇所をいわゆるアカデミー版カント全集第V巻の頁数を（ ）内で示しました。

六、『純粋理性批判』からの引用箇所は、慣例に従い、初版（A）、第二版（B）の頁数を、（A19/B33）のように示しました。

七、『純粋理性批判』と『実践理性批判』以外の著作から引用する場合、その出典箇所をいわゆるアカデミー版カント全集の巻数（ローマ数字）と頁数（算用数字）で示しました。

〈別表1〉『実践理性批判』の内容

ここでは、本書との対応を表示することを主眼とし、『実践理性批判』の目次を簡略化して訳出するとともに、部分的には重要概念を付け加えています。

	（本書）
序文	↓　第一章
緒論	↓　第二章
第一部　原理論	
第一篇　分析論	
第一章　純粋実践理性の諸原則	
§1から§4〔定義と幸福主義批判〕	↓　第三章
§5から§7〔根本法則の提示〕	↓　第四章
§8〔自律〕	↓　第五章
I　純粋実践理性の諸原則の演繹	↓　第六章
II　実践的使用における純粋理性の権能	↓　第七章
第二章　純粋実践理性の対象	
〔善悪とは何か〕	↓　第八章
〔自由のカテゴリーと範型論〕	↓　第九章
第三章　純粋実践理性の動機	↓　第十章
分析論の批判的解明	↓　第十一章

第二篇　弁証論
第一章　純粋実践理性の弁証論　↓　第十二章
第二章　「最高善」概念をめぐる弁証論
Ⅰ　実践理性の二律背反　↓　第十三章
Ⅱ　二律背反の解決
Ⅲ　純粋実践理性の優位　↓　第十四章
Ⅳ　魂の不死
Ⅴ　神の現存在
Ⅵ　純粋実践理性の要請
Ⅶ　実践的意図における、純粋理性の拡張　↓　第十五章
Ⅷ　純粋理性の必要に基づく信憑
Ⅸ　人間の諸認識能力のつり合い
第二部　方法論　↓　第十六章
結語　↓　第十七章

〈別表2〉カントの実践哲学の三層

カントの実践哲学は、大きく三つの層からなっています。それは、抽象的な議論から具体的な議論に向けて、批判、形而上学《けいじじょうがく》、（道徳的）人間学に分けられます。

実践理性批判	実践理性を批判し、「純粋実践理性」すなわち「純粋理性の実践的使用」があることを明らかにする営み。これは理性批判として、理性的存在一般を念頭において遂行される。 この営みは、人間を含む理性的存在一般に妥当する、道徳性の最上原理を根拠づける仕事と表裏の関係にある。
道徳形而上学	批判で根拠をもって提示された、普遍的な道徳性の最上原理を、人間存在に適用する営み。球体である地球の表面に生きる人間たちが互いに接触せざるを得ないことを念頭に置きつつ、人間一般にとって普遍的な目的を手がかりにして、人間の実践的規則を「法義務」と「徳義務」として体系的に展開する。
（道徳的）人間学	道徳形而上学が提示する人間の義務にとっては、その遂行を阻害する要因やその促進をもたらす要因がある。そうした要因を経験的に見定め、義務の遵守へと導く教訓などを提示する。 カントはこの第三層の存在を指摘しつつ、それを明確に展開することがなかった。

〈この表から分かること〉

1、『実践理性批判』は、批判の営みとしてカント実践哲学の最も抽象的な層に位置づいて道徳性の最上原理を提示しつつ、そうした法則を自分のものにする能力を私たちがもっていることを明らかにする書物です。その点で、同書の議論が抽象的だということを嘆く人、あるいは、具体的に応用する術《すべ》が分からないと非難する人は、この位置づけを振り返ってください。道徳性の最上原理を人間に応用するには、同書の議論を超えて『道徳形而上学』の議論が不可欠なのです。

2、最下層に「人間学」が位置づいていることの意味を確認しましょう。これは、道徳性の最上原理がなんらかの人間の自然本性に基づくものではないことを意味しています。人間とはこのようなものだという認識に基づいて、最上原理が取りだされるわけではないのです。あるいは、そういう仕方では最上原理を取りだせないのです。なぜなら、そういう仕方はどうしても経験的になり、ア・プリオリなものには届かないからです。

それでもカントが最下層に人間学を見定めていることも重要です。それは、彼が人間社会の複雑さを視野に入れていることが分かるからでもありますが、なにより、人間に適用できない道徳原理は意味をなさない、つまり、人間に絶対にできもしないことは道徳的に命じられ得ないと考えていたことが分かるからです。

人と作品

イマヌエル・カントは、一七二四年四月二十二日に、プロイセンのケーニヒスベルクに生まれました。ケーニヒスベルクは、現在、リトアニアとポーランドに挟まれたロシア領で、カリーニングラードと呼ばれています。二〇二二年二月二十四日に始まったロシア・ウクライナ戦争のテレビ報道を見た方で、バルト海沿岸にロシアの飛び地があることに気づいた方も多いのではないでしょうか。そこがカリーニングラード、つまり、かつてのケーニヒスベルクです。カントはやがて同地の大学教授となり、一八〇四年二月十二日に亡くなります。

さて、カントの人生については、先に刊行した『カント　純粋理性批判』の「人と作品」にすでに記しましたし、本書の巻末にもカント略年譜が掲げてありますから、ここでは重複を避けて、彼の『実践理性批判』の成立について説明しましょう。

まず、カントの主著、『純粋理性批判』刊行以前の、若きカントの実践哲学への関心についてかんたんに振り返っておきます。彼はベルリン科学

『実践理性批判』初版本

アカデミーが一七六一年に公募した懸賞論文に応募すべく一七六二年に「自然神学と道徳の諸原理の判明性にかんする研究」を執筆し、一七六三年、次席に選ばれた当該作品を刊行しています。この論文には「道徳の第一原理」をめぐる思考が含まれています。さらに、「一七六五年─六六年冬学期講義計画公告」にも「倫理学」にかんする記述が見られます。実は、さらに遡《さかのぼ》り、一七五六年─五七年の冬学期にも倫理学の講義が告知されていたと言われます。これらの点から、カントが実践哲学・倫理学への関心を若いころから抱いていたことが推測されます。しかし、この期間の最大の出来事は、一七六四年頃のルソー体験であり、ルソーの著作から「人間を敬うこと」を学んだことでしょう。ここにこそ私たちは、カントの実践哲学の出発点を見定めることができます。

では、カントは第一批判と呼ばれる『純粋理性批判』を刊行した後、どのようにして『実践理性批判』を刊行するに至ったのでしょうか。その過程をたどることはあまり単純ではありません。今日では、『純粋理性批判』、『実践理性批判』、『判断力批判』を並べて、三批判書と呼ばれたりしますが、これはカントが『純粋理性批判』の執筆当初から企図していたことではないからです。『実践理性批判』の執筆・刊行に至る契機を外在的なものと内在的なものとに分けてみましょう。外在的契機として重要なのは、『純粋理性批判』への無理解と、同書の後、一七八五年に刊行された『道徳形而上学の基礎づけ』に対する反論です。他方、内在的な契機としては、純粋実践理性の弁証論を捉《とら》え出したことを挙げることができます。

『純粋理性批判』が刊行後しばらく、読者層の大きな関心を呼ばなかったこと、そしてようやく出た書評の無理解にカントが憤慨したことは有名です。それらと同列には扱えませんが、当時の有名な哲学者、M・メンデルスゾーンはその著書『朝の時間』（一七八五年）の冒頭近くで、「すべてを破砕するカント」という表現を用いています。カントは、人間の純粋理性による認識の限界を明確にすることで、特に魂の不死や神の現存在の証明についてそれが不可能であることを論証しました。こうした点に代表されるように、実はカント自身にとっても『純粋理性批判』は消極的な効用をもつ書物でした（B XXIV）。しかし、彼は、いったん純粋理性の実践的使用が存在することが明らかにされるなら、同じ効用が積極的なものに変わるとも考えていました。その役割を担ったのが『実践理性批判』です。カントは、一七八七年九月十一日ころに書いた、ハレ大学のヤーコプ（Ludwig Heinrich Jakob, 1759–1827）宛書簡に、同書には『純粋理性批判』にかんする誤解を取り除くことができる多くのことが含まれていると記しています。

カントの銅像

しかし、二つの批判書の関係は、そのあいだに位置する『道徳形而上学の基礎づけ』（以下、『基礎づけ』）を視野に入れるなら、さらに繊細に見定められるべきことが明らかになります。この著作は、カントの最初の倫理学的著作として注目を浴びるとともに、ネガティブな批評にさらされました。『実践理性批判』の序文がそうした批評を念頭に書かれていることは有名です。同書刊行の必要性は、部分的にそうした批判への反批判が必要になったことと関係していたはずです。それはさておき、『基礎づけ』そのものに目を向けましょう。同書の序文では「純粋実践理性批判」の構想が言及され、そのためには「純粋実践理性と思弁理性とがひとつの共通の原理において統一されていること」が示されねばならないと記されています（IV 391）。さらに、同書の第三章は「道徳の形而上学《けいじじょうがく》から純粋実践理性の批判への移行」と題されてもいます。しかし、このような「純粋実践理性批判」も、純粋実践理性と思弁理性との「統一」も『実践理性批判』にそのまま受け継がれているわけではありません。すでに『純粋理性批判』第二版（一七八七年）の序文では「実践理性の批判」という表現が用いられることで「純粋」という文字が消えていますし（B XLIII）、「統一」というテーマは『実践理性批判』では純粋実践理性の「優位」に置き換えられています。どうやら、『基礎づけ』の原稿を書き終えた一七八四年と一七八七年とのあいだで、カントの哲学的思考になんらかの変化があったようです。

まず、彼は『純粋理性批判』とは別に「純粋実践理性批判」という著作を刊行しようとしていたのか、それとも前者を増補するかたちで純粋実践理性を論じようとしたのかも不分明です。前者の痕跡《こんせき》があることを指摘する研究もあります。さらに、そうしたなんらかの営みをこの時期に行うことを考えていたのかも不分明です。カント自身が一七八六年四月七日付けのマールブルク大学のベーリング（Johann Bering, 1748-1825）宛書簡では、『純粋理性批判』第二版の仕事が終わったら「実践哲学の体系」のために時間を使うと記しているからです。これは『基礎づけ』に続いて『道徳形而上学』を書くことを構想していたとも受け取れる表現です。

しかし、一七八七年六月二十五日付けのイェーナ大学のシュッツ（Christian Gottfried Schütz, 1747-1832）宛書簡では、「実践理性批判」という名称が用いられ、当該の著作がほとんど仕上がっていることが言及されます。さらに、上述した同年九月のヤーコプ宛書簡には、同書の原稿がすでにハレの印刷業者、グルーネルトに渡っていることが言及されています。この時期にはすでに書名が確定していたのです。こうして『実践理性批判』が刊行されることになりますが、それは一七八七年のことです。同書は一七八八年に刊行されたとされていますが、実際には一七八七年中には刊行されていたことが、一七八七年十二月二十四日付けで、ベルリン在住のかつての弟子、ヘルツ（Marcus Herz, 1747-1803）に宛てた手紙から分かります。

では、最終的に『実践理性批判』という名称が選択された、カント哲学に内在的な理由はどこに求められるべきでしょうか。これに関連した内容は、カント自身が同書の序文や緒論で書いていています。ここでは、同書の「純粋実践理性の弁証論」に注目しましょう。理性批判と弁証論とは不可分の関係にあります。理性が弁証論という問題状況に陥ることが顕《あら》わになるからこそ、理性批判が必要になるのです。さて、『実践理性批判』の場合には、当該の箇所に一見したところ不思議な表現が見られます。すなわち、「純粋実践理性の弁証論」に「実践理性の二律背反」が含まれているのです。後者に対して即座に「純粋」を補って、「純粋実践理性の二律背反」と読み替えてしまわないことが大切です。当該箇所でカントは「最高善」概念をめぐる二律背反を提示します。二律背反という問題状況が発生する場を、実践理性に見定めることができたがゆえに、カントは「実践理性を批判」し、実践理性一般を、「純粋理性の実践的使用」である「純粋実践理性」と、それとは異なるいわば理性の経験的で実践的な使用とに区別するという視点を確保できたのではないでしょうか。この点については、本書の当該章をご覧ください。このような見方をするなら、かつて同書の中で説得力の弱い部分として扱われたこともある「純粋実践理性の弁証論」に、同書成立のための重要な意義を見いだすこともできるかもしれません。

なお、付言するなら、『実践理性批判』に引き続いて、一七九〇年には第三批判である『判断力批判』が刊行されます。そこで、『実践理性批判』を執筆中のカントに、第三批判に向かう問題関心があったかどうかを疑問に思う方もいるかもしれません。この問題については、一七八七年十二月二十八日、三十一日付けの、イェーナ大学のラインホルト（Karl Leonhard Reinhold, 1758–1823）宛書簡が手がかりを与えてくれます。その書簡でカントは、「こころの三つ」の能力として、認識能力、快・不快の感情、欲求能力に言及しているからです。そこで彼は、『純粋理性批判』が認識能力にア・プリオリな原理を、『実践理性批判』が欲求能力にそれを見いだしたように、快・不快の感情にもア・プリオリな原理を見いだすことができたと記しています。ただし、この時点で、第三の批判の名称は「趣味の批判」となっています。しかし、以上のことから、『実践理性批判』執筆時のカントにすでに第三批判執筆に向かう問題関心があったことは確かでしょう。

第一章　闘うカント——序文から

第二批判とも呼ばれる『実践理性批判』は、一七八八年という刊行年とともに語られますが、すでに前年末に公刊されています。一七八七年には、第一批判としての『純粋理性批判』の第二版も刊行されていますが、その刊行のころに『実践理性批判』の印刷も始まっています。さらにこの年は、カントの最初の実践哲学の書である『道徳形而上学の基礎づけ』（以下、『基礎づけ』と略します）の刊行から二年後にあたります。『実践理性批判』にとって、『純粋理性批判』と『基礎づけ』という二つの先行する著作がたいへん重要な意義をもっています。この点を確認するためにも序文を読み始めましょう。

『実践理性批判』には、本論に入る前に、序文と緒論が置かれています。一見したところ、この両者は部分的に同じことを主張しているように見えますが、序文は読者を思い浮かべながら、緒論は続く本論を概観しながら書かれています。さらに言えば、序文で思い浮かべられている読者の中には、『純粋理性批判』や『基礎づけ』に対して、カントにしてみれば無理解に基づくと思われる論評を加えた人たちも含まれています。その点を強調的に取り出せば、この序文にはそうした無理解と闘うカントの姿が表れていると言うこともできるでしょう。このような序文の性質を念頭に置いて、ここでは細かな用語解説に立ち入ることなく、カントが読者との対話をどのように想定しているかという観点から説明します。「実践理性」などの用語については、緒論を解説する次章以降で説明します。

〈書名にまつわる問題〉

さっそく序文（Vorrede）の冒頭から検討してみましょう。

> なぜこの批判が純粋実践理性の批判と題されず、たんてきに実践理性一般の批判と題されているか――思弁理性と純粋実践理性との並行関係が前者を要求しているように見えるにもかかわらず――、これについてはこの著作が十分な説明を与えている。この批判はもっぱら、純粋実践理性というものが存在することを示そうとしているのであり、このような意図に基づいて理性の実践的能力全体を批判している。もしこの批判がそれに成功するとしたら、この批判は、（思弁理性の場合によく生じるように）理性がたんなる思い上がりにすぎない純粋な能力をもって度を過ごしていないかどうかを見てとるために、純粋能力そのものを批判する必要はない。というのは、もし理性が純粋理性として現実に実践的であるなら、理性は自身の実在性と自分の概念の実在性とを実行によって証明するからであり、また、それが存在する可能性に反対するすべての屁理屈《へりくつ》は無駄だからである。（3）

ここでカントは、読者が第二批判は『純粋実践理性批判』という表題を掲げて刊行されると思っているだろうと想像しています。読者にそうした期待を抱かせたのは、カント自身です。彼は『基礎づけ』の序文で、やがて取り組むべきものとして「純粋実践理性の批判」に言及していますし（IV 391）、同書の第三章を「純粋実践理性の批判」への「移行」（IV 446）を予期させる「最後の一歩」（IV 392）で終えているからです。しかも、彼は同書の序文で、『純粋理性批判』のことを「純粋思弁理性の批判」と呼んでいます（IV 391）。すると、『純粋思弁理性批判』ときれいな並行関係をもった表題は、やはり『純粋実践理性批判』だということになるのではないでしょうか。

それにもかかわらず彼は『実践理性批判』という表題を採用し、その理由は同書を読めば明らかだと断言した上で、同書の目的と方法を明示します。それは、「純粋実践理性というものが存在する」ことを示すために、「理性の実践的能力全体」を批判することです。カント自身がここで明言しているわけではありませんが、あらかじめ見通しを記すなら、『基礎づけ』第一章の末尾で言及された「自然的弁証論」（IV 405）を、「理性の実践的能力全体」の問題として分析し（「純粋実践理性の分析論」）、さらには「実践理性の二律背反（アンチノミー）」（113ff.）としてさえ論じ直す（「純粋実践理性の弁証論」）という方策を得たがゆえに、『実践理性批判』という表題が採用されたと考えることができます。

まず、同書の目的は、「純粋実践理性というものが存在すること」を示すことです。このとき、カントの意識には、純粋実践理性など存在するだろうかという疑念や、そんなものが存在するはずがないという否定的見解を抱いている人々が思い浮かんでいるはずです。やがて明らかになりますが、〈純粋実践理性が存在する〉とは、〈純粋理性だけで意志を決定できる〉ということ、言い換えれば〈経験に依存することなく、理性だけを根拠に意志を決めることができる〉ということです。だからこそ、〈そんなことができるはずはない、意志規定には目的が必要で、目的の設定はもっぱら経験に依存するのだから〉という反論が容易に思い浮かぶのです。カントはこうした状況の中で、純粋実践理性が存在することを示そうとしているのです。

また、同書の方法は、純粋実践理性だけに焦点を当てるのでなく、私たちが、日々、快を求め苦を避け、自他の幸福を求めて生きる際に行っている経験的な実践理性使用にまで視野を広げた上で、実践理性という能力を「批判」することです。能力の批判とは、当該の能力に〈できること〉と〈できないこと〉とを分けることですから、「理性の実践的能力全体」の批判とは、その全体に含まれる、純粋実践理性あるいは純粋理性の実践的使用とそうではない理性の経験的な実践的使用とを分けつつ、〈純粋理性だけで意志規定ができる〉と明示することなのです。

さて、『純粋理性批判』の第二部門である「超越論的弁証論」では、純粋思弁理性が思い上がって、人間理性にとって可能な認識の範囲である経験の領域を超出し、度を過ごした主張をしている様子が描き出され、そこに生みだされた仮象を見抜く論理が提示されました。狭い意味での「純粋理性の批判」は、『基礎づけ』で言及されたように「純粋思弁理性の批判」であり、純粋思弁理性の越権行為を抑止することを目的とするものでした。他方、『実践理性批判』の場合、純粋実践理性の批判はむしろ不要だと、カントはこの引用文に記しています。純粋実践理性の存在は、実践理性一般の批判を遂行することによってようやく見いだされるのですし、当の能力にはどうやら仮象を産出するような危惧《きぐ》がないようです。先の引用文では、この事情が「もし理性が純粋理性として現実に実践的であるなら、理性は自身の実在性と自分の概念の実在性とを実行によって証明する」と書かれています。これは分かりづらい文ですが、純粋実践理性が現実に存在する場合を考えてみるなら、そこで理性は自分自身のリアリティや自分が導出する概念（理念）のリアリティを、理性の外部からもたらされる知覚や理性自身が弄する理屈によってではなく、理性自身の「実行によって（durch die Tat）」証明するということです。「実行（Tat）」とは、理性がみずから実際に行った事実ということです。このような理性の実行・事実を見定めることが、やがて『実践理性批判』の最も基底的な箇所となります。

〈自由をめぐる問題〉

次にカントが想定しているのは、読者がこの『実践理性批判』で超越論的自由の問題に最終的な解決が与えられることを期待しているだろうということです。超越論的自由とは、原因性の系列における「絶対的に第一の始まり」（A450/B478）、あるいは「諸原因の絶対的自発性」（A446/B474）とも言われるものですが、もはや何ものにも条件づけられることのない諸現象の系列を開始するという理念です。『純粋理性批判』の「超越論的弁証論」、特にその第三アンチノミーとその解決は、こうした自由の救出作戦として読むことができる箇所ですが、そこで得られたのは、「自由を考えることは不可能ではない」といういささか物足りない結論でした。

さて、カントは読者の期待に応《こた》えるべく断言します。「このような能力〔純粋実践理性という能力：引用者〕とともに、いまや超越論的自由もまた確立する。しかも、その絶対的意義においてである」(3)、と。『実践理性批判』によって、もはや超越論的自由は、矛盾なく考えることはできるというだけの蓋然《がいぜん》的な概念としてではなく、客観的実在性を保証された概念として確立するのです。なお、彼は、「実践理性のなんらかの確然的法則」(3)がこの証明を行うとも示唆しています。ここで言われる「なんらかの確然的法則」とは必然性の意識を伴う法則のことであり、それは、『基礎づけ』で論じられ、やがて本書でも論じられる道徳的法則のことです。

このとき『純粋理性批判』の読者は思い出すでしょう。同書で超越論的理念と呼ばれたものには、自由のほかに(魂の)不死と神の二つもあったはずだ、と。そこで、カントはここでさっそく言い添えます。それらの理念も、(自由が現実的であることを介して)客観的実在性を証明される、と。神と不死という理念は、『実践理性批判』では、「純粋実践理性の弁証論」において、「最高善」の可能性との関係で論じられることになります。こうして、第一批判の三つの理念はいずれも第二批判で論じられますが、自由の概念が、その中心に位置し、第一批判と第二批判とを接合するとともに、第二批判においては他の二つの理念に実在性をもたらすのです。その点で、カントは自由の概念のことを、「思弁的な理性さえも含む、純粋理性の体系の建物全体の要石」(3) であると述べています。「要石」ですから、自由は、それを取り外せば建物全体が崩壊してしまうような重要な位置を占めるのです。カントは次のようにも記しています。

> 自由は思弁理性のすべての理念の中で、私たちがその可能性をア・プリオリに知る——もっとも洞察するわけではないが——唯一の理念である。なぜなら、自由は、私たちが知っている道徳的法則の条件だからである。(4)

自由は、思弁理性が導出する三つの理念である、神、自由、不死の中で、唯一、「私たちがその可能性をア・プリオリに知る」ものです。ア・プリオリに知るとは、なんらかのことがらを、経験に依存することなく、主観的のみならず客観的に信憑《しんぴょう》性あるものと見なし、確実であると判断することです(A822/B850)。なおそれでも、すでに『基礎づけ』でも指摘されていたように、「どのようにして自由が可能か」(IV 459) が分かるわけではありません。引用文中の「もっとも洞察するわけではないが」という注記は、その点を指摘しています。それにもかかわらず、私たちに自由を確信させるものとして、ここで自由が「道徳的法則の条件」であることが挙げられています。というのは、自由がなければ善悪を語ることも、善悪の判断基準となる道徳的法則を語ることも無意味になるからです。

ここにひとつの問題が生じます。先に〈道徳的法則が自由を証明する〉ことが示唆されたのに、ここでは〈自由が道徳的法則の条件〉であると言われるからです。これはすでに『基礎づけ』にも見られる（見かけ上の）問題です。カントはこの問題に対して次のように注記しています。

> 私がいま自由を道徳的法則の条件であると呼び、またこの本の後の方では道徳的法則が、その下ではじめて自由が意識され得る条件であると主張したとしても、その点に不整合が見られると誤解されないように、次のことだけは注意しておこう。なるほど自由は道徳的法則の存在根拠（ratio essendi）だが、道徳的法則は自由の認識根拠（ratio cognoscendi）である、と。（4）

はたして、自由が道徳的法則の条件なのか、その逆なのでしょうか。カントはここで、自由が一切ないとしたら、すべては自然法則の支配下にあることになり道徳的法則は存立し得ないがゆえに、「自由は道徳的法則の存在根拠」だが、他方、あらかじめ私たちが理性によって道徳的法則のことをしっかり考えることなしには、なにかあるものを自由であると想定する正当性が得られないがゆえに、「道徳的法則は自由の認識根拠」である、と説明しています。すなわち、自由も道徳的法則も、双方ともに「条件」なのですが、その条件の意味が異なるのです。

この「不整合」[1]を指摘した人物としてカントの念頭にあるのは、ヘルマン・アンドレアス・ピストリウス（1730–1798）が一七八六年に『一般ドイツ文庫』に発表した『基礎づけ』の書評だと言われます。ピストリウスは、フリードリヒ・ニコライ（1733-1811）と知り合いになり、後者が編集している『一般ドイツ文庫』に共同編集者として協力した人物です。ニコライと彼の『一般ドイツ文庫』は反カントの旗幟《きし》を鮮明にしていましたから、(2)それがこの序文にも影を落としているかもしれません。

〈批判的観念論に関連して〉

カントが『実践理性批判』で自由あるいは「自由による原因性」に客観的実在性を認めることは、『純粋理性批判』の読者にはさらなる疑念をひき起こすことでしょう。カント自身がその問題をまとめている箇所を引用します。

批判に対して、私になお今日まで提起されている重大な異論がなぜまさに二つの軸の周りを回っているかも、私は理解できる。その二つの軸とは、第一に、さまざまなヌーメノンに適用されたカテゴリーの客観的実在性が理論的認識においては拒否され実践的認識では

（1）　この「不整合」という表現を用いているという点で、カントの念頭にあるのは、ヨハン・フリードリヒ・フラット（1759-1821）が匿名で「テュービンゲン学術公告」に掲載した書評だという指摘もあります。
（2）　ニコライとカント哲学との関係については、次の書籍に詳しく記されています。戸叶勝也『ドイツ啓蒙主義の巨人ーフリードリヒ・ニコライ』朝文社、二〇〇一年。

主張されていることであり、第二に、自分を自由の主体としてはヌーメノンにし、同時に他方では自然にかんしては自分自身の経験的意識の中におけるフェノメノンにしようとする逆説的な要求である。[3]（6）

この引用文の冒頭で言及される「批判」はカントの批判哲学のことです。批判哲学は、前述のように、「批判」の原義としての「分ける」に従い、理性という能力に〈できること〉と〈できないこと〉とを分けるのですが、これは認識の対象面においては、「現象」であるフェノメノン（現象体）と「物それ自体」であるヌーメノン（悟性体）とを分けるという特色を伴っています。すなわち、私たちが理論的に対象認識できるのはフェノメノンだけであり、けっしてヌーメノンは認識できません。このような立場を、カントは『プロレゴーメナ』（一七八三年）以降、「批判的観念論」（IV 294）と呼びます。ただし、何かが現象するとき、私たちの悟性は、その現象する当の物についてそれに対応させて「物それ自体」を考えざるを得ません。このような現象と物それ自体との批判的区別を踏まえて、カントはここで自分の批判哲学に対する異論として二つの問題を挙げています。

第一の問題はカント自身が「批判の謎」（5）と呼ぶものですが、これはカントが『純粋理性批判』で提示し正当化した純粋悟性概念（すなわち、カテゴリー）について、その「超感性的使用」（5）を問題にするものです。ただし、ここでのカテゴリーは、とりわけ関係カテゴリーの第二項である「原因性」を指していると考えるべきでしょう。『純粋理性批判』の所説に従うなら、私たちは可能な経験の範囲を超えて、認識のためにカテゴリーを使用することができません。カテゴリーは、超感性的に使用されるなら、客観的実在性をもてないのです。しかし、『実践理性批判』では、超感性的な対象である自由（の原因性）に客観的実在性が認められるのです。カントはこの問題について、理論的態度で原因性のカテゴリーを用いるのと実践的態度でカテゴリーを用いるのとでは、その仕方が異なるのだと指摘し、理性の実践的使用を「完《かん》璧《ぺき》に分析」(5) することで、この問題が解決できると言います。

第二の問題は、『純粋理性批判』に関連してピストリウスが匿名で執筆した書評によって指摘された問題を念頭においています(4)。その書評は直接『純粋理性批判』に対するものではなく、カントの友人でカント哲学の擁護者、ヨハン・シュルツ（1739-1805）が刊行した『カント教授の『純粋理性批判』の解説』（一七八四年）に対して書かれ、一七八六年に『一般ドイツ文庫』に発表されたものです。そこでピストリウスは、カントの所説に従うなら、思考する主体を私

(3)　この引用文では、正確には、ヌーメノンではなくヌーメン（複数形はヌーメネン）、フェノメノンではなくフェノメンと書かれています。この訳文では、『純粋理性批判』で多く用いられる用語法に合わせて訳出しました。

(4)　この書評の筆者がピストリウスであることは、カントの下で学んだダニエル・イエニッシュ（1762-1804）が一七八七年五月十四日付のカント宛書簡で報告しています。なお、この書簡でイエニッシュは、当人の周囲で『基礎づけ』には『純粋理性批判』よりもはるかに多くの矛盾があると言われていて、『基礎づけ』が理解されていないことも報告しています（X 486）。

たちは認識できないことになり、「自我」という表象が空虚なものになってしまうことを指摘しています。『純粋理性批判』の重要な主張のひとつは、私たちは自己意識をもっているが、その自我を認識することはできない、認識できるとすれば時間の中に現象した自己（「経験的意識の中におけるフェノメノン」）にすぎない、というものです。ピストリウスはこの論点を理解しつつも、それでは「自我」という表象が中身をもてなくなることを問題視しているのです。他方、カントは『実践理性批判』で自由に意志規定を行う主体をヌーメノンとし、その原因性に実在性を認めます。彼は、ピストリウスがここに不整合を見いだすことを見越しているのでしょう。この問題は「実践理性の周到な批判」（6f.）によって解消されると記しています。

〈『基礎づけ』との関係について〉

カントは序文の中で『基礎づけ』と『実践理性批判』との関係についても言及しています。まず、『実践理性批判』は実践理性を批判することで「純粋実践理性の体系」（8）を展開するものだとした上で、この体系が『基礎づけ』を前提としていると記しています。しかし、この前提はたいへん限定されています。すなわち、『基礎づけ』が「義務の原理」を明らかにし、その明確な「定式」を示して正当化したという限りで（7）、同書は『実践理性批判』の前提となっているのです。カントは、むしろその他の点では『実践理性批判』が独立した体系であると主張しています。

さて、『基礎づけ』についても、ある匿名の批評家[5]のことを念頭に重要なことが書かれています。その批評家は一七八六年、「テュービンゲン学術公告」にゴットロープ・アウグスト・ティッテル（1739-1816）が同年に刊行した著作『カント氏の道徳改革』に対する書評を発表しました。そこで書評者は、カントの道徳改革全体がはたして新しい定式の提示に留《とど》まってよいのか、という問いを立てています。どうやら評者は、カントが新しい定式を示したものの、新しい原則を提示しなかったと不満を抱いているようです。この批評家に対するカントの反応を引用しましょう。

ある批評家は、この著作〔『基礎づけ』：引用者〕をなにほどか酷評しようと思って、この著作には道徳性のなんら新しい原理がうち立てられてはおらず、たんに新しい定式がうち立てられているにすぎないと言ったが、それによってこの批評家は当人自身が思っていたであろうよりも、もっと正鵠《せいこく》を射たのである。しかし、いったい誰が一切の道徳性の新しい原則を導入しようと、また一切の道徳性をいわばはじめて発見しようと思うだろうか。ちょうど、あたかもその人以前に世間は何が義務であるかについて無知であり、徹頭徹尾、間違っていたかのように。（8）

（5）　この書評の筆者は、注（1）で言及した、フラットであるという指摘があります。Immanuel Kant, (ed. Gregor, M. J.), *Practical Philosophy*, Cambridge University Press, 1996, p. 630.

カントのこの反応は、『基礎づけ』の読者を困惑させる部分を含んでいます。同書が、その第二章でさまざまな「定式」を示しつつも、「道徳性の最上原理の探究と確定」(IV 392)のために書かれたことはカント自身が記しているのですから、カントの記述が当該の批評家に譲り過ぎているように見えるのです。しかし、カントが言いたいのは、道徳は義務としてすでに世間に存在しているので、自分が行ったのは、そこで了解されている道徳性の原理を「新たな定式」によって確定することであり、けっして誰も知らなかった原則を導入して、それによって新たな「道徳性」概念を見いだしたのではないということです。これは『基礎づけ』における彼の態度と矛盾していません。

さらにカントは、『基礎づけ』についてもう一人の書評者による非難に言及しています。それは、「善の概念」が「道徳的原理に先立って確立されていない」(9)というものです。カントは、この異議申し立てを有意味なものと見なしています。むしろ、そのような指摘は自分の所説を明らかにするものだとして歓迎しているように見えます。この非難に対して、カントは『実践理性批判』分析論第二章で、まさに善の概念は道徳的原理から導かれるものであり、道徳的原理に先行するものではない、と主張するからです。なお、この書評者は、すでに何度も登場したピストリウスです。

〈「新造語」使用の問題〉

カントと読者との対話は続きます。彼の『純粋理性批判』に向けられた非難を念頭に、彼は次のように記しています。

　私は、この本にかんしては、新しい言葉を導入しようとしているという非難についてなにも気にしていない。なぜなら、ここでは認識の仕方がおのずから通俗性に近づくからである。（10）

『純粋理性批判』に対して、新しい言葉すなわち造語を導入しているという非難は、その最初期の書評から、すなわちクリスティアン・ガルヴェ（1742–1798）の原稿をもとにヨハン・ゲオルク・ハインリヒ・フェーダー（1740–1821）がまとめ、一七八二年に「ゲッティンゲン学報」付録に掲載された書評以来、続いてきたものですが、カントはここでティッテルの著作『カント氏の道徳改革』を念頭においています。彼は、この引用に続く箇所で、『純粋理性批判』でも不必要な造語など導入していないことを主張していますが、『実践理性批判』については、ここで「認識の仕方がおのずから通俗性に近づく」と記されていることが重要です。実際、『実践理性批判』では道徳性や幸福に関心をもちながら生きている人間たちの具体的なあり方に即して（ただし、それを根拠にしてではありません）、議論が進行しています。ときに、『実践理性批判』が他の批判書に比べて平易に見えるとされる所以《ゆえん》です。[6] ただし、たとえ「通俗的」と言われようと、私たちの実践は具体的で経験的な場面に即して遂行されるのですし、そこでこそ実践理性という能力の批判的区別が重要になります。というのは、この「通俗性」の次元でこそ、先に述べた実践理性の二律背反が深刻な問題として見いだされるからです。

〈欲求能力のア・プリオリな原理〉

序文の最後の部分は、イギリスの哲学者、デイヴィド・ヒューム（1711-1776）の経験論に抗して、カントがア・プリオリな原理の存在を主張することに向けられています。読者の中には、客観的必然性と思われているものは、実際には主観的必然性（すなわち、習慣）に過ぎないと主張するヒュームに従って、そもそもア・プリオリな認識などないという「普遍的経験論」（13）を採っている人もいるはずだと、カントは考えているのです。そこで、そうした人に対して、そうした人とは異なる手法を採用すべきことを主張するカントの言葉を引用しましょう。

やはりこのような仕方でなら、これまでにももう、認識能力と欲求能力というこころの二つの能力のア・プリオリな諸原理が突き止められていただろうし、そうした原理の使用における諸条件、範囲、諸限界に従って規定されていただろう。そして、これによってひとつの体系的な、理論的でも実践的でもある哲学に対して、学として、より確実な根拠がもたらされたであろう。（12）

この引用文の冒頭の「このような仕方でなら」という箇所は、原文に目を凝らしても、なにを指しているのかが一見して分かりません。ここでは、寸前の段落ではなく、もう一つ前の段落を指していると解します。そこでは、人間のこころを論じるにあたり、諸部分や諸要素から出発するのではなく、「哲学的で建築術的な」見方を採用することが提案されています。この見方は、第一に、「全体という理念」を理解し、第二に、人間のこころの諸部分をこの理念から導き出し、「ひとつの純粋理性能力」の中で把握することです（10）。つまり、部分的な経験的認識を出発点にするのでなく、原理的な理性認識を遂行することで、全体から部分へと議論を進行させることです。カントは、この手法を採用するなら、『純粋理性批判』で認識能力にア・プリオリな原理が見いだされたように、『実践理性批判』でも欲求能力にア・プリオリな原理が見いだされるはずだと考えているのです。(7)

さて、普遍的経験論に対してカントは簡潔に反駁《はんばく》します。ア・プリオリな認識が存在しないことを証明しようとするのは、理性によって理性が存在しないことを証明しようとするのと同断である、と。理性認識は経験に依存しないア・プリオリな認識ですから、経験論者がア・プ

（6）『実践理性批判』のコメンタリーを書いた、ルイス・ホワイト・ベックは、同書が一読した限りでは、率直かつ単純に書かれていると見えると指摘しています。Lewis White Beck, *A Commentary on Kant's Critique of Practical Reason*, The University of Chicago Press, Chicago & London, 1960, p. V.

（7）ここで欲求能力（Begehrungsvermögen）とは、なんらかの生命ある存在が、その表象によって当の表象の対象を実現する原因となる能力のことです。たとえば、ひとは「コップに入った飲み水」を表象することで、飲み水が手近にあろうがなかろうが、（それが可能であれば）結果として手に入れることができます。こうした能力が欲求能力です。

リオリな認識の否定をまさに理性によって根拠づけようとするなら、そこには奇妙なことが生じざるを得ないのです。さらにカントは、ヒュームでさえ数学をア・プリオリな学問として認めていることを指摘します。これはすでに普遍的経験論が成立しないことを意味します。普遍的経験論は懐疑論を招来する立場ですが、この点を踏まえてカントは、ヒュームを無制限に懐疑論者と見なすことを誤りだとも指摘するのです。

カントは序文最後の段落の冒頭に次のように記しています。

ともあれ、このような哲学的で批判的な時代にあっては、このような経験論とまじめに向き合うのは困難である。(14)

カントが自分の時代を「批判的な時代」だと表現するのは、『純粋理性批判』にも見られることです。そこでカントは「私たちの時代はまさしく批判の時代であり、すべてのことが批判に服さねばならない」(A XIAnm.)と記しています。すなわち、すべてのことが理性によって吟味されねばならないのです。このように理性を立脚点とする限り、カントに経験論に与《くみ》する余地は認められないでしょう。

以上のように、『実践理性批判』の序文では、『純粋理性批判』と『基礎づけ』を念頭におき、さらには両著作への書評者をも視野に入れながら、『実践理性批判』を手にした両著作の読者が思い浮かべるだろうことがらに対して、先回りした論述が行われています。その点で、この序文を最初に読む人はいささか面食らうかもしれませんが、序文の背景を理解することで、そうした印象を弱めることができるでしょう。

第二章 「実践理性の批判」という構想――緒論から

『実践理性批判』の緒論（Einleitung）は、わずか二つの段落で書かれています。その目的は、「実践理性の批判」という構想を、『純粋理性批判』との異同を介して説明することです。後者の緒論（特に、第二版）が、同書全体を貫く問い、「いかにしてア・プリオリな総合的判断は可能であるか」（B19）をていねいに手順を追って説明しつつ提示しているのに対し、『実践理性批判』の緒論は、その簡潔さにおいて際立っています(1)。

さて、この緒論には、ていねいに訳出するなら「或《あ》る一つの「実践理性の批判」という構想について」という表題が掲げられています。これは、書物としての『実践理性批判』ではなく、「実践理性を批判する」という営みそのものが話題になることを示唆しています。他方、「構想」と訳出した単語、Idee は、『純粋理性批判』などでは「理性概念」として、「理念」と訳されるべき単語ですが、ここでは「構想（アイデア）」という一般的な意味に訳しておきます。さもないと、「実践理性を批判する」という営みそのものが理念的なものになってしまうからです。

〈実践理性とはどのような理性か〉

それにしても、「実践理性」とはどのような理性なのでしょうか。『純粋理性批判』では、理性（Vernunft）は悟性（Verstand）との対比の上で説明されていました。悟性が「概念の能力」（A160f./B199）であり、その概念を思考の規則として使用する「規則の能力」（A132/B171）であるのに対し、理性は「原理の能力」（A299/B356）であり、その原理から推論して結論を導く「推論の能力」（同）でした。また、悟性はもっぱらなんらかの対象を認識する「認識の能力」（B137）ですが、理性は「感官や悟性から借りてきたのではない、一定の諸概念や諸原則の源泉を含む」（A299/B356）とされます。ここで理性がその源泉となる「諸概念」とは、『純粋理性批判』の超越論的弁証論で論じられる、理性概念としての理念（魂、世界、神）のことです。他方、理性がその源泉となる「諸原則」とは、やがて『実践理性批判』の分析論で論じられる、「純粋実践理性の諸原則」(19) にも関係していると想定することもできます。

このような理性の理解を踏まえて、「実践理性」について考えてみます。ここでは私たちの日常的な事例に基づいて説明してみましょう。私たちの社会ではときに過労が問題になることがあります。過労状態の中でひとは判断を誤ったり、健康を損ねたりします。そこで、Aさんは「過労にならないように、疲れを感じたらまずは休もう」と考えているとしましょう。ある休日の朝、Aさんは自分がたいへん疲れていることに気づきます。そこで、Aさんはその休日

（1）　この点については、数年後に刊行される『判断力批判』の緒論と比べても、同じことが言えます。

を休養そのものに用いることにしました。この一連の過程には実践理性の働きが表れています。まず、「過労にならないように、疲れを感じたらまずは休もう」という命題が原理（大前提）としての位置を占めています。「原理の能力」としての理性が、「過労にならないように」という理由をもって、理性的にこの命題を設定したのです。このとき、この原理が、たんに思考の原理ではなく、行為を指示する原理であることが重要です。次に、今日は疲れているから休養専一に過ごそうという決心は、この行為原理から導かれています。これは原理から個別の結論を導く「推論の能力」としての理性の働きです。こうしてみると、行為原理を設定しそこから行為を導く能力が実践理性であると言えそうです。もっとも、結論においてなんらかの行為が導かれるのは、大前提が行為の指示を含んでいるからですし、この導出そのものは、実践理性に限定されない理性一般の働きです。すると、なんらかの行為原理を設定するところにこそ、実践理性の特色があることになります。加えて言うなら、その行為が実際に行われるかどうかは別問題です。せっかく「今日は休養専一」と決心したのに、急ぎの連絡が入って休養できなくなる場合も想像できますね。その点で、実践理性がかかわる行為には、それが具体的な行為として実現する場合もあれば、行為への意志決定に留《とど》まる場合もあることになります。

〈実践理性を批判するとは〉

このような実践理性全体を批判するとは、どのようなことでしょうか。まずは緒論の第一段落の全文を訳出してみましょう。長い段落ですが、内容も豊富です。

①理性の理論的使用はたんなる認識能力の諸対象にかかわっていて、この使用にかんする理性の批判は元来はその純粋な認識能力だけにかんするものだった。なぜなら、この純粋な認識能力は、軽々と自分の諸限界を超えて、到達不可能な諸対象あるいは相互に真っ向から矛盾する諸概念の下に迷い込むのではないかという疑念をひき起こしたからである。〔なお〕この疑念はまた、後になってそのとおりであると確証された。②理性の実践的使用についてはもちろん事情が異なる。③この使用において理性は意志を規定する諸根拠にかかわる。意志とは、諸表象に対応する諸対象を生みだすか、少なくともその対象の実現に向けて自分自身を（物理的な能力が十分にあろうとなかろうと）規定する、すなわち自分の原因性を規定する能力である。④というのは、ここでは理性は少なくとも意志を規定するのに十分であり得るし、もっぱら意志作用だけが問題である限り、理性はいつでも客観的実在性をもっているからである。⑤すると、ここに第一の問いが立つ。それは、純粋理性というものは意志を規定するのにそれだけで十分かどうか、あるいは理性は経験的で条件づけられた理性としてのみ意志を規定する根拠であり得るかどうか、である。⑥さて、ここに『純粋理性批判』で、経験的に描き出すことはできないものの正当化はされた原因性の概念、すなわち自由の概念が登場する。そして、いまや私たちが、この特質が人間の意志に（同様にまたすべての理性的存在の意志にも）実際にふさわしいものであることを証明するための諸根拠を見いだすことができるとしたら、それによって、純粋理性というも

のが実践的であり得るということのみならず、経験的で制約された理性ではなく、ひとり純粋理性が無条件的な仕方で実践的であるということが示される。⑦したがって、私たちは純粋実践理性の批判ではなく、たんに実践理性一般の批判を論じなければならないだろう。⑧というのは、純粋理性というものは、それが存在することがひとたび示されたなら、いかなる批判も必要としないからである。⑨純粋理性は、自分の一切の使用を批判するための尺度さえも含んでいるのである。⑩したがって、実践理性一般の批判は、経験的に条件づけられた理性が、排他的な仕方で意志の規定根拠を単独で提供しようとする越権を防止するという責務を負っていることになる。⑪純粋理性の使用は、純粋理性が存在することに決着がついた暁には、もっぱら内在的であり、それに対して、経験的に条件づけられた使用は、それが思い上がって単独支配を行うなら超越的であり、自分の領域をまったく超え出た要求や命令となって表れる。これは、思弁的使用における純粋理性について言われることができたことと、まったく正反対の関係である。(15f.)

①この緒論の冒頭で、カントは『純粋理性批判』を思い出しています。同書は前述のように「いかにしてア・プリオリな総合的判断は可能であるか」(B19)という問いに答えるべく、対象認識に不可欠な感性と悟性という二つの能力から、経験的なものが一切混入していない純粋形式を取りだしました。感性の純粋形式は空間と時間、悟性の純粋形式は純粋悟性概念(カテゴリー)です。この後者の概念を手がかりとして理性が導出したのが、これも前述の理念(魂、

世界、神）です。これらの理念は可能な経験の範囲という対象認識の限界を超えています。神の現存在や魂の不死はもとより、世界の空間的・時間的始まりやその最小単位を見極めた人は誰もいません。それにもかかわらず、人間理性はその推論の能力としての本性に基づいて、そうした理念を考えてしまい、その結果、誤謬《ごびゅう》推理や二律背反に陥るのです。『純粋理性批判』の中心課題はこのような、可能な経験の範囲を超えた純粋理性の使用に伴う問題含みの事態を見抜き、純粋理性に分かることと分からないこととを截然《せつぜん》と分けることだったのです。

②さて、『実践理性批判』で論じられる、理性の実践的使用はまったく事情が異なります。まず、理性の「実践的使用」と「理論的使用」とを区別しましょう。後者は、対象認識をもたらすもので、なんらかの対象について「〇〇である」などという認識をもたらします。他方、実践的使用は意志規定にかかわり、なんらかの行為について「〇〇であるべきだ」とか「〇〇するべきでない」という認識をもたらします。仮に誰もが嘘をついたことがあるとしても、それでも「嘘をつくべきでない」と主張するのが理性の実践的使用です。このとき、事実として人間の多くが嘘つきであると理論的に言えるとしても、嘘をつかない自由が人間にはあると考えられています。『純粋理性批判』でカントが、「実践的であるのは、自由によって可能な一切のことである」（A800/B828）と書いている所以《ゆえん》です。なお、こうした実践的なことがらは、道徳的なことに限定されていません。自分に快適で幸福な状態をもたらすために、どうすべきかを考えるのも理性の実践的使用です。

③それゆえ、実践的使用において「理性は意志を規定する諸根拠にかかわる」とされます。

嘘をつくにせよつかないにせよ、そのように意志を規定（決定）する根拠が必要ですが、その根拠を提供するのが、「原理の能力」としての理性なのです[2]。

カントはここで意志（Wille）について暫定的なことを記していますから、その内容にも注目しておきましょう。「意志とは、諸表象に対応する諸対象を生みだすか、少なくともその対象の実現に向けて自分自身を（物理的な能力が十分にあろうとなかろうと）規定する、すなわち自分の原因性を規定する能力である」。まず、「諸表象に対応する諸対象を生みだす」という表現における「諸表象」とは、私たちの意識に表れるさまざまな形象や概念のことです。みなさんが散歩中にのどに渇きを覚えて、水を飲んで渇きを潤すことを思い描く場合、そこに思い描かれたものが表象です。もっとも、それをたんに表象するだけで、ここに水があったらいいのにと思うのであれば、それは「願望」と言うべきものに過ぎません。しかし、たとえば、「散歩中にも適切な水分補給をすべきである」と考え、水を飲むという表象に対応して、水筒をかばんから取り出して水を飲もうとするなら、それは表象に対応した対象を生みだそうとすることです。これが水を飲もうと意志することです。また、「対象の実現に向けて自分自身を（物理的な能力が十分にあろうとなかろうと）規定する」とは、たとえば、水を飲むべく公園の水道を探そうとすることです。このとき、実際に、公園に水道があるかないか、私たちがそれを探しだせるかどうかは、いったん別問題です。だから、カントは「物理的な能力が十分にあろうとなかろうと」と注記しているのです。なお、この注記を、対象が実現するかどうかはどうでもいい、行為の結果は問題外なのだという主張であると一方的に読まないことが大切です。当該の行為において、結果として対象が実現しないことがあっても、それでもまずはその結果を目がけて、自分自身を原因の位置に置くことができるとき、それが当該の対象を意志する能力です。その点をカントは「自分の原因性を規定する能力」と表現しています。

④このように対象が実現しない場合も見込んで、カントは「ここでは理性は少なくとも意志を規定するのに十分であり得る」と記しています。手近に水道があろうとなかろうと、理性は、「散歩中にも適切な水分補給をすべきである」という原理を考え、私たちに水道を探そうという意志決定をもたらします。その結果、仮に水道が見つからなかったとしても、水道を探そうという意志の働き（意志作用）は実現し、私たちにいくらかの行為を実現します。だからこそ、カントは「もっぱら意志作用だけが問題である限り、理性はいつでも客観的実在性をもっている」と指摘します。そこに意志作用があるということは、意志規定の原理を提供する理性も存在するということです。このとき、もはや理性は思考上のことがらではありません。だからこそ、意志作用があれば理性は「客観的実在性をもっている」のです。

⑤このように意志を説明すると、意志規定には「のどの渇き」という不快や、適切な水分補給を介した健康志向のような、経験に基づくことがらが先行していると思われるかもしれませ

（2）　ここに見られる「意志を規定する諸根拠」という表現は、「意志の規定根拠」とまとめて翻訳することも可能です。いずれにしても、このとき意志は、規定するものではなく、規定されるものとして位置づけられていることに注意してください。

ん。このような場合、理性は経験的な感情や目的に条件づけられています。そこでカントは問いを立てます。「純粋理性というものは意志を規定するのにそれだけで十分かどうか」、と。すなわち、理性が経験的なものによって一切条件づけられていないとしたら、つまり理性が「純粋理性」だとしたら、そうした理性が意志規定の十分な原理を提供できるのでしょうか。これこそが、カントにとって最重要な問いとして「第一の問い」と記されています。この問いに私たちは、ただ日常的な意識だけに依拠するなら否定的に答えたくなるかもしれませんが、その場合、私たちは、「理性は経験的で条件づけられた理性としてのみ意志を規定する根拠であり得る」という結論を甘受することになります。

⑥そこでカントは件《くだん》の問いに肯定的に答えるために、『純粋理性批判』で論じられた「自由による原因性」という概念を呼び出します。これは、序文でも言及された、諸現象の系列の絶対的始まりとなる原因性のことです。この自由（絶対的自発性）という特質が人間の意志にふさわしいものであることを根拠をもって証明できるとしたら、もはやいかなる経験的なものにも条件づけられていない純粋理性がそれだけで十分に意志規定の根拠を提供できるという見通しを、カントは提示します。「理性は経験的で条件づけられた理性としてのみ意志を規定する根拠であり得る」という意識をもたらしているのは、〈理性そのものを含めどのようなものも、それを認識対象にするなら、つねにその当のものに先行するなんらかの条件によって規定されている〉という日常的な理解です。これは突き詰めて考えてみるなら、意志の自由を認めないという主張です。だからこそ、自由による原因性を認めることは、このような理解から理性を

救いだし、純粋理性による意志規定にその可能性を拓《ひら》くことになるのです。カントはさらに一言を付け加えます。自由という特質が人間の意志にふさわしいものであることを、根拠をもって証明できるとしたら、「ひとり純粋理性が無条件的な仕方で実践的であるということが示される」ことにもなる、と。これは、理性は純粋であろうとなかろうと意志規定の原理を提供できるものの、意志の自由が証明されるなら、ただ純粋理性だけが無条件的な意志規定の根拠を提供できるということも明らかになるということです。

⑦ここでカントは、②から⑥の論点を踏まえて、この段落の最重要の主張を行います。それは「私たちは純粋実践理性の批判ではなく、たんに実践理性一般の批判を論じなければならない」ということです。これはすでに序文の冒頭でも言及された論点です。この緒論での文脈に即すなら、「純粋理性というものが実践的であり得る」ということ、さらには「ひとり純粋理性が無条件的な仕方で実践的である」ということを示すためには、「純粋実践理性の批判」ではなく「実践理性一般の批判」が必要だということです。このとき「実践理性一般」には「経験的で条件づけられた理性」と「純粋理性」との双方が含まれますから、「実践理性一般」を批判する（区分する）ことで「純粋理性」を切り出すことが課題となるのです。これは一見したところ容易な課題に見えます。もともと二種類が想定された理性を、あらためて区分するだけのように見えるからです。しかし、「実践理性一般の批判」という表現には、かつて『純粋理性批判』が「純粋理性」のひき起こす問題状況を解決するという困難な課題を担っていたのと同様に、無批判なままでは実践理性がなんらかの問題状況をひき起こすことが予期されてい

ます。
⑧他方、カントは「純粋理性というものは、それが存在することがひとたび示されたなら、いかなる批判も必要としない」と言います。ここでの「純粋理性」は「純粋実践理性」のことです。つまり、意志の規定根拠となる行為原理を純粋理性だけで提供できるなら、そこに問題状況は発生しないのです。どうしてそう言えるのでしょうか。
⑨カントはその理由を実にあっさりと「純粋理性は、自分の一切の使用を批判するための尺度さえも含んでいる」からだと言います。「純粋実践理性というもの」の存在が認められるということは、純粋理性が意志規定の根拠であることが認められるということですから、あとは当の意志規定に経験的なものが混入していないかどうかを見定めつつ、その意志規定が真に理性的なもの（矛盾なく理が通っているもの）であるかどうかを見極めるだけで、「自分の一切の使用」について、その正しさを批判的に見分けることができるのです。
⑩このような観点から「実践理性一般の批判」を捉《とら》え直すなら、この批判は、「経験的に条件づけられた理性」が、自分だけが「意志の規定根拠を単独で提供」できるのだと主張する「越権を防止する」という責務を負っていることになります。「純粋実践理性」など存在しないという主張や「純粋理性が実践的であり得る」などというのは虚妄だという主張に向けて、「実践理性一般の批判」は遂行されるべきなのです。
⑪最後にカントは、『純粋理性批判』でも用いた「内在的（immanent）」と「超越的（transzendent）」という用語を用いて、この段落をまとめます。これによって、純粋理性の思

弁的使用と実践的使用とでは事情が逆転することが明確になります。思弁的使用の場合、理性が提供する原理が可能な経験の範囲で使用される場合には「内在的」、可能な経験の範囲を超出して使用される場合には「超越的」でした。それに対して、純粋理性の実践的使用は、その原理が純粋なものとして、経験的なものによって条件づけられることなく使用される場合には「内在的」、理性の「経験的に条件づけられた使用」が思い上がって自分だけが意志を規定できると主張するなら「超越的」となります。だからこそ、経験的に条件づけられた理性をも含む実践理性一般が批判されねばならないのです。

〈『実践理性批判』の構造〉

緒論の第二段落は、『実践理性批判』の構造について、その概観を与えるべく書かれています。「純粋実践理性というものの存在」に向けて書かれている同書もまた、『純粋理性批判』と同じく純粋理性の認識を論じるものですから、この二つの著作の構造（区分）には一定の類似が認められるに相違ありません。しかし、それが同一になるわけでもないようです。両書の構造を表示した図をご覧下さい。その要点を説明しましょう。

まずは、二つの理性批判の共通点を確認しましょう。第一に、いずれも最大の区分として原理論と方法論をもっています。原理論は、『純粋理性批判』（第一批判）では「ア・プリオリな総合的判断」の原理を明らかにするものでしたが、『実践理性批判』（第二批判）では純粋理性の実践的使用の原理を明らかにするものです。方法論は、前者では純粋理性が行う認識の方法を論じるものでしたが、後者では、純粋実践理性の原理を行為者各人の行為原理にする方法を論じるものです。第二に、いずれの批判も分析論と弁証論をもっています。分析論は、第一批判では「真理の論理学」（A62/B87）でしたが、第二批判では「真理の規則」（16）、言い換えれば、それに反すればいかなる判断も誤りとなる規則を明らかにします。弁証論は、前者では純粋理性の思弁的使用が仮象を生み出す論理とそれを見抜く論理とが論じられましたが、後者では最高善という対象にかんして、「実践理性の判断における仮象」（同）の提示とその解決とが論じられます。

次に、二つの理性批判の相違点に目を向けましょう。第一に、第一批判では「超越論的原理論」が「超越論的感性論」と「超越論的論理学」とに区分されますが、このような「感性論」と「論理学」という区分が第二批判には存在しません。第一批判では、（自発性の能力を論じる）論理学の外部に（受容性の能力を論じる）感性論が位置づき、しかも対象認識には感性が不可欠であることが主張されました。これは、「真理の論理学」の外部に、それでもなお認識の真理に不可欠な要素として感性が位置づくことを意味します。他方、第二批判にはこのような区分が見られません。ときに、分析論に属する「動機論」が第二批判における感性論に相当すると言われることがありますが、それでも「動機論」は「真理の規則」としての分析論に属しています。『純粋理性批判』では「感性」と「悟性」とを人間の認識を構成する二つの幹として位置づけたのですが（B29）、『実践理性批判』にそうした二つの幹の分裂は存在しないのです。

『純粋理性批判』の場合

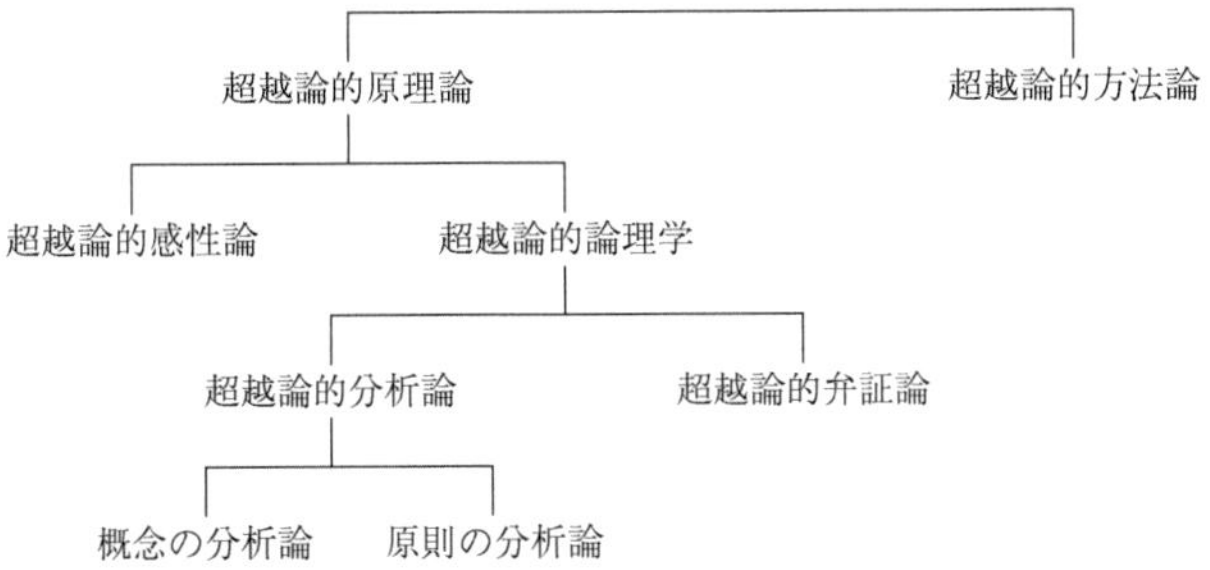

『実践理性批判』の場合

（第二批判ではすべての表題に「純粋実践理性の」が付されています）

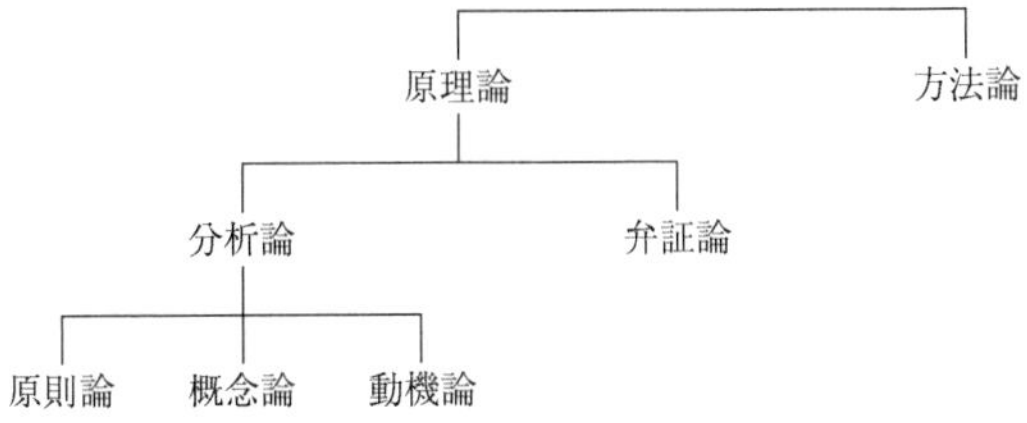

二つの批判における第二の相違点は、第一批判が、感性の器官である感官から論じ始められ、次に概念が論じられた上で原則が提示されたのに対し、第二批判の分析論では、原則、概念、感官(3)という逆の順序で議論が進行します。このような逆転が生じるのは、第一批判は対象認識を論じ、第二批判は意志を論じるからです。対象認識においてもっとも原初的な事態は、感官になんらかの感覚が与えられることですから、感官がことがらにおける出発点となります。他方、第二批判が論じる意志においては、まだそこにないもの、いまそこにあるのとは異なるものが意志作用の対象になりますから、感官は出発点になりません。むしろ、何があるべきかが問題になるので、それを判断するための諸原則が議論の出発点に置かれることになります。純粋理性の実践的使用において、この諸原則は無条件的でなければなりません。そこで第二批判では、「分析論」第一章の原則論で「純粋実践理性の根本法則」が提示されます。ここでは、純粋理性による意志規定が可能であるとはどのようなことかが明らかになります。続く第二章で、その法則が意志規定の諸対象に適用されます。それは同時に、善悪とは何かを理解することです。第三章では、件の法則が「主観とその感性」(16)へと適用されることで、道徳的行為においては道徳的法則こそが「動機」でなければならないことが示されます。ここで、私たちは、カント倫理学のひとつの中心的な思想、「道徳的法則への尊敬」という感情を理解することになるでしょう。

以上のように『実践理性批判』の緒論では、その簡潔な記述の中で、『純粋理性批判』との関連と相違を明らかにしつつ、前者を導くカントの「問い」の状況が明確になりました。それは、「純粋理性というものは意志を規定するのにそれだけで十分かどうか」という問いであり、それに答えることで「純粋実践理性というものがあること」が示されるのです。『実践理性批判』はこの「問い」に対する「答え」として読まれねばなりません。

(3)　カントはこの順序に言及する際に、「もしも可能であるなら、感官に進む」(16)と記しています。この「もしも可能であるなら」という留保が、『実践理性批判』における動機論の特殊な性格を反映しています。それは、分析論に属しながら、感情に言及するという特殊性です。

第三章　純粋実践理性の根本法則に向けて――§1から§4

いよいよ『実践理性批判』の本文の検討に入ります。先に見たように、第一部「純粋実践理性の原理論」の第一篇は「純粋実践理性の分析論」と題され、三つの章からなっています。その第一章「純粋実践理性の諸原則について」には、八つの節（§）が含まれています。このような節区分は第二章以降では継続されません。これは中途半端な印象を与えますが、すでに『純粋理性批判』の第二版でも同様の節区分が採用されていました。[1]また、八つの節のうち、§1には「定義」が掲げられ、さらに§2、3、4、8は「定理」と題されています。[2]

第一章「純粋実践理性の諸原則について」は、§7における「純粋実践理性の根本法則」の提示をひとつの頂点としますが、ここでは、カントが意志作用や行為のどこに焦点を絞ることでその提示に向かうのかを確認しましょう。

〈定義――§1〉

まずは、§1の冒頭に掲げられた「定義」を引用しましょう。

定義
実践的な諸原則とは、意志のなんらかの一般的な規定を含んでいる命題である。なお、そうした規定はその下にいくつもの実践的な規則をもっている。この条件が自分の意志にとって妥当すると主観によって見なされさえすれば、実践的諸原則は主観的であり、言い換えれば格率である。他方、この条件が客観的にすなわちそれぞれの理性的存在の意志に妥当すると認識されるなら、実践的諸原則は客観的であり、言い換えれば実践的法則である。（19）

この引用文は、カント実践哲学にとって最も原理的な概念である「格率（Maxime）」と「法則（Gesetz）」という「実践的な諸原則」を定義するものです。しかし、この定義では、二つの概念をたんに対比して区別するだけの理解では届かない、繊細な読み方を要求する表現が行

（1）『純粋理性批判』初版には節区分が設けられていませんでした。節区分は第二版で導入されますが、それも同書の「概念の分析論」の末尾に設けられた§27までで終わります。カントはその意図を、そこまでは「原理的な概念（Elementarbegriff）を扱わねばならなかった」（B169）からだと説明しています。この説明は、『実践理性批判』に設けられた八つの節もまたなんらかの意味で「原理的な概念」を扱うものだという予期を与えてくれます。

（2）「定義（Erklärung）」や「定理（Lehrsatz）」という表題を掲げて議論を進行させるのは、すでに『自然科学の形而上学的原理』（一七八六年）で採用された手法です。同書では、この手法が徹底されています。

われています。まず、「実践的原則（praktischer Grundsatz）」は意志規定の一般的な根拠となる命題です。[3] たとえば、〈毎日三分間、縄跳びをしよう〉という命題は、これから縄跳びをしようかサボろうかと思っている人の意志を決定する根拠になるかもしれません。さらに、毎日三分間の縄跳びという原則は、〈前向きに百回、後ろ向きに百回跳ぼう〉というような、具体的な「実践的な規則（Regel）」をその下にもつことができます。

次に、実践的な諸原則は意志を一般的に規定するものとして、行為の「条件」になっています。〈毎日三分間、縄跳びをしよう〉という規定は、健康やダイエットのための条件としてさまざまな本にも書かれているかもしれませんが、それが「自分の意志にとって妥当すると主観によって見なされさえすれば」、この原則は主観的原則として格率と呼ばれます。[4] ここで、その行為の条件が自分の意志の規定根拠であると自分で「見なす」とは、それを客観的に認識することではなく、主観的（あるいは、主体的）にそう判断するということです。したがって、実践的原則がなんらかの行為主体によって主観的に当の主体の行為原理と判断されさえするなら、それが主観的原理だということになります。このとき、先の行為の条件は行為主体としての自分自身を意識して、〈私は、毎日三分間、縄跳びをしよう〉と表現されるでしょう。このような行為の条件は、前述のように、当人がこれから縄跳びをしようかサボろうかと思っている場合、その意志規定の大前提となって、〈これから縄跳びをしよう〉という命題を導くかもしれません。このように大前提となる命題は、実践的な三段論法における大前提という意味で「格率」と呼ばれます。

他方、実践的原則の規定（行為の条件）が特定の個人にだけ妥当するのではなく、客観的に「それぞれの理性的存在の意志に妥当すると認識されるなら」、それは普遍的な妥当性をもつことから、実践的法則と呼ばれます。このとき、ある原則が「それぞれの理性的存在の意志に妥当する」ことが認識されるとは、どのようなことでしょうか。それはけっして、人類全員が同じ原則をもっていると、事実として理論的に認識されることではありません。そんな認識が可能だと、どうして考えられるでしょうか。むしろ、この認識を次のように考えることができます。「それぞれの理性的存在」という表現の背後に、複数の存在たち、それも理性的な存在たちが想定されています。なんらかの実践的原則をそうした理性をもった存在たちの誰もが例外なく意志規定の根拠として採用できるという認識こそが、ここで問題になっている認識です。

（3）定義にある「なんらかの一般的な規定（eine allgemeine Bestimmung）」という表現は、やがて法則との関係において「普遍的な規定」という意味をもつことになります。

（4）「格率」はカント倫理学の中心的概念です。一九八〇年代から、カント倫理学を「格率倫理学」と特徴づける研究者が現れるようになったほどです。ちなみに、この理解に寄与したのは、一九七四年に開催された第四回国際カント・コングレスにおける若手研究者、ビットナー（Rüdiger Bittner, 1945- ）の研究発表でした（ビットナーはやがてヒルデスハイム大学教授を経て、ビーレフェルト大学教授になります）。なお、Maxime は「格律」と訳されることもあります。これは、かつて日本では道徳的法則が「道徳律」と呼ばれていたことに由来するかもしれません。しかし、「道徳律」と「格律」とを対応させることで、前者が客観的な命法であり、後者が主観的命法であるというような誤解を招かないためにも、本書では「格率」という訳語を採用します。

この認識は、当該の実践的原則を理性的存在たちの誰もが採用したとしても、理性に自己矛盾が生じないことが、つまり理性的存在の理性的性格が破壊されないことが確認されることで得られます。(5)

〈法則と格率〉

カントは、§1の「定義」に対して「注」を付しています。ここからは、その記述を参考に、重要な諸概念を把握しましょう。「注」の冒頭では次のように書かれます。

純粋理性というものがなんらかの実践的に十分な、言い換えれば、意志規定に十分な根拠をみずからの内に含み得ると想定される場合には、さまざまな実践的な法則が存在することになるが、そうでない場合は、一切の実践的原則はたんなる格率だということになるだろう。(19)

この引用文でカントはいきなり、純粋理性による意志規定、すなわち純粋理性の実践的使用が可能である場合——これはつまるところ「純粋実践理性というものが存在する」場合です——にだけ、実践的法則が存在し、そうでなければすべての実践的原則は「たんなる格率」という主観的な原則に留《とど》まると表明しています。「純粋実践理性というものが存在する」ことを明らかにしようという『実践理性批判』にとっては「実践的法則」を見いだすことが切実な問題であることが、ここから分かります。実践的法則が見いだせないのであれば、純粋実践理性があるということも見いだせないからです。

ただし、この書き出しが「法則」と「格率」との対比を強く印象づけるがゆえに、読者が「格率」のことを、「法則」に至らずたんに主観的なものに留まる原則であると受け止めてしまいかねません。こうした誤解が生じるとしたら、その責任の一端はこうした強い対比の表現を用いたカント自身にもあるでしょう。しかし、カントが考えている事態はそうではありません。「定義」では、実践的原則が示している「条件〔行為の規定：引用者〕が自分の意志にとって妥当すると主観によって見なされさえすれば」、それが格率になると言われていました。このとき、当該の実践的原則が示している「条件〔行為の規定〕」が、同時に「客観的なものとして、すなわちそれぞれの理性的存在の意志に妥当すると認識される」可能性はけっして排除されていません。したがって、なんらかの実践的法則を私たちが自分の主観的な格率にする可能性もあるのです。むしろ、そうした可能性こそが重要であることがやがて明らかになるでしょう。

（5）これが認識と言えるのは、この認識があくまで実践的認識だからです。理論的認識と実践的認識との相違については第二章を参照してください。

〈定言的命法と仮言的命法〉

次にカントは、これも彼の実践哲学における原理的な概念である、「命法（Imperativ）」を、その下位区分である定言的命法と仮言的命法とともに説明しています。

まずカントは、実践的原則としての法則が自然法則と異なることを指摘します。自然法則に自然現象は必ず従いますが、実践的法則に行為者が必ずしも従うわけではありません。行為者がなんらかの理性的存在であっても、当の行為者の〈〇〇しよう〉という欲求は、たんてきに理性的というわけではなく、さまざまな特殊な性質をもち、多様な状況の中でさまざまな目的をもち得るからです。そこで、たとえば、「偽りの約束をしないようにしよう」という原則の下に、「自分に有利にならない限り、偽りの約束をするな」、「友情を失わないために、偽りの約束をするな」、さらには「いついかなる場合でも偽りの約束をするな」というような多様な「規則」が存在し得ることになります。ここで規則が命令形になるのは、すなわち文法用語で言えば「命法」となるのは、まさに理性が意志規定の唯一の根拠でないからであり、客観的な実践的法則であっても行為者がつねにそれに服するとは限らないからです。

なお、こうした命令形の文は、平叙文では「君は、自分に有利にならない限り、偽りの約束をすべきでない」、「君は、友情を失わないために、偽りの約束をすべきでない」、さらには「君は、いついかなる場合でも偽りの約束をすべきでない」というように「べきだ（Sollen）」で表現されます。「べきだ」（この意識は「当為」とも表現されます）には、必ずしも理性的に意志規定をするとは限らない理性的存在に対する、「行為の実践的強要」（20）が表現されています。ここで例示したような、「べきだ」と表現される規則は、元来は「偽りの約束をしないようにしよう」という意志作用に基づいていますから、その意志作用の力が、その実現を阻む可能性のある、意志規定の他のさまざまな根拠を押しのけようとする力として意識されることで、「べきだ」という意識や「強要」の意識が生まれるのです。

カントはここで、さらに議論の焦点を絞るべく、「命法」という概念を導入し、「仮言的命法」と「定言的命法」との区別を説明します。まず、命法は客観的に妥当するものとして、主観的原則としての格率から区別されます。次に、私たちは命法のこの客観的妥当性に注目して、それが行為者の意図や目的によって保証されるか、理性そのものによって保証されるかを区別しなくてはなりません。たとえば、「自分に有利にならない限り、偽りの約束をするな」という命法が一般的に妥当するのは、「自分に有利になる」という意図をもっている人たちだけです。このような人たちの考え方は「もし自分に有利にならないなら、偽りの約束をするな」と表現することができます。このような条件つきの命令文が「仮言的命法（hypothetischer Imperativ）」と呼ばれます。このとき、この命法の妥当性は「自分に有利になる」という意図によって保証されるのですが、その妥当性の範囲はおのずから限定されることになります。そこでカントは、仮言的命法は「実践的指図（praktische Vorschrift）」（同）であっても「実践的法則」ではないと指摘します。仮言的命法には、その妥当性の範囲に限定があるがゆえに、「法則」としての普遍性が認められないからです。

すると、実践的法則と言えるのは、理性そのものによって妥当性が保証される規則だけだということになります。そうした規則はもはやいかなる意図も目的もその条件としてもっていない命令文で表現されます。たとえば、「いつ、いかなる場合でも偽りの約束をするな」のように（ただし、この命令がほんとうに理性的かどうかには、さらなる検討が必要です。ここではひとつの例文として理解してください）。このような条件のない命令文が「定言的命法（kategorischer Imperativ）と呼ばれます。[6] もし実践的法則が存在するとしたら、それは定言的命法という形式をとるはずです。

カントは、このような定言的命法は、意志の外部に存する結果とは無関係に、ひたすら「意志を意志として」（同）規定するものだと記しています。これは、意志規定によって引き起こされる結果とは無関係に、理性が意志を経験に依存することなく（すなわち、ア・プリオリに）規定することを意味しています。私たちはこのようなカントの強調点を、彼の所説は行為の結果に責任を認めることに無関心だと理解しないことが大切です。彼の強調点は、意志規定の結果としてもたらされるものを基準としては実践的法則を捉《とら》えることができない、というところに存するのです。

ここまでに登場した諸概念をまとめておきましょう。

§1の「注」の冒頭で、「純粋実践理性というものが存在する」ことを明らかにするために実践的法則を見いだす必要が示唆されていました。ここまでの行論で、実践的法則は、定言的命法としてだけ存在し得ることが明らかになりました。すると、純粋実践理性の存在を明らかにするには、定言的命法として意識される規則があることを示さねばならないことになります。

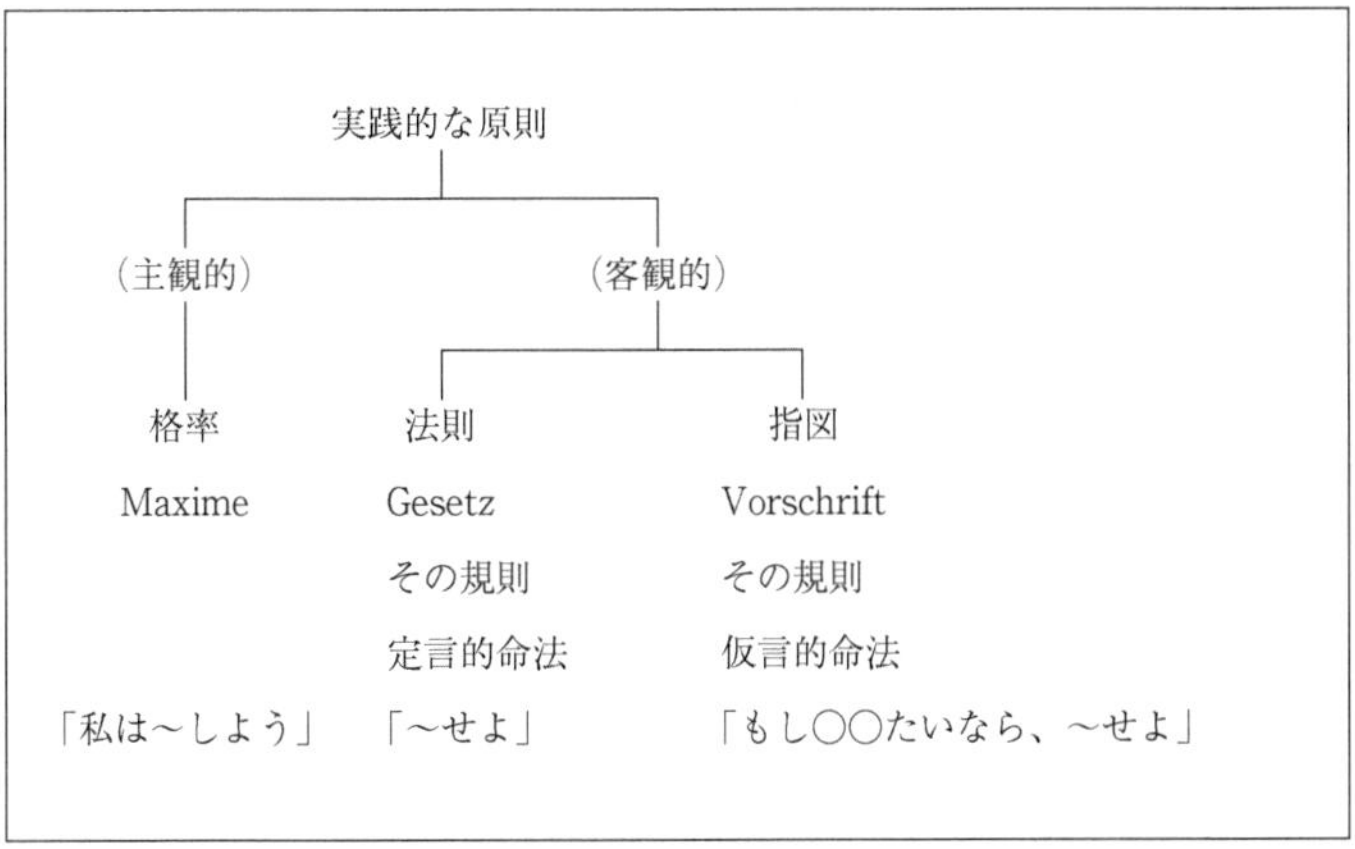

もちろん、「純粋実践理性というものが存在する」ことを示そうとするカントにとって、「それぞれの理性的存在」を強要する定言的命法は存在するはずのものです。しかし、それがどのように存在するかは未決の問題です。こうして、分析論第一章におけるはじめの議論は、仮言的命法と定言的命法との批判的な区別に着目し、定言的命法

（6）命法を形容する「仮言的」も「定言的」も文法用語です。仮言的命題とは条件文のことであり、定言的命題とは、断言的で条件のない文のことです。なお、無条件の命令文が定言的命法だという説明だけに基づくと、「他人のものを盗め」という命題も定言的命法だという誤解が生じてしまいます。実は問題なのは命題のかたちではありません。定言的命法において重要なのは、なんらかの行為へと無条件的に拘束されているという意識です。このとき、命令として表現される「実践的強要」は純粋理性だけに基づいていて、他に条件をもたないということになるでしょう。

の提示に向けて遂行されることになります。

〈質料的な実践的原理は経験的であり、法則をもたらし得ない――§2「定理一」〉

続く§2では、まず「定理一」が提示され、その証明が行われています。「定理」を引用しましょう。

定理一

欲求能力のなんらかの客体（質料）を意志の規定根拠として前提する一切の実践的諸原理は、総じて経験的であり、実践的諸法則をもたらすことができない。(21)

「欲求能力」とは、生命ある存在が何かあるものを表象し、その表象を介して、当の表象の対象を実現する原因となる能力です。たとえば、朝食用のパンを表象することで、そのパンを入手する原因となる能力です。このとき、欲求能力の対象はパンですから、欲求能力は、まずは主体のあり方ではなく、主体の外部にある客体を実現しようとしています（もちろん、パンを食べて一日の活力を得た自分を表象することもあるでしょう。この場合は、自分自身が客体になっています）。しかも、パンは、主体がもっている欲求一般の抽象的な客体（私は何かを欲する）ではなく、具体的に規定された客体（私はパンを欲する）ですから、この客体は「規定されたもの」として「質料」とも呼ばれます。[7] カント自身は、「欲求能力の質料とは、その実現が欲求されている対象のことである」（同）と記していますから、件《くだん》の「規定されている」とは「実現が欲求されている」ということです。

このようなすでに「規定された」ものを、意志を規定するための根拠とする場合、その意志規定をもたらす諸要素（原理）は、すぐ後で説明するように、すべて経験的なものになります。ここで「経験的（empirisch）」とは「純粋（rein）」の対義語であり、内容として感覚に由来するものを含んでいることを意味します（そうしたものをまったく含んでいないことを表現するのが、「純粋」です）。まとめるなら、この定理が掲げているのは、こうした経験的な原理に基づく限り、けっして実践的法則はもたらされない、ということです。

さて、「定理」は証明可能な命題について用いられる表現ですから、カントもここでこの「定理」を証明しています。ここで証明されるべきは、第一に、客体・対象が意志規定の前提とされるなら、それによって得られる実践的諸原理はすべて経験的となること、第二に、経験的な諸原理には実践的な諸法則をもたらし得ないこと、です。

まず、対象が意志規定の前提とされる場合、当の対象の表象が「選択意志の規定根拠」になります。『実践理性批判』では、ここで「選択意志（Willkür）」という用語が登場します。これ

（7）カントの哲学的思索は一般に「形式」と「質料」という視点によって貫かれています。『純粋理性批判』に基づくなら、それぞれの一般的な意味は、「形式」は「規定するもの」であり、「質料」は「規定され得るもの」です（A266/B322）。

は「意志（Wille）」とは異なります。両者の相違について分かりやすい場面を挙げるなら、誰かに対して「何にしますか」とか「どれにしますか」と私たちが問うとき、私たちは、その人が任意に決めることができる「選択意志」を問うています。他方、誰かに対して「なぜそうしたのですか」と問うとき、つまり、行為の根拠を問うとき、私たちはその人の「意志」を問うています。(8)

私たちが旅行先の宿で「夕食をお出ししますか」とか「朝食はパンにしますか、ごはんにしますか」などと問われたとしましょう。そのとき「夕食をお願いします」や「パンにします」と答えたとしましょう。そのような選択意志の規定根拠として夕食やパンの表象が位置づく場合があります。しかも、それはたんなる表象ではありません。それらの表象には「快の感情」が伴っているはずです。さて、誰かが「夕食の表象」や「パンの表象」に快の感情を結び付けるかどうかは、当人の経験に依存しています。経験しない限り、快（あるいは不快）の感情が伴いようもないからです。したがって、対象が選択意志の決定に対して前提とされる場合、それによって得られる選択意志の規定原理はすべて経験的となります。(9)

次に、選択意志の経験的な規定原理は、それが当の主観の感覚経験に基づいている以上、当人には妥当するかもしれません。その点では、当人が〈私は、旅先での朝食はパンにしよう〉という格率を採用することもあるでしょう。しかし、これは当の主観にしか妥当せず、客観的な妥当性をもつことはありません。したがって、選択意志の経験的な規定原理は、けっして「実践的法則」をもたらすことがないのです。

〈質料的な実践的原理は自己愛・自己幸福の一般的原理である――§3「定理二」〉

§3では前節を受けて、「欲求能力のなんらかの客体（質料）を意志の規定根拠として前提する一切の実践的諸原理」、すなわち「一切の質料的な実践的原理」が、自己愛あるいは自己幸福という一般的原理の下に包摂されます。「定理二」を引用しましょう。

定理二
一切の質料的な実践的原理は、質料的なものとして総じて同一種のものであり、自己愛あるいは自己幸福という一般的原理の下に属する。(22)

（8）　Wille と Willkür とはよく似た単語ですが、いったんは明確に区別することが必要です。それは、ラテン語で前者が voluntas、後者が arbitrium と表現されてきたことからも明らかです。なお、voluntas を Wille へと、arbitrium を Willkür へと訳する先例は、たとえば、マイヤー（Georg Friedrich Meier, 1718-1777）によるバウムガルテン『形而上学』のドイツ語訳にも見られます。このような遡《さかのぼ》りは、さらに先行する時代にも求められます。そうした歴史を知るには、次の研究書がたいへん参考になります。河村克俊『カントと十八世紀ドイツ講壇哲学の自由概念』晃洋書房、二〇二二年。

（9）　なお、選択意志はもっぱら経験的に対象に依存して選択する能力ではありません。そうした選択意志のあり方は、動物と人間とが共有するものですが、人間の選択意志は、純粋理性を根拠として決定されることができます。その場合の選択意志をカントは「自由な選択意志」（VI 213）と呼びます。

前節の「定理一」では「一切の質料的な実践的原理」は経験的なので法則をもたらし得ないことが確認されました。「定理二」はそうした原理たちが「総じて同一種」であることが示され、その「同一」性が「自己愛あるいは自己幸福」に見定められます。この「定理二」は、カントが自分とは異なるさまざまな立場をひっくるめて「同一種」と見なしていることが明言される点で、たいへん挑戦的な内容を含んでいます。この論点は、やがて第一章の後半で一覧表として突きつけられます（40）。

カントはこの「定理二」をどのように証明するでしょうか。前節で指摘されたように、欲求能力のなんらかの質料が意志規定の根拠として前提された場合、当の質料の表象には経験に基づいて快（Lust）の感情が伴います。この快は主観の感受性に基づいていますから、快はもっぱら件の表象の主観への関係を表現するものにすぎません。このような受動的で主観的な快が意志規定にかかわるには、まず、この快が「快適さ（Annehmlichkeit）」として概念的に把握され、この快適さを感じることが、規定された行為の目的にされることが必要です。この大前提の下で、カントは次のように記しています。

さて、なんらかの理性的存在が、自分の全現存在に不断に伴う、生の快適さを意識するなら、それが幸福であり、また、この幸福を選択意志の最高の規定根拠にするという原理が自己愛の原理である。（22）

この引用文の「さて」は、カントがこの文を三段論法の小前提として書いていることを示していますが、そのことはいったん脇に置きましょう。ここでカントは「幸福」についてまとまった表現をしています。すなわち、「幸福（Glückseligkeit）」とは、理性をもった存在が意識するものであり、その内容は、自分が生きている限り不断に快適だという状態の意識だというのです。たしかに、幸福というものを表象しようとするなら、それは快適さで把握されるべきです。快適ならざる幸福を思い描けるでしょうか。人生には快適でない状態もままあり、その状態を克服したときにこそひとは幸福を感じるのだから、カントの幸福観には賛成できないという人もいるかもしれません。しかし、その「快適でない状態」そのものがあった方がよいかどうかと問われたなら、それは「快適でない」ものとして、ない方がよいと答えるのではないでしょうか。快適な状態が「不断に伴う」というカントの表現にも同様のことが言えます。あるときに幸福を感じたとしても、それがいつか途絶することを同時に意識するとしたら、ひとは幸福を感じられるものでしょうか。こう考えれば、カントが「自分が生きている限り不断に快適だという状態」として幸福を把握したことにも一理はあることが分かるでしょう。

ここではさらに、「この幸福を選択意志の最高の規定根拠にするという原理が自己愛の原理である」と記されています。「この幸福」とは自分の幸福のことです。さて、ひとつ前の引用文（定理二）で自己愛が「自己幸福」と言い換えられていましたから、自己幸福を追求しようという原理は「自己愛（Selbstliebe）」の原理なのです。このとき、「自己愛」の原理が〈実践的法則をもたらすことのないもの〉という消極的な文脈の中で言及されるからといって、自己愛が全面的に否定されるわけではないことに注意しましょう。やがて§3の「注二」で見るように、カントは有限な理性的存在なら誰もが幸福を願うと考えています。誰もが自己幸福を欲しているのです。その点で、誰もが自己愛をもつのであり、それ自体が否定されるわけではありません。ただ、自己愛を「選択意志の最高の規定根拠」にすることが問題視されているだけなのです。

〈下級欲求能力と上級欲求能力――§3「定理二」の系〉

「定理二」には「系」が付され、さらにその「系」に対して「注一」と「注二」が書かれます。「系」とは、定理から直接的に証明される命題のことです。まず、その「系」を引用しましょう。

> 系
> 一切の質料的な実践的規則は、意志の規定根拠を下級欲求能力に置いている。もし意志を十分に規定するような、意志の純然たる形式的な法則がまったく存在しないとしたら、上級欲求能力もまた認められ得ないことになるだろう。(22)

カントはここで伝統的な下級欲求能力と上級欲求能力との区別を採用しています。まず、質料的な実践的原理に基づく「一切の質料的な実践的規則」、すなわち仮言的命法で表現されるような規則が、意志の規定根拠を快や不快に基づいて作動する下級な欲求能力に置いていることが確認されます。これは、「下級欲求能力」との関連づけを除けば、すでに説明されたことです。次に、もし伝統的な「上級欲求能力」と「下級欲求能力」との区別を維持し、「上級欲求能力」の存在を認めようと思うのであれば、質料的なものを一切離れた「まったく形式的な法則」の存在を認めねばならないことが示唆されます。

カントがこのような「系」を記そうと思った理由は、「注一」に明瞭《めいりょう》に記されています。それは、「下級欲求能力」と「上級欲求能力」という区別を導入してきた、カントに先行する哲学者たち、具体的には、ヴォルフ（Christian Wolff, 1679–1754）やバウムガルテン（Alexander Gottlieb Baumgarten, 1714–1762）が、当の区別の根拠を見誤っていることを指摘したかったからです。「注一」の冒頭を引用しましょう。

驚くべきことに、ふだんは鋭敏な人たちが、下級欲求能力と上級欲求能力とのあいだのひとつの区別を、快の感情と結び付いている諸表象が、感官にその起源をもっているかあるいは悟性にその起源をもっているかに見いだされると信じることができているのだ。というのは、欲求作用を規定する諸根拠が問われ、なんらかのものに予期する快適さにその諸根拠を置くなら、そのような喜びを与える対象の表象がどこに由来するかなどまったく問題でなく、むしろその表象がどれほどの喜びを与えるかだけが問題だからである。（22f.）

カントがここで批判している哲学者たちは、欲求能力を「快の感情」という同一種のものに関係づけながら、その「快の感情」をもたらす表象が「感官」に起源をもつなら、その欲求作用を下級欲求能力に、そうした表象が「悟性」に起源をもつならその欲求作用を上級欲求能力に分類しました。これは、感覚的快楽と精神的快楽とは質的に異なるものだという前提に立っている人なら、首肯できる分類かもしれません。しかし、これはカントにすれば首尾一貫しない態度です。「快の感情」という「同一種」のものを、後から異種的なものであるかのように区別するからです。カント自身も感覚的快楽と精神的快楽との区別を一概に否定するわけではありませんが（23f.）、この二種類の快楽を私たちが比較し選択できているという現実を踏まえ、両者には「どれほどの喜びを与えるか」という量的差異しか認められないと指摘します。この限りでは、カントと近い時代にイギリスで活躍した功利主義者、ベンサム（Jeremy Bentham, 1748-1832）と主張を同じくしています。[10] しかし、カントが功利主義のような幸福を原理とする立場に与《くみ》するわけではありません。彼は、幸福を考えるのに私たちがどれほど悟性や理性を用いるとしても、自己幸福の原理は下級欲求能力にふさわしい規定根拠しかもたらさないと考えます。

ここで、カント自身による二つの欲求能力の区別を確認しましょう。先行する文脈を要約的に挿入しながら引用します。

〔純粋理性が実践的である場合、すなわち、いかなる感情も前提せず、欲求能力の質料として快適なものや快適ならざるものを表象することなしに、実践的規則のたんなる形式によって意志を規定できる場合〕その場合にだけ、理性は、〔傾向性に使われてではなく〕それだけで意志を規定する限りで、感受的に規定されることが可能な欲求能力がそれに従属する真の上級欲求能力であり、現実にそれも種別的に後者から区別される。(24f.)

ここでカントは、「それだけで意志を規定する」理性、すなわち純粋実践理性だけが「真の上級欲求能力」であり、「感受的に規定されることが可能な欲求能力」[11]がそれに従属するという区別を提示しています。私たちがすでに確認したように、実践理性は、なんらかの行為へと意志規定を導く行為原理を設定するものですから、ここで純粋実践理性が「欲求能力」として名指されることには違和感がないはずですし、「感受的に規定されることが可能な欲求能力」[12]がそれに従属するのですから「上級欲求能力」という呼称も理由のないものではないでしょう。

(10)　ベンサムの主著『道徳および立法の諸原理の序論』は、『実践理性批判』刊行の後、一七八九年に刊行されています。

(11)　ここで「感受的」と訳したpathologischという単語は訳しづらく、ときに、パトローギッシュとカタカナ書きさえされます。ここでは、パトスという感性的情動に支配されるという意味で、感受的と訳しました。

〈幸福という問題——§3「定理二」の系に続く、注二〉

続く「注二」は、「幸福」について論じている点で、「系」に対してではなく、「自己幸福」への言及を含んでいる「定理二」に付されているとみるべきものです。さっそく「注二」の冒頭を引用しましょう。

> 幸福であることは、必然的に、理性的だが有限的な存在なら誰でももつ切望であり、それゆえそうした存在の欲求能力のひとつの不可避的な規定根拠である。というのは、そうした存在の現存在全体に対する満足がおよそなんらかの根源的所有であることなどなく、それはまた当の存在の独立した自足の意識が前提されるような浄福でもなく、むしろ、そうした存在の貧しさゆえに、その有限な自然本性そのものによって当の存在に押し付けられた問題だからであり、また、このような貧しさ〔ゆえの必要〕が、当の存在の欲求能力の質料にかかわり、言い換えれば、快や不快という主観的に根拠となっている感情——およそ自分の状態に満足するために必要なものは、この感情によって規定されている——に関係するようなものにかかわるからである。（中略）幸福の概念が客観の欲求能力への実践的関係にとっていいたるところで根拠となっているとしても、それでもその概念は、さまざまな主観的な規定根拠の一般的な題目にすぎず、このような実践的課題においてはそれだけが問題であること、つまりそれを規定することなくしてはこの実践的課題がまったく解決できないようなものを、個別的に規定することはない。(25)

カントのこの書き出しは見過ごされてはならないものです。人間のような「理性的だが有限的な存在」にとって幸福になることは、誰もがそれを切望していて、そうした存在の欲求能力にとって「ひとつの不可避的な規定根拠」なのです。「有限的な存在」とは、満月のように欠けたところのない存在ではなく、つねにその欠けた部分を補う必要に迫られている存在です。しかしそうした存在は、同時に「理性的」でもあることで、個別の必要だけに囚《とら》われているのでなく、「幸福」という理念を思い描くこともできます。それゆえ、「理性的だが有限的な存在」は、つねに自分に欠けている部分を意識しそれを補おうとしつつ、一切の欠如のない状態を思い描くのです。ただしここで、幸福になることは、不可避的とはいえ意志の「ひとつの規定根拠」とされていることが重要です。すなわち、幸福になることは、そうした存在にとって規定根拠のすべてではないのです。

カントはさらに、幸福を「現存在全体に対する満足」とも表現しています。これは先に「自分が生きている限り不断に快適だという状態」と書かれていたことと同じことを示しています。彼はさらにこうした状態について、それが、もはやどこからも由来することなしに所有されて

(12)　カントは、「感受的に規定されることが可能な欲求能力」のことを下級欲求能力と表現していません。カントの所説に欲求能力の区別があるのは確かですが、いつでもそれに「上級」や「下級」という表現を当てるわけではありません。むしろ、この表現は、先行する哲学者を批判するために、彼らの伝統的な表現を借用しているとみるべきでしょう。

いることもなければ、不足を意識していない「自足の意識」から帰結する「浄福（Seligkeit）」でもないといいます。カントの幸福観はむしろ、人間がつねに貧しく欲求を抱えた存在だということと表裏をなしているのです。さて、そうした欲求を充《み》たすことは、なんらかのものを手に入れることによって可能ですが、そうしたものは快や不快の感情によって決められていますから、幸福への欲求を満足させることは、主観的で個人的な快や不快に規定されていることになります。この点から、カントは、なるほど幸福は誰もが切望するという点では、一見したところ普遍性をもちはするが、その内実が主観的で個人差のあるものでしかないので、厳密な意味では法則が要求する普遍性をもてないと考えます。

こうして、人間のような「理性的だが有限的な存在」が幸福になることを客観的に求めているように見えるとしても、それはさまざまな主観的な欲求を一般的に包括的に表現しているに過ぎないことになります。この一般性は実践的問題にとって解決をもたらしません。たとえば、ある具体的な状況の中で自分はどうしたら賢いだろうかと悩んでいる人に向かって、幸福になるように行為するのがよいでしょう、とアドヴァイスすることは意味をもちません。なぜなら、当人は、この状況の中で自分の幸福をどうやったら実現できるだろうかと悩んでいるのに、その人に向かって、幸福になるようにね、と無規定なこと（あいまいでしかないこと）を言っているに過ぎないからです。

なお、それでも幸福への一般的欲求には、まさにその一般性ゆえに、「理性的だが有限的な存在」たちに一致が見られるはずだ、という疑問を抱く人もいるかもしれません。実際、幸福な人や幸福な家庭を想像するときには、不幸に見舞われて波乱万丈な人生を送る人や家庭を想像するときよりも、はるかに想像の幅が狭くなるように思います。それでも、カントは主張します。そこに見られる一致は偶然的なものに過ぎない、と。カントがここで求めている「法則」としての実践的原則は、例外を認めない普遍性をもつものです。幸福の切望は、そうした実践的法則に届くものではないのです。

〈格率の形式への注目――§4「定理三」〉

§4の「定理三」では、先行する二つの節で欲求能力の「質料」が問題にされ、質料面には普遍性を見いだすことができないことが明らかになったことを踏まえ、意志規定における「形式」が注目されます。「質料」に対する対義語の関係にあるのが「形式」だからです。ここでは、§1で「実践的な原則」のひとつとして言及された「格率」(主観的な実践的原則)がようやく前面に登場し、その形式が論じられます。まずは「定理三」を引用しましょう。

定理三
或《あ》る理性的存在が、さまざまな自分の格率を実践的で普遍的な法則であると思い浮かべるべきだとしたら、当の理性的存在はその格率を、質料面ではなくもっぱら形式面で、意志の規定根拠を含んでいるような諸原理であるとだけ思い浮かべることができる。(27)

§1で掲げられた定義では「この条件〔意志の一般的な規定としての条件：引用者〕が自分の意志にとって妥当すると主観によって見なされさえすれば、実践的諸原則は主観的であり、言い換えれば格率である」(19)という説明とともに、実践的諸原則の「この条件」が客観的な場合には、それが法則になることにも言及されていました。ここでは、そうした〈法則としての客観的な実践的諸原則〉が主観にとって自分の意志に妥当すると見なされて、「格率」となる場合が考えられています。カントがここに記しているのは、そうしたことが可能になるのは、格率の「質料」面ではなく「形式」面が意志の規定根拠になっている場合だけだ、ということです。

この定理は次のように証明されます。たとえば、〈私は、毎日三分間、縄跳びをしよう〉という格率に従って私が行為（縄跳びをすること）を決めるとしましょう。そこには二つの場合が考えられます。第一の場合、〈私は毎日○○しよう〉と決めたのだから、私は今日も○○しよう、と決めます。ここで○○としてあるのは、その内容やそれにまつわる感情に意志規定が依存しないからです。これは、格率の形式による意志規定です。第二の場合、縄跳びという内容に基づいて、縄跳びをするのは快いから、あるいは、縄跳びの継続は健康をもたらすから、私は今日も縄跳びをしよう、と決めます。後者の場合、意志規定が、縄跳びの経験に直接的にあるいは間接的に由来する快の感情に依存していますから、定理一に基づいて、この実践的原則は法則になることができません。では、第一の場合なら、法則になり得るでしょうか。もちろん、そうは単純にはいきません。〈私はいつでも○○しよう〉というだけでは、その○○の内容が任意なままに留まります。そこで、〈いつでも○○しよう〉という部分に、〈法則としての普遍性をもちそうな内容的な表現〉を入れてみましょう。たとえば、〈私は、困っている人には手助けしよう〉です。しかし、このように具体的内容を入れたとたんに意志規定の根拠が、手助けしないのは気分が悪いからとか、手助けされた人に感謝されると気持ちがいいから、という経験に由来した感情にかかわる可能性が開けてしまいます。そこで、〈法則としての普遍性をもちそうな内容的な表現〉から内容的な表現を抜き取るなら、残るのは〈法則としての普遍性〉だけになります。カントはそれを当該箇所で「なんらかの普遍的な立法（eine allgemeine Gesetzgebung）というたんなる形式」(27) と表現しています。[13] したがって、第一の場合のように〈私はいつでも○○しよう〉という格率の形式が意志規定の根拠であり、かつその形式が普遍的立法の形式をもっているときにだけ、〈法則としての客観的な実践的諸原則〉が主観の意志に妥当すると見なされて「格率」となるのです。

以上、客観的な法則を主観的な格率に取り込むという視点からの証明を試みましたが、これは同時に、主観的な格率が客観的な法則（ただし、普遍的な立法）として妥当し得るのは、ただ格率の形式においてだけであることの証明も含んでいることをご確認ください。

(13)「なんらかの普遍的な立法」における「立法」とは、あたかも法律を作ることであるかのように見えますが、ここでは、自分が普遍性ある法則に拘束される、ということです。たとえば、なにか新しい法律が施行されたとき、自分が（どのような意図に基づいてかはともかく）それに従うべきだと考えることが、自分にとっての「立法」です。

〈普遍的立法にふさわしい格率の形式――§4「定理三」の注〉

「定理三」にも「注」が付されています。ここでは、なんらかの格率の形式がどのような場合に普遍的立法にふさわしいか、どのような場合にふさわしくないかは、「常識」(27)でも分かることが指摘され、あらためて、§3の「注二」で扱った幸福について、それを意志の規定根拠にすることが実践的法則にふさわしくないことが説明されます。

まずは、どのような格率の形式が普遍的立法の形式としてふさわしくないかが「常識」で分かることを示すために、カント自身が挙げている例を見てみましょう。例として挙げられる格率は「〔私は：引用者〕あらゆる確実な手段を用いて自分の財産を増やそう」(同)です。このような格率をもっている人がひとつの「寄託物」[14]をもっているとします。それを委託した所有者はすでに死去し、それが寄託物であることを証明するものもありません。件の格率に従うなら、この人は寄託物を自分のものにすることになるかもしれません。しかし、あの格率は客観的法則として妥当するでしょうか。カントは、この例に基づいて、ひとつの法則を提示します。それは「誰でも、ある寄託物についてそれが預けられたものであることを誰一人として当人に対して証明できないなら、それが寄託物であることを否定してよい」(同)です。カントの常識では、この法則は自己破壊的です。なぜなら、こうした法則があるところでは、誰も他人にものを預けることなどなく、寄託物など存在し得ないからです。あわよくば寄託物を自分のものにしようとしている人たちに向かって、自分の所有物を委託する人などいないのではないでしょうか。

このように寄託物を例として考えることで、カントは件の格率が客観的法則になり得ないことを証明します。普遍的に考えると自己破壊的になる命題は、当然、法則たり得ないからです。では、「私は、あらゆる確実な手段を用いて自分の財産を増やそう」という格率のどこに問題があったのでしょうか。それはこの格率が当人の所有欲に基づいているからです。この個人的な所有欲に基づく命題は、この格率を採用した当人には妥当するかもしれません。所有の喜びに基づく財産形成という質料が、それを採用させるからです。しかし、この命題の形式は普遍的に立法する形式をもち得ません。この命題を普遍的なものにするには「私は、合法的な、あらゆる確実な手段を用いて自分の財産を増やそう」というように、「合法的」という一項を入れることも考えられます。このとき、この命題の普遍性は「合法性」という形式によって担保されることになりますが、このことは、かえって元の命題の形式が普遍性を欠いていることを顕《あら》わにすると言えるでしょう。

しかし、所有欲に基づいた格率が客観的法則になり得ないとしても、幸福への欲求に基づいた格率なら客観的法則になり得るのではないでしょうか。というのは、この欲求が「理性的だ

(14)　『道徳形而上学』では、無償契約を「委託された財産の保管」、「なんらかの物件の使用貸借」、「贈与」の三つに分けています。このうち、第一のものだけが「寄託物」です（VI 285）。カントが本文の例で指摘しているのは、「寄託物」が正当な手続きなしに「贈与」されたものに変わることはない、ということです。

が有限的な存在なら誰でもがもつ切望」であることを、カント自身が§3の「注二」で認めていたからです。しかし、彼は次のように記しています。

> 幸福への欲望が一般的だから、それゆえ誰もがそれによって幸福を自分の意志の規定根拠にする格率が一般的だからという理由で、どうして分別のある人たちがそれをひとつの普遍的に実践的法則であると言おうなどと思いつくことが可能だったかは、不可思議なことである。(28)

なるほど幸福への欲望は一般的かもしれませんが、そこで各人が考えている「幸福」の内容はどうでしょうか。もちろん、AさんとBさんの幸福観に一致を見いだすことができるかもしれません。しかし、先にも見たように、それは偶然に一致しているに過ぎません。なにしろ、ひとがどのような幸福を思い描くかは、その人の経験に依存しているからです。Aさんだけを見ても、その人生におけるさまざまな経験によって、幸福観はさまざまに変化するのではないでしょうか。このように多様で可変的な幸福観に(一般性とは異なる)普遍性[15]を見いだすことは困難です。しかも、あの偶然の一致がひどく矛盾した状況を生むことさえも考えられます。AさんとBさんが隣り合う国の君主で、それぞれが自国の領土拡張を自分と自国の幸福と考えているとしましょう。そこに生じるのは、自国の幸福追求の名における戦争ではないでしょうか。なお、ここで「分別のある人たち」として想定されている哲学者はたくさんいるはずですが、その一人が先に名前を挙げたヴォルフです(16)。

以上、§1から§4までの議論を経て、「純粋実践理性というものが存在する」ことを明らかにすべく、なんらかの「実践的法則」を見いだそうとする『実践理性批判』の議論は、格率の質料ではなく、もっぱらその形式に注目して進行することになります。

(15)　一般性と普遍性の相違は、前者には例外が認められ、後者には認められないところにあります。この点を踏まえて、ドイツ語の allgemein を訳し分けました。

(16)　Christian Wolff, *Vernünfftige Gedancken von der Menschen Thun und Lassen, Zu Beförderung ihrer Glückseligkeit, den Liebhabern der Wahrheit mitgetheilet,* (4. Auflage, Franckfurt und Leipzig 1733), Christian Wolff gesammelte Werke, I. Abt. Band 4, Georg Olms Verlag, Hildesheim･Zürich･New York 2016, §§51-53.

第四章　純粋実践理性の根本法則の提示——§5から§7

「純粋実践理性というものが存在する」ことを示し、純粋理性がそれだけで意志を規定できることを示すには、なんらかの実践的法則が存在することを示すことが必要です。§4の「定理三」によって、そうした法則を見いだすことができるとしたら、それは格率の「形式」以外にないことが明らかになりました。何か具体的な質料に依存するなら、そうした格率も、従来、普遍的な法則とされてきたもの（たとえば、幸福追求の原則）さえも、法則のもつはずの普遍性をもてないからです。そうした形式において普遍的な法則が提示されるのが§7です。それに先行する§5と§6は、そうした法則の提示を説得的に行うための準備だと見ることができるでしょう。さらには、§4で「定理三」が、§8で「定理四」が提示されることから、§5から§7をひとつのまとまりと見ることには一定の理由があると言えます。

〈カント実践哲学の根本問題〉

さて、§5と§6はそれぞれ「課題」[1]と題されています。この課題に答えることに、どのような意義があるでしょうか。その意義を考えるために、カント実践哲学の根本問題を振り返る必要があります。カントは、ケーニヒスベルク大学の正教授になってからはもとより、それに先立つ私講師の時代からしばしば倫理学を講義していました。彼が教科書として使用したのは、バウムガルテンの『哲学的倫理学』と『実践哲学原論』でした(2)。バウムガルテンがそこで「第一の道徳的法則」として提示するのは、「善を行え、悪を行うな」です。カントはこの命題に不満です。その第一の理由は、この命題があいまいだからです。バウムガルテンは善を快適から区別し、その認識能力を悟性であるとしますが、それでもなお、善や悪はさまざまに語られることができます。任意の目的にとっての手段の善悪もそこに含まれます。では、道徳的善悪と他の善悪とをどのように区別すべきでしょうか。件《くだん》の命題にはそのための尺度が示されていません。第二の理由は、この命題が同語反復的だからです。「善を行え、悪を行うな」は、言い換えれば「善を行うのは善いことであり、悪を行うことは悪いことである」ということに過ぎません（XXIII 264f.）。この命題に説得される人などいるでしょうか。したがって、この命題では、「私は何を行うべきか」（A805/B833）という実践的な問いに有意味に答えることがで

（1）この「課題」もまた、これまでの行論で使用された「定義」、「定理」、「系」などと同じく、ユークリッド幾何学に関連する表現です。細川亮一は、これらの表現が、「ユークリッド幾何学をモデルにした、「ヴォルフの数学的論述方法」」に従っていると指摘しています。細川亮一『要請としてのカント倫理学』九州大学出版会、二〇一二年、一六九頁。

（2）カントがケーニヒスベルク大学で行った倫理学講義については、『カント全集20　講義録Ⅱ』（岩波書店、二〇〇二年）の「コリンズ道徳哲学」への解説を参照してください。

きないのです。

カントは、バウムガルテン執筆の教科書を使用しながら、授業中、ときにその内容を批判していました。彼にとっての課題は、あいまいさを払拭《ふっしょく》し、同語反復的でない「道徳的法則」を提示することです。それは、ア・プリオリな総合的命題からなる「定言的命法」を示してみせることです。総合的命題とは、主語概念に述語概念が含まれておらず、主語概念と述語概念とが拡張的に結合される命題です。この結合が経験に依存しない場合、それがア・プリオリな総合的命題です。定言的命法は、§1ですでに説明されたように、行為の目的との相対的関係を離れた断言的命令としてあいまいさを微塵《みじん》ももたないはずのものです。彼はすでにこの課題を、『基礎づけ』で果たしていました。さらに同書の第三章では、自由という理念を前提すれば当の定言的命法（道徳的法則）の意識が生じることも指摘されました（IV 449）。しかし、ひとたび「自由というものはどのようにして可能か」（IV 459）と私たちが問うなら、それは「すべての実践的哲学の極限的な限界」（IV 455）を超え出ることになることが説明され、同書は結ばれます。

『基礎づけ』は、道徳性の最上原理を見いだし確定することを目的とし、理性批判の一歩手前で終わっていました。それに対し『実践理性批判』は理性批判の書として、『基礎づけ』以上の手続きが踏まれねばなりません。その一例が表れているのが§5の「課題Ⅰ」と§6の「課題Ⅱ」です。

〈格率の立法的な形式によって規定可能な意志とは——§5「課題一」〉

さっそく「課題一」を引用しましょう。

課題一
格率のもつたんなる立法的な形式がそれだけでなんらかの意志の十分な規定根拠であると前提し、それだけが当の形式によって規定されることが可能な意志のもっている性質を見いだすこと。(28)

格率には質料と形式があります。すでにその質料は経験に依存して普遍性をもてないものとして、議論の埒外《らちがい》に置かれました。そこで、私たちは格率の形式だけに注目します。さて、「格率のもつたんなる立法的（gesetzgebend）な形式」とは、§4で確認したように、格率の形式がそれだけで法則として普遍的に拘束力をもつことを意味しています。次に、そうした格率の形式がなんらかの意志を十分に規定する根拠になることを前提します。そうしたことが可能な意志とは、どのような性質をもっている意志なのでしょうか。

ここでカントが設定した前提を確認しましょう。第二章で確認したように、意志は表象された対象を生みだそうとする能力であり、あるいはそうした対象を生みだすべく自分自身を規定する能力です。また、そうした意志規定の主観的な原理が格率です。さて、この格率の形式が「たんなる立法的な形式」をもつ場合、その内容が意志規定の根拠になるのではなく、当の形式だけが十分な意志規定の根拠になることが前提されているのです。たとえば、Aさんが、嘘をつけば自分に有利にことを進められる場面で嘘をつかなかったとしましょう。BさんがAさんに、なぜ嘘をつかなかったのかと問います。Aさんは、〈私はいつでも誠実であろう〉というのが自分の行為原理（格率）だからだ、と答えます。Bさんがさらに問います。誠実であることに、どんな価値があるのか、と。Aさんは答えます。いやいや、誠実であることの価値云々《うんぬん》の前に、いつでも誠実であろうと思っているからだ、と。このように規定されることが可能な意志とはどのような意志なのでしょうか。

「私はいつでも〇〇しよう」という格率を表象するとき、しかもその格率が「立法的な形式」に基づいて普遍的な拘束力をもつ場合、その表象は〇〇の内容的な好ましさに依存しないがゆえにまったく感官とは無関係です。それはもっぱら理性によって表象されています[3]。この場合、当の格率がたんてきに意志規定を行う理性推論の大前提として表象されているからです。このような「格率のもつたんなる立法的な形式」によって規定されることが可能な意志があるとすれば、それは感官との関係の中で成立する自然現象やそれを支配する自然法則から独立な意志のはずです。このような独立性を、カントは、「もっとも厳密な意味での自由」すなわち「超越論的な意味での自由」（29）、詳しく言えば、もはや時間的に先行するいかなる条件にも依存することのない絶対的な自発性であると指摘します。以上のことから、「課題一」が見いだすことを求める「意志の性質」とは超越論的な自由ということになり、そうした意志は「なんらかの自由な意志」（同）だということになります。

〈自由な意志を規定できる法則とは――§6「課題二」〉

§6の「課題二」では、前節の課題に対する答えとして提示された「なんらかの自由な意志」が前提されます。

課題二
なんらかの意志が自由であると前提し、その意志をそれだけで必然的に規定できる法則を見つけること。(29)

まず、この課題について注目すべきは、課題一が格率の「立法的な形式」を前提としているのに対し、課題二は、法則を（前提ではなく）見いだされるべきものとして位置づけていることです。ことがらが主観的原則から客観的原則に移っていることに留意してください。次に確認されるべきは、なんらかの意志の自由を前提し、しかもそれが必然的に規定され得るとはどのようなことかです。自由なものはいかなる規定も受けないのではないか、あるいは、必然的

(3)　ここでの議論進行ではいまだ表面化していませんが、「私はいつでも○○しよう」という格率を理性で表象できるということは、当の格率が自己矛盾を含むような理に適《かな》わないものでないことを含意しています。

に規定され得るものは自由でないのではないか、と思う方もいるかもしれません。しかし、意志とは、規定されてはじめて意志たり得る欲求能力です。逆に言えば、規定されていない意志はいまだ意志ではありません。私たちはむしろ、意志が規定される仕方に自由な意志とそうでない意志との差異を見さだめねばならないのです。

さて、実践的法則にも質料と形式があります。たとえば、「いつでも困っている人を助けよ」という法則を例にとるなら、「困っている人を助ける」ことの内容的な好ましさが質料であり、「いつでも○○せよ」が形式です。この質料面が経験的なものに依存している可能性は否定できません。この法則の質料面は、自分がかつて困っていたときに助けてもらってうれしかったとか、情けは人のためならずだとか、快と連なる経験的なものにかかわっているかもしれないのです。なんらかの意志が自由であるとすれば、その意志はこうした経験的なものから独立しているはずです。それにもかかわらず自由な意志が規定されることが可能だとすれば、その規定根拠は、法則のもっている「立法的な形式」以外にないでしょう。つまり、自由な意志が規定されるとしたら、それは「困っている人を助ける」という質料ではなく「いつでも○○せよ」という形式に規定される以外にありません。

たとえば、家路を急いでいるCさんが、路傍で困っている人を助けたとします。Dさんがその行為の根拠を問うたときに、Cさんが「いつでも困っている人を助けよう」と思っているからだと答えたとします。このとき課題一を振り返るなら、私たちは即座に気づきます。このCさんの思いは、むしろ「私はいつでも困っている人を助けよう」という主観的な原則（格率）

として表現されるべきだ、と。つまり、ここでも「私はいつでも○○しよう」という立法的な形式がCさんの意志規定の根拠になっているのです。すると、「(自由な)意志をそれだけで必然的に規定できる法則」とは、格率に取り込まれている限りでの「立法的な形式」だということになります。[4]

〈無条件的に実践的なものの認識――§6「課題二」の注〉

§6には「注」が付されていますが、これは§5と§6との双方を踏まえての「注」と見ることができます。前者は格率の「立法的な形式」から「自由な意志」へと議論が進み、後者は「自由な意志」から法則の「立法的な形式」へと進むことで、「立法的な形式」と「自由」の双方が互いを引き合いに出すことが明らかになりました。ここでカントは、部分的には思わせぶりの、しかし重要な問いを立てます。

さて、ここで私が問うのは、自由というものと無条件的な実践的な法則というものとが、実際にも異なっているのかどうか、むしろ無条件的法則はたんに純粋実践理性の自己意識

---

(4) この「取り込み」という表現は、アリソンの研究書『カントの自由論』に由来します。Henry E. Allison, *Kant's Theory of Freedom*, Cambridge University Press, 2008. 邦訳、ヘンリー・E・アリソン、城戸淳訳『カントの自由論』法政大学出版局、二〇一七年。

に過ぎないのではないか、他方、純粋実践理性は自由の積極的概念とまったく同一ではないのかではなく、私たちの無条件的に実践的なものの認識がどこから始まるのか、自由からかそれとも実践的法則からか、である。(29)

この引用文の前半では、ここでは問題にならないことがらが言及されています。このような読者にとって気になる問題提起をほのめかすことで、カントは次節以降の議論を予告しているのでしょう。しかし、この「注」で論じられるのは、「私たちの無条件的に実践的なものの認識がどこから始まるのか、自由からかそれとも実践的法則からか」という問題です。これが§5と§6で示された「自由な意志」と「立法的な形式」との相互関係を踏まえていることは明らかです。

カントのこの問いに対して明瞭《めいりょう》に回答します。「無条件的に実践的なものの認識」が自由から始まることは不可能です。なぜなら、私たちは自由を直接的に意識することができませんし、自由を経験に基づいて推論することもできないからです。絶対的自発性としての自由の概念は、なにものにも条件づけられていないという消極的なものです。この「条件づけられていない」の「ない」を直接的に意識することはできません。仮にそう意識できたように思われた瞬間があったとしても、それを疑うことはいかようにも可能です。また、経験（経験的認識）は自然法則に基づく原因性を認識させるばかりですから、そこから自由の意識を取り出すことはできません。

他方、カントは「無条件的に実践的なものの認識」は道徳的法則から始まると主張します。当該箇所を引用しましょう。

（私たちが意志のさまざまな格率に服するやいなや、）私たちは道徳的法則を直接的に意識するが、この道徳的法則こそが私たちに最初に現れるものであり、理性がそれを、感性的な条件によって圧倒され得ず、それどころかそうした条件にまったく依存しないひとつの規定根拠であると示すことによって、まさしく自由の概念へと導くのである。(29)

この主張には注目すべき論点が複数あります。第一に、「私たちが意志のさまざまな格率に服するやいなや」道徳的法則が直接的に意識されるとはどういうことでしょうか。第二に、直接的に意識されるものが、「道徳的法則」と記されているのはなぜでしょうか。第三に、道徳的法則はどのようにして「自由の概念」へと導くのでしょうか。

第一の論点を考えましょう。「私たちが意志のさまざまな格率に服する」とは、私たちが自分の意志を決定（規定）するために、意志決定の大前提（格率）を問い尋ねるという構造に入り、その格率から自分の行為を引き出そうとすることです。この構造は、理性推論（三段論法）によって構成されていますから、「私たちが意志のさまざまな格率に服する」ために、私たちは理性的な態度をとる必要があります。このとき、格率はどのようなものであってもよいでしょうか。たとえば、格率が、「私はいつでも困っている人を助けよう」でも、「私はいつでも他人を自己利益のための道具として扱おう」でも、ことがらは変わらないでしょうか。そうではありません。当の格率そのものに対しても理性的な態度が向けられ、理性的な検討が加えられます。ここで理性的な態度や検討とは、自分のことだけを考えるのでも、多くの人々のことを考えるのでもなく、すべての理性的存在のことを念頭において普遍的に考え、当の格率が普遍性をもてるかどうかを吟味することです。

さて、「私はいつでも困っている人を助けよう」という格率は、それ自体を理性的態度で肯定できます。どのような人も、人間として有限な存在として、いつかなにがしかの困りごとに遭遇する可能性をもっていますから、この格率はそうした事情に妥当します。他方、「私はいつでも他人を自己利益のための道具として扱おう」という格率は、理性的態度で肯定できるでしょうか。これはなんらかの組織でメンバー全員が同様に自己利益を追求する場面を考えてみればすぐに分かります。たとえば、そのメンバー全員が、自分の時間を大切にしたいから面倒な仕事は他人にさせよう、と考えたとします。誰一人としてそうした仕事を引き受けないとしたら、その組織は立ち行きません。ここに、この格率が理性的でないことが顕《あら》わになります。この格率を採用する人は、当の組織のメンバーでありながら、理性的に考えるなら、当の組織が立ち行かなくなるような行為原理を採用しているからです。それによって、この人の格率は、それを理性的に反省するなら、自己利益の追求を意志しつつ、(組織の崩壊という)自己利益の追求を不可能にすることを意志する、という自己矛盾を犯しているのです。この格率もまた「私はいつでも〇〇しよう」と表現できるものの、これを理性的に反省するなら、これは自分自身を破壊する反理性的な格率であることが分かるのです。

以上のことから、ひとは「私たちが意志のさまざまな格率に服する」ことによって理性的な態度を採用することで、ひとは、「私はいつでも困っている人を助けよう」という格率を理性的に肯定でき、他方、「私はいつでも他人を自己利益のための道具として扱おう」という格率は理性的に肯定できないことに気づけることが分かります。前者は肯定できることですから、そこから具体的な行為（人助け）を理性的に導くことができます。後者は肯定できないことですから、そこから具体的な行為（他人の道具化）を理性的に導くことができません。このようにして、ひとは「私たちが意志のさまざまな格率に服するやいなや」、道徳的法則を直接的に意識するのです。すなわち、私たちには行ってよいことと行ってはいけないことがあるということを、その根拠とともに、しかもなんらかの目的を外部に設定することなしに（つまり、直接的に）、意識するのです。

次に、第二の論点です。カントはここで、驚くべきことに「道徳的法則（das moralische Gesetz）」という表現を用いています。これまで「実践的法則」と表現されてきたものが、ここでは「道徳的法則」と表現されるのです。カントは、『実践理性批判』の本論でここではじめてこの表現を用いています。しかも隔字体で強調しながら、それにもかかわらず特段の説明もなしに、です。その理由は、この表現が「自然の法則」との対比で用いられているところに求められるでしょう。自然と自由とが対置されるのと同様に、自然と道徳もまた対置されます。(5)自然法則とは異なる根拠をもって、行為に対して一定の必然性をもつ法則が、「すべき」や

「すべきでない」と意識されているという事態が強調されているのです。カントは、この事情を次のように表現しています。

どのようにしてあの道徳的法則の意識もまた可能になるのだろうか。私たちが純粋で実践的な法則というものを意識できるのは、私たちが純粋で理論的な諸原則を意識するのと同じ仕方によって、すなわち、理性が私たちにそれとともに純粋で理論的な諸原則を指図する必然性に注意を向け、理性が私たちにそうするようにと指示する一切の経験的条件の分離に注意を向けることによって、である。(29f.)

道徳的法則は「必然性」と「一切の経験的条件の分離」に注目することで意識できるようになると、カントはここで指摘しています。『純粋理性批判』では、「純粋悟性の諸原則」が捉《とら》えだされました。これは一切の自然法則の根拠となる諸原則ですが、それを捉える手法は、経験的な認識から、経験に依存する一切の質料的なものを捨象し、二つの認識源泉である感性と悟性のそれぞれに(普遍性と必然性とを徴表とする)ア・プリオリな形式を見いだすというものでした。同様に、私たちは実践的なことがらにおいても、具体的な道徳的な経験から、経験に依存する質料的なものを排除し、ア・プリオリな形式を注視することで「純粋で実践的な法則」を意識できるようになるのです。これが、「私はいつでも困っている人を助けよう」や「私はいつでも他人を自己利益のための道具として扱おう」から、もっぱら経験に依存する内容(個人的な経験や便益）を排除し、これらの格率の形式に注目し、それが理性的態度によって肯定できるかできないかを考える、という先に挙げた例で私たちが実行したことなのです。

なお、「道徳的法則」という表現が、序文を除けばここではじめて姿を表す理由は他にも考えられます。これまでの行論は、「純粋実践理性というものがあること」を明らかにすべく実践的法則を捉え出すことに向かっていましたが、その実践的法則が、いよいよ「格率の立法的形式」にまで見定められました。しかし、この行論にはもう一つの側面があるのではないでしょうか。『実践理性批判』に先行する『基礎づけ』では「道徳性の最上原理」（IV 392）が探究されました。それは、具体的な「道徳の法則（Sittengesetz）」がすでに存在している世間に生きつつ、道徳というものにはア・プリオリな根拠があるはずだ、という見込みに基づいて遂行された分析的探究でした。『実践理性批判』は「理性批判」の書として、それとは異なる歩みをしてきましたが、その意図するところには共通のものがあったはずです。すなわち、「実践的法則」を見極めようというカントの意図は、「道徳性の最上原理」を確定しようという意図と表裏をなしているのです。あるいは、純粋実践理性の存在を目がけたこれまでの行論は、道徳性の最上原理を確定しようという意図に裏打ちされているとも言えます。これまで前面に出

(5)　自然と道徳とが対義語の関係になることについては、次の文献を参照してください。佐々木純枝『モラル・フィロソフィの系譜学』勁草書房、一九九三年。なお、ここではいまだ道徳的法則の「道徳的」に「道徳的に善い」という意味が込められているわけではありません。それには、『実践理性批判』分析論の第二章を待つ必要があります。

てこなかったこの裏面が、§7で「根本法則」が提示される寸前のこの箇所で表面化したと見ることができるでしょう。このように考える場合、「道徳的法則」の「道徳的」は同時に、「道徳的価値をもった」という意味をもつことになるでしょう。

最後に第三の論点です。いったい道徳的法則はどのようにして「自由の概念」に至るのでしょうか。この論点について、カントは§6の中で十分な説明を与えていません。これは、§8の後に置かれた「一　純粋実践理性の諸原則の演繹《えんえき》」についての箇所（特に、47ff.）で説明されます。§6の内部では、『純粋理性批判』の純粋理性の二律背反論（特に、その第三アンチノミー）を振り返りつつ、自由をめぐるアンチノミーが生じる原因、すなわち、ひとが自然必然性だけによる世界理解に満足できず、自由による原因性を考えざるを得ない理由として、世間に流布している道徳の法則が自由という概念を思い浮かべさせるからだ、と指摘しているのみです。

むしろ、§6の末尾でカントが説明しようとしているのは、相互関係にある自由と実践的法則について、経験においてさえ「無条件的に実践的なものの認識」を開始させるのはあくまで実践的法則の方だということです。カントがそのために採用する戦略は、具体的な例を挙げることです。彼が挙げるのは、生き延びることが自分の傾向性（それがいかに強いものでも）に逆らう理由になると人並に考えている男です。

彼に次のように問うてみよう。「もし君の君主が、〔逆らうなら〕即座に死刑にするぞと脅しながら、自分が見せかけの口実を得ることで陥れたいと思っているまっとうな人に抗して、偽りの証言をせよと要求したとしよう。その場合、君は、生きることへの自分の愛がどれほど大きかったとしても、その愛に見事に打ち克《か》つことが可能だと思うかどうか」と。彼はそれを行うだろうか、あるいは行わないだろうか、たぶん彼がそれをあえて確言することはないだろうが、彼にとってそうすることが可能であることを、彼は躊躇《ちゅうちょ》することなく認めるに相違ない。すると、彼は、自分はなんらかのことをすべきだと意識しているがゆえに、それをできると判断しているのであり、自分の内に自由を認識しているのである。もし道徳的法則がなければこの自由は彼にとって知られないままに留《とど》まったであろう。
(30)

暴君に、無実の人を陥れるための偽証を命じられ、それを拒めば死刑になるとしたら、ひとはその偽証を拒めるでしょうか。カントもまた、きっとできるなどと安易に答えはしません。しかし、彼は、その人自身がどんなに生き延びることへの強い理由をもっているとしても、偽証を拒むこともできると認めるに相違ないと指摘します。それは、あの無実の人が友人だからでもなければ、自分が面倒な暴君の下で働くのに嫌気がさしたからでもありません。結論を急ぐなら、それは、「誰もが偽証をすべきでない」という道徳的法則を意識しているからです[6]。ひとが「べきだ」という意識をもてるのは、それを「できる」と判断している場合だけです。できもしないことを「べきだ」と命じるのは無意味ですから。しかし、ここで「彼」と名指された人物は「誰もが偽証をすべきでない」と意識しているのですから、偽証しないことが「できる」と判断しているのです。ここに、生き延びることへの強い理由をもっているその人物が、必ずしも生き延びることへの欲求に拘束されていないこと、すなわち、そうした欲求からの自由が認識されるのです。

〈純粋実践理性の根本法則――§7〉

これまでの行論を踏まえて、いよいよ「純粋実践理性の根本法則」が提示されます。「純粋実践理性というものがある」ことを示すことが課題なのに、いきなり「純粋実践理性の根本法則」が提示されるのはおかしいと思う方もいるかもしれません。しかし、すでに見たように、「純粋実践理性というものがある」ということを示すには、「実践的法則」が存在することを示さねばならず、しかも§6の「注」で明らかになったように、「自由」からでなく「実践的法則」からしか「無条件的に実践的なもの」の認識が開始できないのです。そこで、これまで明らかになったさまざまな要素（法則、定言的命法、意志の格率、立法的な形式）をまとめて、ここに「根本法則」が提示されるのです。

なお、ここで「根本法則（Grundgesetz）」と呼ばれる法則は、さまざまな実践的法則にとって、その「根拠（Grund）」となっている法則のことです。これは、前述のように、『基礎づけ』で探究された「道徳性の最上原理」（IV 392）に相当します。

純粋実践理性の根本法則

君の意志の格率が、いつでも、同時になんらかの普遍的な立法の原理として妥当し得るような、そのような行為をせよ。(30)

まず、この根本法則が「そのような行為をせよ」と命令されていること、しかも定言的命法で表現されていることを確認しましょう。これは、いかなる条件もなしに私たちを拘束する命法です。次に「そのような」の内容ですが、それは「意志の格率」がいつでも「同時になんらかの普遍的な立法」の形式をもつことができることです。すなわち、各人の意志の主観的原則である格率の形式が、同時に、普遍的な「立法的な形式」をもてることです。先に挙げた例を再び用いるなら、「私はいつでも困っている人を助けよう」という主観的な格率は、同時に、

(6) もちろん、「誰もが偽証をすべきでない」という、質料(内容)をもった道徳的法則が突然、現れるわけではありません。少し詳しく説明しましょう。引用文中で「彼」と名指された人物はきっと偽証しようかどうか迷います。そのとき、彼は「私は偽証をしないようにしよう」という格率と、「私は生きるためなら偽証をしよう」という格率の下に自分を置くことになります。このとき、この二つの格率を理性的に反省するなら、前者は「立法的な形式」をもてますが、後者は「立法的な形式」をもてないことが意識されるでしょう。それによって、立法的な形式をもち普遍的な「誰もが偽証すべきでない」という原則が意識されるのです。この原則を自分の格率に取り込むことで、「私は偽証をしないようにしよう」という行為原理を自分のものにできたとき、当該の人物は自分の自由を認識しているのです。

「誰もがそうすべきだ」という普遍的な立法の形式をもつことができるので、そうした格率に従った行為をせよ、ということです。

逆に、「私はいつでも他人を自己利益のための道具として扱おう」という格率は、同時に、「誰もがそうすべきだ」とは言えません。というのは、当該の格率をもつ人は、自分を目的として位置づけ、その目的のために他人を道具にしようとしているのですが、それを普遍的な立法の形式に当てはめて「誰もがいつでも他人を自己利益のための道具として扱うべきだ」と書き換えたとたんに、矛盾が顕わになるからです。件の格率は、自分を目的として位置づけるものだったのに、立法の形式では、自分を他人の道具としても位置づけるように求めることになるからです。同一の人が、目的であり同時に道具（なにか他の目的のための、たんなる手段）であることは矛盾です。そこで、件の格率に従った行為はすべきでない、ということになります。

なお、この「純粋実践理性の根本法則」をもう一度よく見て、「君の意志の格率」こそが検討対象であり、その格率が「なんらかの普遍的な立法の原理」となり得ることが求められていることに注目してください。§1の解説で強調したように、格率はもっぱら法則と対立するものではけっしてないのです。また、この「根本法則」がいかなる具体的な内容も命じていないことも確認してください。カントは、一切の質料（内容）的なことを、経験的であるがゆえに法則たり得ないとして退けました。それゆえ、「根本法則」はこのような抽象的な形式的な命題としてのみ表現されるのです(7)。

〈理性の事実――§7の「注」〉

§7では、「純粋実践理性の根本法則」の提示の後、すぐに「注」が置かれます。その注の冒頭でカントは、「純粋幾何学における要請（公準）」に言及します。これは、「純粋実践理性の根本法則」が「要請（公準）」だということ、したがって、証明不可能だが直接的に確実な実践的命題だということを示唆しています。[8] ただし、純粋幾何学における要請は、「およそ、なにかあることを行うべきだと要求されるとしたら、ひとはそれを行うことができる」（31）という前提を含むに過ぎませんが、この「根本法則」は「ひとはたんてきに一定の仕方で振舞うべきだ」（同）という規則を表現しており、定言的に実践的な命題だという点に相違があります。

さて、カントは、「根本法則」において示されている思想、すなわち「意志は、経験的諸条件から独立しているものとして、それゆえ純粋意志としては、法則のたんなる形式によって規

（7）　哲学史上、カント倫理学は「形式主義」という名称で批判されてきましたが、これまでの行論から、カントが「形式」に定位して「根本法則」を導いたことにも彼なりの理由はあると言えます。なお、「形式主義」という批判の急先鋒《きゅうせんぽう》の一人は、『倫理学における形式主義と実質的価値倫理学』（一九一三年―一九一六年）を著した、シェーラー（Max Scheler, 1874-1928）です。彼は、価値という内容的なものにもア・プリオリな秩序を見いだせると主張し、その体系を実質的価値倫理学として提示しました。

（8）　『実践理性批判』の弁証論では「純粋実践理性の要請」が論じられますが、細川は、§7の要請が実践的要請であるのに対して、「純粋実践理性の要請」は理論的要請であると指摘し、両者が区別して理解されるべきことを明らかにしています。細川、前掲書、一五一頁から一七六頁。

定されていると考えられ、この規定根拠が一切の格率の最上条件と見なされる」(同) という事態を、他の一切の実践的認識に対して「奇異だ」(同) と記しています。彼自身が言うには、それは、可能な普遍的立法の原理というア・プリオリな思考は、いまだ現実的ではない可能的なことがらを論じるものとして、蓋然《がいぜん》的なものであるにもかかわらず、法則として無条件的に命令されるからです(同)。これを言い換えるなら、私たちは、「私は何をなすべきか」という実践的な問いに対して、しばしばその答えをなんらかの具体的な行為として思い描くにもかかわらず、この「根本法則」はなんら具体的な指図を与えるものになっていません。それにもかかわらず、件のア・プリオリな思考が無条件的に命じられるのです。これは、たしかに一面で奇異なことです。しかし、私たちが目線を具体的な行為から、その行為における意志のあり方に転じるなら、それゆえ、行為の根拠を問う理性的な態度に転じるなら、それが奇異なことでないことを、私たちは§6までの行論で確認しました。この点を踏まえて、カントは次のように記しています。

このような根本法則の意識を理性の事実と呼ぶことができる。なぜなら、この意識は、理性の先行する与件から、たとえば自由の意識からひねり出すことはできず(というのは、自由の意識は私たちにあらかじめ与えられてはいないから)、むしろこの意識は、それ自身で私たちの心にア・プリオリな総合的命題として浮かんでくるのである(……)この法則を誤解のないように与えられたものと見なすためには、この法則が経験的事実ではなく純粋理性の唯一の事実であることに、〔また〕純粋理性はこの事実を介して自分が根源的に立法的であること（私はこのように欲し、このように命じる）を告げ知らせることに、よく留意しなくてはならない（31）。

この引用文では「根本法則の意識」あるいはこの「法則」そのものが「理性の事実」、それも「純粋理性の唯一の事実（das einzige Faktum der reinen Vernunft）」であると記されています。この文言をそのまま受け取れば、根本法則の意識はもとよりその存在も、なんらかの論証の対象ではなくなります。「事実」が与えられるとき、私たちはそれを受け止めるほかありませんから。このようなカントの記述に対しては、従来より、多くの哲学者が異論を唱えてきました。(9) しかし、ここで私たちは、カントが§6の「注」で、「（私たちが意志のさまざまな格率に服するやいなや、）私たちは道徳的法則を直接的に意識するが、この道徳的法則こそが、私たちに最初に現れる」（29）と記していたこと、また、それに対して私たちが施した解釈を思い出すべきです。「理性の事実」は、私たちが意志の格率を検討する理性的態度をとるやいなや、「直接的に」道徳的法則が意識されるという事態を言い換えたものに他ならないのです。このような議論は、道徳的法則を正当化すること、あるいは、それが実際に私たちを拘束している

（9）代表的な例として、ショーペンハウアー（Arthur Schopenhauer, 1788-1860）の『倫理学の二つの根本問題』を挙げることができます。

ことを証明すること、を求める立場からすれば、いかにも説明不足あるいは説明の放棄に見えます。しかし、カントは、この§7で「根本法則」を、証明不可能だが直接的に確実な実践的命題として位置づけているのですから、「理性の事実」という彼の指摘に不満をもつ人の願望の方が、カント自身の意図とずれているのです。

それでも、ここにはいくつか確認されるべきことがあります。まず第一に、「純粋理性の事実」という表現の意味です。これには、引用文中で「経験的事実」と対比されていることから、「純粋理性にとっての事実」という意味、詳しく言えば「純粋理性によってのみ見極められ得る事実」という意味が考えられます。さらには、「事実」を表現するために、Tat ではなくFaktum という単語を用いたことにも注目すべきです。前者はドイツ語で一般的な表現ですし、カント自身も序文で用いていました（3）。しかし、ここでは Faktum（アカデミー版全集ではFactum）が用いられます。[10] これは、Tat でも語れる内容に一種の異化作用をもたらすとともに、ラテン語で「行う」という意味をもつ facio を容易に想起させます。この点で、カントは「純粋理性の事実」[11] に「純粋理性の行いによってもたらされた事実」という意味をも込めたのではないでしょうか。実際、先の引用文で「純粋理性はこの事実を介して自分が根源的に立法的であること（私はこのように欲し、このように命じる）[12] を告げ知らせる」と記していますから、「法則が与えられる」とは「純粋理性が立法する」ことと表裏の関係をなし、「純粋理性の事実」という表現は、純粋理性が行いの主体であることをも表していると言えるでしょう。このように考えると、「純粋理性の事実」は全体として、純粋理性が主体として行ったことを純粋理性自身が見極めるという構造を表現していると考えることができます。

　第二に、引用文中では、根本法則の意識が「ア・プリオリな総合的命題」として、私たちの心に浮かぶと記されていますが、このとき、どのような総合的命題が形成されているのでしょうか。カントは、この論点について『基礎づけ』で複数の説明をしています[13]。ここでは、その中で最も分かりやすく、この「根本法則」の文言に則しているものを紹介しましょう。『基礎

(10)　Faktumという表現は、『実践理性批判』の序文でも用いられていました（6）。そこで指示されているのも根本法則（の意識）です。

(11)　facioという表現に定位した「純粋理性の事実」の解釈を代表するのは、ヴィラシェクの次の著作です。Marcus Willaschek, *Praktische Vernunft, Handlungstheorie und Moralbegründung bei Kant*, Verlag J. B. Metzler, Stuttgart・Wemar 1992.

(12)　これは、カントがラテン語（sic volo, sic iubeo）のまま引用した言葉です。これは、ユヴェナリウスの『風刺詩』に由来する言葉です。一見したところでは恣《し》意的な意志作用を表現しているこの言葉を、カントは「純粋理性」が「根源的に立法的である」の表現として使用しています。この言葉については、細川の研究がたいへん参考になります。細川、前掲書、六九頁から八二頁。

(13)　ここで『基礎づけ』第二章における説明を採用しますが、同書第三章では、「たんてきに善い意志」の概念と格率の立法的形式との総合（IV 447）や、「感性的な欲望に触発される、私の意志」とそれと同一だが「悟性界に属している、純粋で、それ自身で実践的な意志」という理念との結合（IV 454）が挙げられます。さらには、『実践理性批判』の§5と§6とを介して示された、「自由」と格率の立法的形式との相互関係にも、総合的な関係を考えることができます。ここでは『基礎づけ』第二章の記述を基本的な説明として採用します。カントが総合的命題をまとめて説明しているのは、この箇所だからです。

づけ』の第二章では、「ア・プリオリな総合的で実践的な命題」においては、理性的な意志とその行いが総合されると説明されています（IV 420Anm.）。ただし、後者の「行い（Tat）」とは、「行い」の概念あるいは概念的に把握された「行い」のことではなく、〈実際に意志する〉という行いのことです。ここで「根本法則」を見直すなら、「君の意志の格率が、いつでも、同時になんらかの普遍的な立法の原理として妥当し得る」とは、意志が理性的であることですし、「そのような行為をせよ」は「実際にそのような意志に基づく行為」の命令です。こうしてみると、ここでの「総合的命題」は、「理性的な意志」と遂行されるべき「行為」との、経験に依存しないア・プリオリな総合であることが分かります。

さらに、この「総合的命題」は、カントが『純粋理性批判』で掲げた問い、「私は何をなすべきか」に即して説明することもできます。この「問い」に対して、「私は、自分の意志の格率が、いつでも、同時になんらかの普遍的な立法の原理として妥当し得るような、そのような行為をすべきだ」と答えるとしたら、ここには一つの総合的判断あるいは拡張判断が実現しています。

〈純粋理性はそれだけで実践的である──§7の「系」〉

§7では、「純粋実践理性の根本法則」から導出される命題として、次の「系」が提示されます。

系

純粋理性というものはそれ自身だけで実践的であり、また、私たちが道徳の法則と呼んでいる普遍的法則を（人間に対して）与える。(31)

「純粋実践理性の根本法則」（の意識）が純粋理性の事実であることから、純粋理性がそれだけで意志規定の根拠になり得ることが帰結します。なぜなら、あの根本法則は、いかなる経験的なものにも依存しない理性すなわち純粋理性が、それだけで意志規定の根拠となることを表示しているからです。このような帰結を得られたということは、「純粋実践理性というものがある」ことがここまでの行論で明らかになったことを意味します。ただし、もちろんここで『実践理性批判』の仕事全体が終了するわけではありません。「実践理性一般の批判」(16)にはまだまだ多くの仕事が残されています。

さて、私たち人間が生きている世の中には「道徳の法則（Sittengesetz）」と言われる、なんらかの行為共同体で普遍的に誰にでも妥当することを要求する道徳規範がいくつもあります（道徳規範とはそのようなものです）。そうした道徳規範に対して、それが本当に普遍性をもてるものである場合、「根本法則」はその正当性の根拠となります。これが引用文で、純粋理性が私たち人間に「道徳の法則」を与えると記されている所以《ゆえん》です。道徳規範は、文化として多様な行為共同体の特色と歴史を背景として形成されるものですが、そうした道徳規範のなかで普遍性をもつ「道徳の法則」には純粋理性という根拠があるのです。

この論点をカントは、続く「注」で説明しています。その内容は、§1の「注」で説明されたこととだいぶ重複しているように見えますが、この「注」では「純粋理性の事実」という「否定できない」(32) 根拠をもった説明になっているところに特色があります。ここではまず、「根本法則」が「道徳性（Sittlichkeit）の原理」であると表現されます（同）。この「道徳性」という用語もまたカント倫理学の根幹に位置するものであるにもかかわらず、序文や§6の「注」で触れられていたことを除けばここで唐突にその本格的な姿を表します。その理由は、系で「道徳の法則」が言及されたところに求められるでしょう。しかし、彼がここで「根本法則」を「道徳性の原理」と唐突に指摘することは、重大なメッセージだと言えます。というのは、実践的法則としての純粋実践理性の根本法則の探究は、これまで明示されてこなかったにもかかわらず、「道徳性」の原理の探究でもあったことが明らかになるからです。『基礎づけ』は、「たんてきに善い意志」という概念を出発点に置き、義務の概念を手がかりにして、道徳性の最上原理を探究しました。その探究は、最初から道徳的な善という観念と結びついていました。他方、『実践理性批判』は理性批判という能力批判の書として書かれていますから、そうした観念との結びつきは後景に退いていました。しかし、ここで「根本法則」が「道徳性の原理」であると指摘されたということは、「根本法則」の意識もまた道徳的な善の意識と結びついているはずです。この論点は、やがて分析論第二章で展開されることになります。

付言するなら、「道徳性」とは、さまざまな道徳（Sitte）について、それを道徳たらしめる性質のことです。すると、世間で道徳として通用しているもののうち、「根本法則」を原理とし、それが妥当する道徳だけが、すなわち普遍的立法の原理という形式をもっている道徳だけが、正当な道徳として認められ、そうでない道徳、たとえば、誰かを特権化するような原則をもつことで普遍性を毀損《きそん》している道徳は、道徳として認められないことになります。

この「注」ではさらに、理性と意志とをもった「無限な存在」と「有限な存在」が対比されます。理性の立法は普遍的ですから、この両者に妥当します。このとき、無限な理性的存在にはこの立法に背反する可能性がなく、その意志は「神聖な意志」と表現されます。そうした存在の意志は、つねに普遍的な立法の形式をもっていると考えられます。他方、有限な理性的存在にとって、道徳的法則は定言的命法として意識されます[14]。この意識は、私たちの意志が法則に無条件に「拘束」されているという意識であり、それは「義務（Pflicht）」としての行為に向けた「道徳的強要」という意義をもちます。再び、無限な理性的存在に目を向けるなら、そ

(14)　カント自身が明言しているわけではありませんが、彼が「道徳の法則（Sittengesetz）」と「道徳的法則（das moralische Gesetz）」という表現を用いるとき、前者は、たんに普遍性を要求する（みんなが守るべきとされていることを示す）道徳規範を意味し、後者は、そうした規範の中で真に普遍性をもつものとして道徳的に肯定された道徳規範を意味すると考えることができます。このとき前者には、たとえば時代と共に古びて、現代ではとうてい普遍性を要求できないものも含まれます。たとえば、「男子厨房《ちゅうぼう》に入るべからず」などと言えば、現代では嘲笑《ちょうしょう》の対象でしかありませんが、この規範が人々を拘束した時代もあったのです。ただし、カントは「神聖な意志」との関連で「純粋な道徳の法則（das reine Sittengesetz）」という表現を用いることがあります（33）。その場合、当の法則は、普遍性を要求する道徳規範ですが、古びることは考えられません。

うした存在の意志は、このような「拘束」の意識をもつことがないものとして「神聖性」の概念で把握されるべきものです。人間にとって、こうした「意志の神聖性」は「ひとつの実践的な理念」であり、私たちがそれに向かって無限に接近すべき「原像（Urbild）」（同）として役立ちます。また、こうした「原像」に向かった不断の前進を確実にさせるのが、有限な存在の「徳（Tugend）」であり、これが「有限な実践的理性」（同）の成し遂げることのできる最高のことです。

以上のように、§5と§6で「自由な意志」と「立法的な形式」との相互関係を明らかにし、それを踏まえて、§7でア・プリオリな総合的命題としての「純粋実践理性の根本法則」が提示されました。それは純粋幾何学における「要請」と同様、証明不可能だが確実な実践的命題でした。また、その意識は「純粋理性の唯一の事実」として私たちに直接的に意識されるものですが、この意識を根拠にして、『実践理性批判』の中心課題である「純粋実践理性というものがある」ことが帰結しました。加えて言うなら、私たちが「道徳の法則」をもっているのも、「義務」、「拘束（力）」、「道徳的強要」を意識しているのも、さらには私たちが「徳」を語るのも、この純粋理性の働きを根拠としているのです。

第五章　自律とはどういうことか――§8

§8では、「定理四」が提示され、さらに二つの「注」が加えられています。この箇所は、カント倫理学の中心的概念である「自律」が提示され、カントの自由論が「自律としての自由」に見定められるという点で、重要な箇所です。さっそく「定理四」を引用したいのですが、これまでの諸定理と異なり、ここでは「定理」が短くまとめられていません（ドイツ語原文で二六行もの文章が書かれています）。そこで、§8の冒頭の一文を訳出することにします。

§8の冒頭
意志の自律が、すべての道徳的な諸法則の唯一の原理であり、また道徳的な諸法則に適《かな》ったさまざまな義務の唯一の原理であり、他方、選択意志の一切の他律は、いかなる拘束力も根拠づけないばかりか、むしろ拘束力の原理や意志の道徳性の原理に対立する。(33)

この一文では、自律と他律とが対比されていますが、同時に「意志の自律」と「選択意志の他律」とが対比されているようにも見えます。これは読者を混乱させる話題の提示です。あたかも、意志に「他律」がなく、選択意志に「自律」がないかのように見えてしまいます。[1]しかし、あとに続く箇所では「選択意志の自律」(36)という表現も用いられていますし、意志についても、自律的でない意志が想定されるからこそ、「意志の自律」が有意味になるはずです。実際、§3の「系」では、質料的規則によって、意志の規定根拠が下級欲求能力に置かれるとされていました。これは、意志の他律を意味します。

〈意志の自律と選択意志の他律〉

ともあれ、冒頭の一文に戻りましょう。まず、ここで用いられている「道徳的な(moralisch)諸法則」という言葉を確認します。世の中には、さまざまな「道徳の法則」が道徳規範として存在しますし、さまざまな義務もまた存在します。そうした道徳の法則の中には、道徳的であると認められる法則もあれば、すでに時代遅れになるなどして、道徳的と認めがたい法則もあるでしょう。その中で、道徳的であると認められる法則が「道徳的な諸法則」です。それは、道徳性をもった道徳の法則と言い換えることもできるでしょう。カントはここで、「意志の自律(Autonomie)」が、そうした「道徳的な諸法則」にとって、さらにはそうした法則に従っている義務にとって、唯一の原理となると記しています。つまり、「意志の自律」に基づく「道徳の法則」だけが「道徳的な法則」と認められるのです。

さて、意志規定において、意志は基本的に「決められる」ものですが、それを決める根拠が意志そのものである場合、すなわち、その規定根拠が意志自身以外の何ものにも依存していない場合、それが意志の自律です。これは、縮めて言えば、意志が意志自身を決めるということです。これはいったいどういうことでしょうか。なんらかの行為主体において意志がそれとして成立するためには、主観的原則としての格率がなくてはなりません。その格率が一切の質料的なものに依存せずに意志を規定する場合、つまり、格率の立法的形式だけが根拠となって意志を規定する場合、意志はそれ自身以外の何ものにも依存していません。(2) こうしてみると、意志の自律とは、意志がその格率の立法的形式によって規定されていることだということが分かります。これは、§7で提示された「純粋実践理性の根本法則」が命じていることとです。すると、あの「根本法則」は「意志の自律」の構造を提示するとともに、それを定言的に命令するものだということが分かります。また、あの「根本法則」こそが、さまざまな「道徳の法則」

(1)「意志の自律」と「選択意志の他律」との対比と同様な、単純化し過ぎた二項対立の表現をカントが用いることがあります。たとえば、『基礎づけ』では、次のような二項対立が言及されます。「意志は、〈形式的であるそのア・プリオリな原理〉と〈質料的であるそのア・ポステリオリな動機〉との真ん中にあり、いわば分かれ道のようなところに立っている」(IV 400)。この対立に従うと、意志がア・ポステリオリな原理をもつ可能性や、ア・プリオリな動機が存在する可能性が見えづらくなります。

(2) この構造全体が理性的なものであり、そこでは意志の格率に理性的な普遍性が要求されることは、§6で確認した通りです。その点で、意志の自律は、それ自身、理性的なものです。その点で、カントの自律は、行為主体自身による規定ではなく、理性による規定として「理律 (Logonomie)」であると、シェーラーが『倫理学における形式主義と実質的価値倫理学』で批判しています。自律の真相が理性による規定であるとは一種の「他律」に他ならないというのが、シェーラーの主張です。

のうちでまっとうなものを「道徳的」と呼ぶ根拠を提供すること、さらに、「根本法則」は根本法則なのですから、そこに表現された「意志の自律」が、すべての道徳的であると認められた諸法則の「唯一の原理」であることも理解できます。

他方、「選択意志の一切の他律」に目を向けましょう。まず、ここで「選択意志の自律」ではなくその「他律」が話題になる理由を確認しましょう。その手掛かりは、引用文の中の「いかなる拘束力も根拠づけない」という部分に見いだされます。カントは、自律にだけ義務の原理を認めました。これは、自律だけが普遍的な拘束力（誰もがそうすべきだという拘束の意識）を伴った規範の原理になるということです。これに対して、普遍的な拘束力という点では、誰もが望んでいる自分の幸福こそがその原理となるのではないか、という反論があり得ることを、カントはもう一度、思い出しているのです。このとき、なにをもって自分の「幸福」とするかは人それぞれですから、各人による任意の選択が焦点化されます。ここに選択意志が前面に出てくる理由があります。各人はその選択意志に基づいて、自分にとって幸福をもたらすものを選択するのです。しかし、このような選択はもっぱら各人の経験に依存したものであり、選択意志自身に由来するものではありません。こうした依存的な選択意志に、普遍的な拘束力を根拠づけることができないことは明らかです。このとき、選択意志が経験に依存していることが、「選択意志の他律（Heteronomie）」と表現されます。選択意志が自分以外のものによって規定されているからです。

〈自由の二つの意味〉

ここで、「意志の自律」という概念が提示されたことを契機に、カントは自由の二つの意味を確認することで、自律の意味を明確にします。先の引用文に続く文章を引用しましょう。

> 法則の一切の質料（すなわち、なんらかの欲求された客体）から独立していることが、また、それでも同時に、なんらかの格率がもつことができるに相違ない普遍的に立法するというたんなる形式によって選択意志が規定されることが、道徳性の唯一の原理である。さて、前者の独立性が消極的な意味での自由であり、他方、後者の純粋理性の自己立法が、さらに言えば〔この純粋理性は〕自己立法するものであるから、純粋実践理性の自己立法が、積極的な意味での自由である。そうしてみると、道徳的法則が表現しているのは、純粋実践理性の自律、言い換えれば、自由の自律に他ならない。(33)

ここでは、自由において「消極的な意味での自由」と「積極的な意味での自由」とが区別されています。[3] 前者は「法則の一切の質料（すなわち、なんらかの欲求された客体）から独立していること」です。法則の質料とは、たとえば、「いつでも約束を遵守せよ」という法則におい

（3）　自由に消極的な概念と積極的概念を見いだすことを、カントはすでに『基礎づけ』第三章の冒頭で行っています（IV 446）。

ては「約束の遵守」です。先にも指摘したように、私たちが、約束を遵守したいと思うとき、その思いには、他人に信用できない人だと思われたくない、あるいは、後から悔恨の情をもちたくない、というような経験的な感情が混入している可能性があり、そこに一切の条件からの自由が見いだせるかどうか不分明です。だからこそ、「法則の一切の質料」から独立していることこそが自由であり、これは法則の質料に依存していないという意味で、「消極的」な自由です。さらに言えば、つねに経験的な質料は、まさに経験的なものとして、自然法則によって規定されていますから、この消極的自由は〈自然法則からの自由〉をも意味しています。

　他方、「積極的な意味での自由」とは、引用文中では「なんらかの格率がもつことができるに相違ない普遍的に立法するというたんなる形式によって選択意志が規定される」ことだとされ、これが「純粋実践理性の自己立法（eigene Gesetzgebung）」だと示されています。意志の格率がもつ普遍的立法の形式だけで選択意志を規定していることが、たとえば、「私はいつでも約束を遵守しよう」という、普遍的な立法の形式をもつことのできる格率なら、その「いつでも○○しよう」という形式だけに基づいて「約束を遵守すること」を選択していることが、積極的な意味での自由です。このとき、規定しているのは純粋実践理性です。なぜなら、普遍的な立法の形式をもった格率を採用するためには、純粋理性が必要になるからです。なお、先に挙げた例とは異なり、「私はいつでも嘘をついて困難を切り抜けよう」という格率は、普遍的な立法の形式をもてません。それが自己幸福の追求という経験的欲求に依存しているからです。このような格率に基づいた行為の選択が積極的自由を実現しないことも、併せてご確認ください。

引用文の最後では、意志の自律が「純粋実践理性の自律」と表現されています。これは、「意志の自律」こそが、純粋理性が実践的であることの表現であり、「純粋実践理性というものがある」ことの表現であることを意味します。さらにここでは、「純粋実践理性の自律」が「自由の自律」と言い換えられています。これは、一見したところ不思議な表現ですが、(4)自由が、自然法則のもつ〈自然必然性からの自由〉として実現するとともに、意志が意志自身を規定することで「自由による原因性」(A444/B472)が実現することを言い当てた表現であると見ることができるでしょう。意志の自由は、なにか他のものから自由になることだけで実現するのではなく、意志が他の何ものにも依存せずに自己規定を行うことではじめて実現するのです。自己規定を行うとは、自分で自分を〈きめる〉ことです。その決定が自分の〈きまり〉になりますから、自己規定において意志は自分に、守るべき〈きまり〉を与えているのです。これが意志の自律です。

(4) アカデミー版カント全集の編者は、この「自由の自律」という表現を奇妙であると思ったのでしょうか、「純粋実践理性の自律、すなわち自由」と読むことを提案しています。しかし、ここでは、カントが書いたままに理解することを試みます。

〈自己幸福、他人の幸福、万人の幸福——§8の「注一」〉

カントは、§8に二つの注を付けています。それらはいずれも、またしても幸福を問題にするものです。ここにも、実践哲学を遂行するカントにとって、いかに幸福という問題が気になって仕方がないものだったのか、さまざまな意味でいかに切実な問題だったのか、ということが見てとれます。というのは、すでに§3で指摘されたように、カントは、質料的な実践的原理はすべて自己幸福を原理にしていることを見抜き、そこに普遍的な意志規定の根拠を求めることができないことを明らかにしたにもかかわらず、それでもなお幸福ということがらに繰り返し言及するからです。

まず、「注一」では、あらためて自己幸福を普遍的な意志規定の根拠にできないことが確認されます。これまで、意志の格率の立法的形式ばかりがクローズアップされてきましたが、どのような意志作用にも質料があることは確かです。何かを意志しない意志作用など考えることができません。その〈何か〉に、あらためて自分の幸福を入れてみましょう。これまでカントが指摘してきたほどに、そこに普遍性を欠いた事態が生じるでしょうか。彼自身が認めるように、有限な理性的存在たるもの誰もが自分の幸福を望んでいるのですから、そこにはなんらかの普遍性が見いだせるのではないでしょうか。しかし、これも繰り返し確認してきたことですが、質料的な原理としての幸福はどこまでも個人の経験に依存するものであり、それが普遍的で必然的な意志規定の根拠を提供するとは考えられません。

次に、自己愛に基づいて、他人の幸福を自分の意志作用の対象にする場合はどうでしょうか。

そのような人は、他人が幸福になることに喜びを見いだす人です。そのような人が自分の格率を普遍的なものと考えるためには、誰もがそうした人であることを要求しなくてはなりません。しかし、誰もが他人の幸福に喜びを感じると言い切ることができないのは、私たちが経験的によく知っていることです。後年、カントは『道徳形而上学』で、人間憎悪の一形態として「他人の不幸を喜ぶ気持ち（Schadenfreude）」について論じています（VI 459f.）。そこでは、この気持ちが人間の本性と無縁のものではないとすら指摘されています。もちろん、これは悪徳のひとつとして論じられるのですから、道徳的に肯定されるはずもありません。しかし、こうした気持ちの存在を指摘することは、他人の幸福に喜びを見いだすような人間像を普遍化できないことをも意味しています。

それでも、最後に、次のような場合を考えてみましょう。ある人が、災害や犯罪や戦争がなくならず、世界にさまざまな不幸が見いだされることに心を痛め、万人が幸福になることこそが自分にとっての幸福だ、と思い定めたとしましょう。その人が、〈私は、万人の幸福を追求するために、他人の幸福を促進する行為をしよう〉という格率を採用したとします。[5]これは、

（5）このような考え方の人を想像するとき、カントの脳裏には、道徳の原理を道徳感覚に求め、「普遍的仁愛」をも説いた、イギリスの道徳哲学者ハチソン（Francis Hutcheson, 1694-1746）のことが浮かんだかもしれません。カントが「一七六五―六六冬学期講義計画公告」でハチソンの名前を「すべての道徳性の第一の諸根拠の探究」において「最も遠くに達している」人物の一人として挙げていることは有名です（II 311）。

自己幸福という実質によって規定されているにもかかわらず普遍的な意志規定であるように見えます。しかし、カントは、この場合、「他人の幸福」が意志規定の根拠になっているのではなく、実は、「万人の幸福」という観念を構成する普遍性こそが根拠になっていると指摘します。幸福という内容を根拠にすれば、やはりここでも普遍性に届かなくなってしまうからです。以上のように、自己幸福については、それをどのように拡張してみても、それ自身を普遍的な意志規定の根拠にはできないのです。

〈道徳性の原理に対抗するもの——§8の「注二」〉

「注二」では、あらためて「道徳性の原理」の反対に位置するものを「自分の幸福の原理」に見定めた上で、前者ならざるものはすべからく後者であるという強い主張のもと、カントが提示したものとは異なる原理が体系的に示されます。まずは「注二」の冒頭を引用しましょう。

> 道徳性の原理の正反対は、自分の幸福という原理が意志の規定根拠とされる場合であり、先に示したように、そこには、法則として用いられるべき規定根拠を格率の立法的形式以外のどこかに置くすべてが、全体として数え入れられねばならない。(35)

カントは、これまで自己幸福の原理を経験的であり実践的法則をもたらすことができないものとして退けてきました。ここでは、そうした否定からさらに踏み出し、「自己の幸福の原理」を採用する立場は、カントの所説の「正反対」であると主張されます。これまでのカントの所説に従うなら、「格率の立法的形式」、すなわち、〈自分の意志の格率が、同時に普遍的立法の原理として妥当し得ること〉という形式だけを意志規定の根拠とするという仕方でなければ、私たちは実践的法則を見いだすことができません。この視点から、カントは自説と正反対の立場を、意志規定に対して質料的な規定根拠を求めたものとして、「すべて」列挙します。そのためにカントが採用する方法は、「自己の幸福の原理」を採用する立場を体系的に提示することです。実際、カントはその体系を「注二」の末尾近くで提示しています(40)。さっそくその体系を見てみましょう。

道徳性の原理における実践的で質料的な諸規定根拠

- 主観的
  - 外的
    - 教育（モンテーニュによる）
    - 市民的体制（マンデヴィルによる）
  - 内的
    - 自然的感情（エピクロスによる）
    - 道徳的感情（ハチソンによる）
- 客観的
  - 内的　完全性（ヴォルフやストア派による）
  - 外的　神の意志（クルージウスや他の神学的道徳学者による）

カントが、自説と異なる立場を体系的に把握しようとするのは、『実践理性批判』だけの試みではありません。『基礎づけ』では、このような表による提示こそないものの、「道徳性の一切の真正ならざる諸原理の起源としての意志の他律」(IV 441)という箇所で論じられています。また、複数のメモ(レフレクシオーン)も残されています(XIX 118f, 121f)。

この表の「主観的」な「実践的で質料的な諸規定根拠」が経験的なものであり、自己幸福の追求に基づくものだということは、容易に見てとれます。しかし、「客観的」なそれは、「完全性」という概念も「神の意志」という概念も理性に基づくものですから、それと自己幸福との関連には説明が必要です。まず、ここで内的な「完全性」、すなわち私たち自身の完全性とは、なんらかの目的を実現するために十分であることです。そうした目的の実現のために、私たちが才能を開花させたり技能を磨く必要があることが、「完全性」という規定根拠に込められています。しかし、その目的そのものは自分の経験に由来するものですから、完全性を目がけたさまざまな努力も自己幸福の原理に基づくのです。他方、最高の完全性としての「神」を考え、その意志との一致を目指すことも、それが神の意志によって幸福がもたらされることを期待するがゆえのことであれば、それもまた自己幸福の原理に基づくと言うことができます[6]。

さて、ここで「注二」の本文に戻りましょう。先に示した表を提示する前にも、カントはさまざまなことを書いています。まず、カントの所説と正反対の立場がいくつも存在したのは、なぜでしょうか。それは「自分の幸福という原理」にも主観的な「格率」を与えることはでき、さらには幸福追求の「一般的規則」を与えることもできるからです。もちろん、それらは、カントの立場からすれば、客観的な「法則」でもなければ、「普遍的規則」でもありませんが。カントは、この点を次のようにまとめています。

> 自己愛（怜悧《れいり》）の格率はもっぱら勧告するにすぎないが、道徳性の法則は命令する。だが、ひとが私たちにそうするようにと勧めることと、私たちがそうするように拘束されていることとのあいだには、大きな差異がある。(36)

自己愛に基づいた格率は、自分は自分の幸福を実現するためにどのようにしたいか、を示す原則です。そうした原則には、せいぜい幸福に資するなんらかの行為を「勧める」という機能しかありません。怜悧（Klugheit）は、「思慮」をも意味する単語で、古代以来の哲学史の中でも肯定的に論じられてきました。しかし、カントはその怜悧を、自己幸福を追求するための思

（6）この表の中で、客観的な外的な「実践的で質料的な規定根拠」として、神の意志を掲げた人物として、クルージウス（Christian August Crusius, 1715–1775）が挙げられています。彼は、敬虔《けいけん》な生活をもとめる敬虔主義を代表する哲学者であり、合理主義的なヴォルフ派の哲学に対する批判者でした。他方、客観的で内的な「実践的で質料的な規定根拠」に関連して、ヴォルフと並んで名前が挙がっている「ストア派」は、キュプロスのゼノン（Zenon, 前 335–263）を祖とし、ローマ時代のセネカ、エピクテトス、マルクス・アウレリウスなどに受け継がれた哲学的な思想潮流です。彼らは、一切の情念を離れた状態（アパテイア）を理想とし、それを実現する人物を賢者としました。このストア派の賢者については『実践理性批判』の弁証論にも言及があります（126f.）。

慮として、道徳性の原理に対置します。他方、道徳性の法則は、法則としての普遍性に基づいて「命令」します。また、それは、法則に適った行為を実現すべき義務として意識させ、私たちを「拘束」するのです。

ここで、「自己愛の格率」と「道徳性の原理」とを対比して、どちらが、私たちが何を行うべきかを、容易に教えてくれるかを考えてみましょう。カントは、「自己愛の格率」に従って自分の幸福を追求するのは、実は、そう容易なことではないと指摘します。何が自分に、結果として幸福をもたらすのかを見通すことが困難なことは、私たちのよく知っているところです。他方、「道徳性の原理」に従って、自分の意志を決定するのは容易なことです。すでに見たように、意志の格率が普遍的立法の形式をもっているかを考えてみるだけでよいのですから。

さらに、カントは「注二」の中で、道徳的な法則への違反について言及しています。そのような違反は、命令に背いているものとして、「処罰に値すること」(37)であると考えられます。たとえば、学校で教師の命令に背くことで叱られたり、市民社会で契約を守らずに罰せられたりする場面を考えてください。しかし、このように「処罰」という概念を導入することは、意志の規定根拠を「自分の幸福の原理」と結び付けてしまいかねません。それが、道徳規範を遵守するのは処罰されないように振舞うことで自己幸福を守るためだ、という考え方を招き寄せるからです。このような誤りを犯した立場として、先に示した表の中で、主観的で外的な「実践的な質料的規定根拠」として、教育と市民的体制が挙げられています。(7)

このような立場と同様に「誤ってはいるが、ずっと洗練されている立場」として、「一種の道徳的な特別な感官」（38）を道徳的な法則を定めるものとして想定する立場もあると、カントは指摘します。まず、この立場と並んで、理性ではなく感官を基盤として、有徳に生きることで魂の充足を得ることや、悪徳を避けることで魂に不安や苦痛が生じることを避けることを意志の規定根拠とする立場もあります。このような自然的感情は経験的なものですし、魂の充足を求め苦痛を避けるという点で、この立場は明らかに自己幸福を原理にしています⑻。次に、人間には道徳的な感官があるという想定に立つ立場ですが、カントは「ひとが、そうした感覚について何らかの表象だけでももつことができるには、その人が少なくとも半ばまでは、すでにまっとうな人でなければならない」（同）と指摘します。道徳的な感官をもち、それに基づ

（7）　ここでカントの念頭にあるのは、モンテーニュ（Michel Eyquem de Montaigne, 1533-1592）とマンデヴィル（Bernard de Mandeville, 1670-1733）です。前者は、フランスのモラリストで『エセー（随想録）』の著者です。後者は、オランダ生まれのイギリスの医者、風刺作家で、彼の作品では『蜂の寓話』が有名です。

（8）　これは、カントが表の中で挙げた、主観的で内的な「実践的で質料的な規定根拠」のうち、自然的感情の立場です。この立場の哲学者として挙げられているエピクロス（Epikouros, 前342（41）-271（70））は、ギリシアの哲学者で、何ものにも煩わされず、苦痛のないこと（アタラクシア）を最高の善とした人物であり、ローマ時代のルクレティウスにまで通じるエピクロス派の祖です。エピクロスやエピクロス派への言及は『実践理性批判』でも多く行われています。その中にはたとえば、「理性的で、生の最大の安寧を熟考しているエピクロス派の人々のもっとも怜悧な選択」（88）のような表現もあります。

く道徳的感情を根拠にして意志を決める人は、すでになにほどか先行して、道徳的であるとはどういうことかを理解している人に相違ない、というのです。この指摘を介してカントが主張するのは、私たちはあらかじめ道徳性の概念や義務の概念を検討し、それを理解しておかねばならないということです。

なお、ここでカントが、道徳的法則に基づいて意志を決定することを重ねれば重ねるほど、行為主体が自分自身に満足する感情を抱くことを少しも否定しない、と記していることにも注意を払っておきましょう。カントの定言的命法と聞くと、眉間《みけん》にしわを寄せて、傾向性と闘いながら義務を遂行するというイメージを抱いている方もいるかもしれませんが、彼自身は、道徳的な義務を遂行した後に訪れる晴れやかな気持ちを否定してはいないのです。もちろん、晴れやかな気持ちを求める欲求が意志規定の根拠になってしまうなら、それは本末転倒です。そのとき、道徳的感情を意志規定の根拠にする立場は、自己幸福を原理とする立場に陥ってしまいます(9)。

以上のように、カントは§8で「意志の自律」という彼の倫理学の中心的主張を明確にしました。それは、意志が自分自身以外のなにものにも依存せずに意志を決定することです。§7で提示された「純粋実践理性の根本法則」、あるいは「道徳性の原理」は、この自律の構造を表すものでした。カントはこの「道徳性の原理」と異なる立場をすべて自己幸福を原理とする立場であると難じ、さらにはそれと正反対の立場であるとした上で、そのさまざまの所説を体系的に把握することを試みました。なお、本書で§の区分が行われるのはここまでです。

「意志の自律」という最重要な原理が取り出されたところで、§の区分が終わるのです。

（9）これは、カントが表の中で挙げた、主観的で内的な「実践的で質料的な規定根拠」のうち、道徳的感情の立場です。この立場の哲学者として挙げられているハチソンについては注（5）を参照してください。

第六章　自由のリアリティに向けて

分析論第一章では、§による議論の分節化が終わったあとに、「I　純粋実践理性の諸原則の演繹《えんえき》について」と「II　思弁的使用における純粋理性だけでは不可能な拡張を行う、実践的使用における純粋理性の権能について」が置かれています。ここでは、前者を検討しましょう。この箇所では、『基礎づけ』第三章から引き継がれた、道徳的法則の演繹という問題が解消されるとともに、すでに序文で言及されていたように、『純粋理性批判』で示すことのできなかった超越論的自由のリアリティが提示されます。

〈純粋実践理性の諸原則の演繹とは〉

まずは、「純粋実践理性の諸原則の演繹について」という表題を確認しましょう。ここには「純粋実践理性の諸原則」と複数形で書かれていますから、ここで思い描かれている「諸原則」は§7で提示された「純粋実践理性の根本法則」とただちに同じものとは言えないでしょう。ここでは、あの「根本法則」によって正当性を認められた道徳的諸法則が、純粋実践理性に基づく諸原則として表象されているのです。しかし、後者の道徳的諸原則を正当化するには、まず件《くだん》の「根本法則」が正当化されていなければなりません。そこで、表題の喚起するイメージに反して、この箇所でのカントの視線はもっぱら「根本法則」の方に向けられることになります。(1)

次に、表題に含まれる「演繹（Deduktion）」という概念を確認しましょう。これは、『純粋理性批判』において、ア・プリオリな純粋悟性概念（カテゴリー）や純粋理性概念を正当化する哲学的な営みを表現するものとして用いられていました。カントは同書で次のように記しています。

> どのようにしてア・プリオリな諸概念が対象に関係できるのか、私はその説明の仕方を、ア・プリオリな諸概念の超越論的演繹と名づける。（A85/B117）

概念には、経験に由来した経験的概念と、一切の経験に由来しないア・プリオリな純粋概念とがあります。前者の正当化には困難がありません。その概念が何を指しているのか、またその概念がどのように使用されているのかを確認すればよいからです。しかし、ア・プリオリな

（1）カントが表題に「純粋実践理性の根本法則の演繹」という表現を選ばなかった理由として、『純粋理性批判』の演繹論が「純粋悟性概念の演繹について」（A84/B116）という表題を掲げる際に、（訳語では見えづらいのですが）「純粋悟性概念」が複数形で書かれていたことが影響していると見ることができるかもしれません。

概念の場合、そうした手続きを取ることができません。そこで、カントがア・プリオリな概念を正当化するために採用する方法が「演繹」です。それは、問題となっているア・プリオリな概念が私たちの対象認識になくてはならないことを示すことで遂行されます。具体的には、多様な感覚的な与件を受け取る私たちの認識が混沌《こんとん》としたものでなく統一をもつために、件の概念がなくてはならないことを示すことで、当の概念の正当性が論証されます。こうした事情をたんてきに表現したのが、引用文中の「どのようにしてア・プリオリな諸概念が対象に関係できるのか」です。この問いに基づいて、認識対象がそれとして成立するために、ア・プリオリな概念が不可欠であることを示そうというのです。

さて、「純粋実践理性の諸原則の演繹」もまた演繹として、次のような問いを立てます。

どのようにして純粋理性は、さまざまな客観の現実性にかんして、（純粋理性自身の格率が法則として普遍妥当性をもつという思考によるだけで）直接的に意志の、言い換えれば、理性的存在の原因性の、なんらかの規定根拠になることができるか。（44f.）

ここでも「どのようにして……できるか」という問いが立てられています。このように、「なぜ」ではなく「どのようにして」を問う疑問文の提示は、カントの批判哲学に頻出するものです。純粋実践理性の諸原則の場合は、どのようにして純粋理性が直接的に、なんらかの客観を実現すべく意志を規定する根拠になることができるのか、それも、もっぱら（純粋理性に基づく）格率が法則として普遍妥当性をもつという思考だけによって規定根拠になることができるのか、という問いに答えることが、演繹の課題なのです。まとめて言えば、これは、どのようにして純粋理性だけに基づいた直接的な意志規定ができるのか、という問いです。この問いを念頭において、「I　純粋実践理性の諸原則の演繹について」の冒頭に戻りましょう。

〈純粋理性の事実が示すこと〉

当該箇所の冒頭段落は、『実践理性批判』の分析論の意図を表現した箇所として重要です。そこで、ここにその全文を引用します。

この分析論は、純粋理性が実践的となることができること、すなわち、純粋理性がそれだけで、一切の経験的なものから独立に、意志を規定できることを明らかにするが、しかもこのことを、私たちのもとにある純粋理性がそこで実際に実践的にみずからを証明する事実によって、言い換えれば、純粋理性がそれによって意志を行いへと規定する、道徳性の原則における自律によって、明らかにする。——この分析論は同時に、このような事実が、意志の自由の意識と不可分に結びついていること、いやそれどころかその意識とひとつであることを示す。〔なお、〕理性的存在たるものは、感性界に属すものとしては、みずからが他のさまざまな作用因と同様に原因性の諸法則に必然的に服していることを認識しているが、それでもこの自由の意識によって、実践的なことがらにおいて、同時に他面では、つまりなんらかの存在それ自体としては、諸物のなんらかの可想的秩序の中で規定可能なみずからの現存在を意識しているのであり、それも当の存在自身のなにか特別な直観に適《かな》って意識しているのではなく、当の存在の原因性を感性界の中で規定することができる特定の力学的諸法則に適って意識しているのである。というのは、自由は、もしそれが私たちに確保されるなら、私たちを諸事物のなんらかの可想的な秩序に置き入れるということは、他の箇所で十分に証明されているからである。(42)

この引用文では、まず、純粋理性が思弁的のみならず実践的にもなることができる(すなわち、意志を規定できる)ことを「事実(Faktum)」が明らかにすることが確認されます。この事実は、§7に登場した「理性の事実」あるいは「純粋理性の事実」です。ここではさらにその事実について、「私たちのもとにある純粋理性がそこで実際に実践的にみずから
を証明する」(強調は引用者)とも記されています。つまり、件の事実は、純粋理性がみずからの存在を実践的に証明するものでもあるのです。また、この事実が「道徳性の原則における自律」と言い換えられているのも注目に値します。純粋理性の事実は、§7では「根本法則の意識」のことでしたが、§8で「自律」という概念が導入されることを介して、ここでは、道徳性の原則において純粋理性がそれだけで意志の規定根拠となることとして捉《とら》え返されているのです。

さらに引用文の後半では、「分析論」によって件の「事実」が「意志の自由の意識と不可分に結びついていること、いやそれどころかその意識とひとつであること」を示される、と記さ

れています。あの「事実」においては、純粋理性がそれだけで意志の規定根拠となることが意識されています。理性的存在がその理性だけに基づいて意志を決められること、これは理性にとって他なるものからの（消極的）自由の意識であり、また、意志を決めるという（積極的）自由の意識です。これが、「根本法則」の意識が自由の意識と「ひとつ」であるといわれる所以《ゆえん》です。

ここでカントは、この「意志の自由の意識」にかかわる説明も行っています。理性をもった存在は、一面で、感性界に属するものとして自然法則に必然的に従っています。このとき、この理性的存在は現象界の一部だということができるでしょう。他面で、同じ理性的存在は、「諸物のなんらかの可想的秩序の中で規定可能なみずからの現存在を意識してい」ます。つまり、たんに自然法則に従うのではなく、現に存在するのとは違う秩序を考え、その可能な秩序に位置を占めるものとして自分を意識しているのです（たとえば、ひとは、虚言がはびこる世界を問題視するとき、虚言のない世界を考え、自分を後者の世界の一員たることができる者として意識します）。この意識をもたらすのが「自由の意識」であり、世界に対する理論的態度ではなく実践的態度なのです。

加えて、カントはここで、理性的存在が可想的秩序において自分の「現存在」を意識する仕方についても注意しています。それは、人間がもっているのとは異なる、特殊な直観によるのではありません。それは、「当の存在の原因性を感性界の中で規定することができる特定の力学的諸法則に適って意識している」のです。まず、この指摘を理解するには、「力学的法則」

という概念を踏まえる必要があります。これは「数学的法則」の対義語です。数学的法則の場合、それは私たちの感性的直観にかかわるものとして直接的に確実です。他方、力学的法則は、経験にかかわるものとして、対象の現存在にかかわります。それゆえ、この法則には直接的な確実性はなく、間接的な確実性が認められるのみです。

　具体的に考えてみましょう。〈南岸低気圧は、関東地方に大雨をもたらす〉という命題は、原因と結果とからなっています。しかし、南岸低気圧が発生したからといって、いつでも関東地方に大雨が降るとは限りません。気象現象には他にもさまざまな要因が関与しているからです。力学的法則のこうした性格に基づいて、私たちは特定の自然現象を結果として見る際に、その原因としていくつものことを考えます。たとえば、洗濯物が乾いているのを見たとき、私たちはその原因を、乾燥機が正常に機能したからだと考える場合もありますが、自分が適切に乾燥機に入れたからだと考える場合もあります。後者の場合、意志の原因性が感性界の中で働いていることになりますし、その意志を自由な意志と考えることさえもできます。ここから分かるのは、私たちは、自分が自然界の力学的法則に従いながら、自由意志に基づいて自然界になんらかの結果をひき起こすことができる、と考えることが可能だということです。

　この引用文の最後では、ここに「可想的秩序」という話題が登場する理由が説明されています。それは、自由が確保されるとしたら、その自由が「私たちを諸事物のなんらかの可想的な秩序に置き入れる」からであり、それは「他の箇所」で証明済みだからです。この「他の箇所」とは『基礎づけ』第三章を指しています。そこには「いまや私たちは、もし自分たちを自由であると考えるとしたら、私たちは自分たちを悟性界へと成員として置き移し、意志の自律をその帰結である道徳性とともに認識する」（IV 453）と記されています。

しかし、慎重に受け止めねばならないのは、『実践理性批判』のこの箇所に至ってなお、自由について「もしそれが私たちに確保されるなら」と記されていることです。『純粋理性批判』は、人間の理論的認識の限界を可能な経験の範囲に見定めることで、自由という理念が認識できないものであることを明らかにしましたが、『実践理性批判』に登場した「純粋理性の事実」をもってその認識が可能になったわけではないということです。私たちに与えられたのは根本法則の「意識」にすぎず、自由の認識ではないのです。

〈実践理性の最上原則の解明〉

カントは、「演繹」を論じるに先だち、まず「実践理性の最上原則の解明（Exposition）」(46)を行っています。[2]『純粋理性批判』では「解明」という語が「概念に属しているものの判明な表象を得る」（B38）ことだと説明されていますから、ここでは「実践理性の最上原則」という概念を判明にすることが課題になります。なお、「実践理性の最上原則」とは、理性による意志規定において、もはやそれ以上の条件のない原則となるものですから、内容としては、

（2）「演繹」に先立って「解明」が置かれるのは、カントの他の著作にも見られることです。たとえば、『道徳形而上学』でもそれが行われています（VI 248f.）。

道徳的法則のことです。したがって、ここでは「道徳的法則」という概念があらためて検討されることになります。なお、ここでもカントの視点は、「道徳的法則」をそれたらしめる（§7で提示された）「純粋実践理性の根本法則」に集中しています。

あらかじめ記すなら、ここでカントは「実践理性の最上原則」という概念について次の三つのことを明らかにします。第一に、この原則に何がふくまれているか、第二に、この原則が完全にア・プリオリであること、第三に、この原則と他のすべての諸原則との相違です。

まず、第一の点を検討しましょう。カントは次のように記しています。

道徳的法則は、（中略）感性界の一切の与件や理論的な理性使用の全範囲に基づくのではたんてきに説明不可能な事実をもたらすが、この事実が、なんらかの純粋な悟性界を告げ知らせ、いやそれどころかその純粋な悟性界を積極的に規定し、そしてその純粋な悟性界について何ごとかを認識させる、すなわち、ひとつの法則を認識させるのである。（43）

この引用文の前半では、道徳的法則の意識としての（純粋理性の）「事実」が理論的認識にとって「説明不可能」であることが確認されます。世界に対する理論的な態度は、なんらかの出来事を理解するために、それに対して時間的に先行する条件をつねに探求しますから、そうした態度は「最上原則」や「自由」という無条件のことがらを説明することができません。「理論的な理性使用の全範囲」では道徳的法則の意識は説明不可能なのです。

他方、この引用文の後半では、当の事実が「なんらかの純粋な悟性界」を私たちに意識させ、その純粋な悟性界の「ひとつの法則」を認識させると指摘されています。ここで言及される「なんらかの純粋な悟性界」や「ひとつの法則」とは、どのようなものなのでしょうか。なお、この引用文に登場する感性界や悟性界では、理性的存在が構成員として考えられていることにご留意ください。

まず「なんらかの純粋な悟性界」とは、感性界あるいは現象界と対置されるものであり、経験に依存することなく自発的な思考作用によって考えられる世界のことです。たとえば、特殊詐欺が横行する世間を目の当たりにして、このような人間社会はあるべきではないと思い、特殊詐欺の存在しない世界を理性によって考えるなら、そのような世界が「純粋な悟性界」です。いや、そのような世界は、詐欺の経験に基づいているのだから、純粋であるはずがないと考える人もいるかもしれません。むしろ、そうした世界は詐欺に対する感情的な反発に依存した世界だ、と。しかし、カントが言いたいのはそういうことではありません。私たちが詐欺の経験に見いだしているのは、〈大金を容易に得るために他人を騙《だま》そう〉という格率をもった人が存在し、そうした人が世間になお存していている普遍的な信頼を利用しつつ、自分を例外にすることで自己利益を追求しているという事態です。詐欺行為によって世間で踏みにじられているのは普遍性そのものです。ですから、「純粋な悟性界」とは、私たちが普遍性の毀損《きそん》されていない理性的存在たちの社会を考えて思い描く、理念的な世界のことだと言えるでしょう。

先の引用文では、このような「純粋な悟性界」の「ひとつの法則」が認識されるとも記されていました。これは不思議な表現です。なにしろ「道徳的法則は、（中略）ひとつの法則を認識させる」というのですから。これは、道徳的法則は「純粋な悟性界」を告げ知らせ、その悟性界を規定している法則、いわば当該の領域を支配している「法」（たとえば、詐欺の禁止）として道徳的法則そのものを捉え返すということでしょう。ただし、カントは「純粋な悟性界」にあらかじめ徳目や道徳規則が具体的に内在しているとは考えていません。あくまで、道徳的法則の意識の方が先行していて、それが「純粋な悟性界」という理念を介することで、私たちを拘束する「法」として認識されるのです。

このような観点から、カントはここに見いだされる法則を、「感性的（sinnlich）自然」に対して、「超感性的（übersinnlich）自然」の形式を与えるものだと言います。[3] 欺瞞《ぎまん》に満ちた世間は、日々、経験される感性的世界ですが、欺瞞によって毀損されることのない超感性的世界の普遍性という形式は、感性的世界を欺瞞のない世界へと改善していく手がかりとなるのです。その観点から同じ箇所でカントは、超感性的自然を「純粋実践理性の自律の下にある自然」あるいは「原型的自然（natura archetypa）」と、それを模倣することで改善が行われる感性的自然を「模型的自然（natura ectypa）」とも呼んでいます（43）。

第二の論点、すなわち、実践理性の最上原則が完全にア・プリオリであることについては、それが「超感性的自然」の形式であることからもすでに明らかですが、次の引用文も参照しておきましょう。

意志が服している自然の諸法則と、意志に（およそ意志のその自由な諸行為に対して関係しているものにかんして）服している自然の諸法則とのあいだの相違は、前者においては、さまざまな客体の方が意志を規定する諸表象の原因でなくてはならないが、他方、後者においては、意志がそのさまざまな客体の原因であるべきだというところに存する。それゆえ、〔後者の〕意志の原因性はその規定根拠をもっぱら純粋な理性能力に置いていたのであり、それゆえその純粋な理性能力は純粋実践理性とも呼ばれることができるのである。(44)

この引用文の前半は、意志規定において「意志が服している自然の諸法則」と「意志に服している自然の諸法則」とが対比されています。前者の場合、意志規定の根拠になるのは客体の方です。たとえば、地球環境問題のことを考えつつ、プラスチック製品の使用をできるだけ控えようとする場合、魚の体内から見つかるプラスチックの映像などが意志規定の原因となって

（3）ここで「超感性的自然」という表現に違和感を抱く人もいるかもしれません。「自然」を、いわゆる自然現象のことと考えるなら、「超感性的自然」という表現は矛盾を含むものになってしまいます。しかし、「自然」という言葉の一般的意味は「さまざまな事物が諸法則の下に現実存在すること」(43)というものですから、その「法則」が自然法則であるか道徳的法則であるかは、いったん脇に置いて考えることができます。なお、「自然」概念の二義性については、『純粋理性批判』のA418Anm./B446Anm.にも記述があります。

いる場合、それは自然法則に服していることになります。より詳しく見れば、この場合、マイクロプラスチックが魚にもたらすだろう違和感を想像して、それをかわいそうと感じたり、あのプラスチックが人間の体内にも入ってくるのだと想像して、それを不安に感じたりすることが原因になっています。こうした感じ方は快・不快の感情に属するものです。快や不快はア・ポステリオリな経験によってしか感じられませんから、この場合、意志規定はア・ポステリオリな原因に基づいていることになります。

他方、「意志に服している自然の諸法則」の場合、地球環境問題、プラスチックによる海洋生物の汚染に対応しようという意志が客体の原因になります。この際、プラスチック使用量の削減に努力をしている人が、地球環境問題は誰もが普遍的に考慮すべき問題だから、そうした行為をすべきだと考えているとしましょう。このとき、私たちは、当該の行為の格率がもつ普遍性に着目して、ア・プリオリに（すなわち、経験に依存せずに）このことを考え、意志を決定しています。客体として表象されるプラスチック汚染のない海は、あくまでその行為の結果なのです（この際、当該の行為そのものはあくまで自然法則の支配下にあります）。このような思考の能力が純粋理性であり、それが意志規定の根拠になっている点で、純粋実践理性と呼ばれるのです。

第三の論点、すなわち、「実践理性の最上原則」と他のすべての（実践的）諸原則との相違についてカントが指摘するのは、前者は、純粋理性をア・プリオリに意志の規定根拠にする点で、結果を問題にしないということです。道徳的法則は、なんらかの行為の格率が超感性的自然の法則たり得るかどうかを教えてくれます。このとき重要なのは、感性的自然における超感性的自然の実現可能性も、それがどのようにして感性的自然を改善するかも、ここでは問題ではないということです。もともと超感性的自然は、理性的存在たちの秩序ある共存の様を理性によって、経験に依存することなく考えたものに他なりません。それは実現されるべきものの根拠であって、それ自身が実現されるかどうかは問われていないのです。ここに、「実践理性の最上原則」とその他の実践的諸原則との相違があります。前者以外の実践的原則の場合、それが有意味なものかどうかは、それがあらかじめ思い描かれた目的の実現に資するかどうかによって決まります。つまり、そこでは採用された原則がもたらす結果が問題なのです。しかし、道徳的法則においては、意志規定の根拠だけが問題になっているのです。

以上、「実践理性の最上原則の解明」の箇所でカントが提示しようとしたのは、道徳的法則が「超感性的自然」という理念を含んでいること、また、一切の経験に依存せずにア・プリオリにそれだけで存立すること、さらに、もっぱら意志の規定根拠を問題にする点で他の実践的諸原則と異なることです。この三点は共通してひとつの概念に通じています。それが「自由の概念」(46)です。当該箇所は、この自由への言及で終わりますから、その最後の文章を引用しておきましょう。

さて、どのようにして道徳的法則のこのような意識が可能か、あるいは、同じことだが、どのようにして自由の意識が可能かは、これ以上説明され得ない。ただ自由が認められ得

ることだけは理論的批判でまったく十分に擁護されることができる。(46)

この文章が意味しているのは、§7で「理性の事実」であることが指摘された道徳的法則の意識、あるいはそれと同じものであることが指摘された自由の意識について、それが「どのようにして……可能か」は道徳的法則の解明によるのではこれ以上説明できない、ということです。(4) ただし、「自由」を考えられることまでは、理論的批判である『純粋理性批判』ですでに確保されていたことも忘れてはなりません。

〈道徳的法則の演繹の行方〉

いよいよ道徳的法則の演繹が遂行されるはずの場面です。道徳的法則の意識は、どのようにしてそれが可能かは説明できないものの、主観的には「事実」として意識されています。そのような道徳的法則の「客観的で普遍的な正当化」(46) が論証されるはずなのです。

ここでカントは、『純粋理性批判』で「純粋悟性の諸原則」を証明した場合をひき合いに出し、あの場合のようには順調にことが進まないと言います。「純粋悟性の諸原則」の場合には、経験という手がかりがあり、件の諸原則がどのように経験を可能にするかを証明すればよかったのですが、道徳的法則の場合、そうした手がかりがありません。前に述べたように、道徳的法則が問われるとき、経験として認識されるはずの行為の結果はそれと無関係です。道徳的法則はそれだけでア・プリオリに存立しているのです。いったい、どのようにして純粋理性だけに基づいた意志規定ができるのでしょうか。これは、言い換えれば、純粋実践理性という能力がどのようにして存在できるのか、という問いです。

さっそくカントは記します。「人間の一切の洞察は、私たちが根本的諸力（Grundkräfte）や根本的能力（Grundvermögen）に至るやいなや、終わりを迎える」（46f.）と。私たちは、複数の根本的な能力がどのように関係しあっているかとか、それらが他のものとどのように関係しているかを説明することができるとしても、それ自身がどのようにして存在できているのかを洞察することができません。なにしろ、そうした力や能力は、それ自身がみずからの根拠（Grund）だからです。純粋理性も、意志規定においてはそれ自身以外の何ものにも依存しない能力として、まさにそうした根本的な能力なのです。すると、道徳的法則の演繹は、「純粋実践理性の諸原則の演繹について」（42）という表題が抱かせる期待に反して、不可能だということになるのでしょうか。そのとおりです。カントは次のように記しています。

このように道徳的法則の客観的実在性は、演繹によって証明され得ない、すなわち、思弁的あるいは経験的に支えられた理論的理性がどのように努力しようとも証明され得ないの

（4）ここで問題になっているのが「道徳的法則の意識」あるいは「自由の意識」だということに注目してください。これは、道徳的法則そのものや自由という能力ではありません。この点に、後続する議論との差異が生まれてきます。

> であり、それゆえまた、たとえひとが確然的な確実性を断念しようと思ったとしても、経験によって確証されることも、つまりア・ポステリオリに証明されることもできないのだが、それでもやはりそれ自身で確立しているのである。(47)

ここでカントは道徳的法則の演繹が不可能であることを明確にしています。ただし、否定されたのは演繹によって道徳的法則の客観的実在性を論証することであり、道徳的法則の客観的実在性そのものではありません。

さて、なぜカントは「道徳的法則の演繹」などという話題を持ち出し、読者に不要な期待を抱かせたのでしょうか。この引用文では「理論的理性」が言及されていることに注目して下さい。ここからカントの意図を推測できるかもしれません。それは、「演繹」という問題と向き合うことで、私たちがここで、経験的にせよ思弁的にせよ、理論的理性の問題圏に引き込まれていることに気づかせるという意図です。[5] あらためて確認するなら、すでに『純粋理性批判』でも、理論のことがらと実践のことがらとは峻別《しゅんべつ》されていました(Vgl. A803/B831)。理性は、理論のことがらでは「なにが生起するか」を語り、実践のことがらでは「なにが生起すべきか」を語ります。前者では私たちの認識が、後者では私たちの(意志作用を含む)欲求が問われます。この点から「道徳的法則の演繹」の難渋を見直しましょう。カントは、純粋理性の実践的使用という「実践」のことがら、言い換えれば、意志規定のことがらを問題にしているときに、その「実践」から距離をとって「理論」的な論証を試みたとしても、得られるものは何もないと言いたいのではないでしょうか。「理論」に立ち戻るなら、私たちは『純粋理性批判』が確定した、人間の理論的認識の限界内に、したがって可能な経験の範囲内に留《とど》まらねばならなくなります。しかし、先に解明されたような道徳的法則の概念が、その範囲内で正当化されるはずもありません。私たちは出発点を誤ってはなりません。「実践」のことがらにおいては「純粋な実践的諸法則とその作用」(46)、言い換えれば道徳的法則の意識こそが出発点なのです。(6)

〈自由という能力の演繹〉

このような道徳的法則の演繹をめぐる、一見したところ空しい行論は、ここで鮮やかに反転して、カントの批判哲学にとってたいへん重要な成果をもたらすことになります。道徳的法則の方が「自由という能力」(47)の演繹に役立つことになるのです。『純粋理性批判』の「超越論的弁証論」に含まれる「純粋理性の二律背反」論は、部分的には自由の救出作戦を遂行したものと読むことができますが、その営みがいよいよ『実践理性批判』のこの箇所で完結します。

(5)　なおこれは、「演繹」は理論的哲学の内部でのみ行われる論証だということではありません。ここでは、あくまで「道徳的法則の演繹」という問題圏で、純粋実践理性という根本的能力が問われているのです。カントの実践的哲学の文脈で、概念や原則の「演繹」を実行する事例は、『道徳形而上学』に複数見いだすことができます(VI 249f., 395)。

(6)　細川はこの点を適切に指摘しています。細川、前掲書、五八頁。

すなわち、自由という理念に客観的実在性が与えられるのです。

まずは、道徳的法則がみずからの実在性を、演繹によることなく証明する仕方を確認しましょう。

> 道徳的法則はみずからの実在性を、次のことによって、思弁理性の批判にとっても満足がいくように証明する。それは、道徳的法則が、たんに消極的に考えられたに過ぎない原因性——その可能性は思弁理性にとって把握不可能だが、それでも思弁理性はそれを想定しなくてはならなかった——に、積極的規定を、すなわち意志を直接的に（その格率がなんらかの普遍的に立法的な形式をもつという条件によって）規定する理性という概念を、付け加えることによって、また、そのようにして理性——この理性は、それが思弁的に振舞おうとするなら、その諸理念でもって、いつも度を越すことになったのだが——に初めて、たとえ実践的に過ぎないにせよ客観的な実在性を与えることができることによって、そして、理性の超越的使用をなんらかの内在的使用（経験の領野で諸理念を介してみずから作用する原因であること）へと転化させることによって、である。(48)

この引用文の冒頭は、ここに書かれていることが『純粋理性批判』の成果と矛盾せず、同書に残った不満をも解消することを意味しています。さて、この引用文には、道徳的法則がみずからの実在性を証明する仕方が三つに分けて書かれています。第一に、道徳的法則は「たんに消極的に考えられたにすぎない原因性」、すなわち、もはや何ものにも条件づけられていない「自由による原因性」に、積極的な規定を加えます。これによって、自由とは、理性が意志を直接的に規定することだという理解が得られます。

第二に、道徳的法則は、純粋理性に客観的実在性を与えることができます。『純粋理性批判』では、純粋理性はその思弁的使用において人間に仮象をもたらすものとして批判されましたが、その実践的使用によって、つまりは道徳的法則によって、意志規定の根拠としての実在性を与えられるのです。これは先の引用文でも、純粋理性の事実について「私たちのもとにある純粋理性がそこで実際に実践的にみずからを証明する」(42)と言及されていました。

第三に、道徳的法則は、純粋理性の「超越的使用」を「内在的使用」に転化させます。「超越的使用」とは、純粋理性の越権です。すなわち、純粋理性によって、可能な経験の範囲を超えたことがらを独断論的に語りだすことです。他方、純粋理性の「内在的使用」は、理性使用の領域を再び「経験の領野」に戻し、そこで自由による原因性という理念に基づいて、理性を作用因とすることです。

純粋理性の「内在的使用」の領野があくまで〈可能な経験の範囲〉であることは強調されねばなりません。しかし、これは特別なことではありません。私たちは、自分の理性を根拠として、つまり理性的に考えて、この経験可能な領野の中で行為を開始しているからです。しかし、こうした行為の見方を可能にするのは、道徳的法則そのものであり、その立法という実践なのです。その意味で、ここで証明された道徳的法則の実在性はあくまで「実践的」なものです。

さらに付言するなら、純粋理性の「内在的使用」の領野が可能な経験の範囲内であるとは、私たちが道徳的法則を意志の規定根拠として行為する場合でも、その行為はあくまでさまざまな自然法則に従ってのみ生起することを意味しています。

以上のことをまとめるなら、道徳的法則は、すでに『純粋理性批判』で思弁理性によって蓋《がい》然《ぜん》的に考えられていた消極的自由に規定を加えて、理性が意志を直接的に規定するという積極的自由を顕《あら》わにすることで、そうした規定を行う純粋実践理性に客観的実在性を与えつつ、純粋理性に内在的使用が認められるのです。先に道徳的法則の演繹を断念したのは、純粋実践理性が根本的能力だったからでした。ここでは、道徳的法則の方が純粋実践理性の実在性を明らかにしているのですから、道徳的法則はそれ自身によって、「みずからの実在性」を証明しているのです。

さて、この引用文で、「たんに消極的に考えられたに過ぎない原因性」とは「自由による原因性」のことでした。その点に再び注目しましょう。『純粋理性批判』で思弁的な理性には、条件づけられたものが与えられていれば無条件的なものも与えられていると考える性癖があることが指摘されました。すると、なんらかの出来事がなんらかの条件の下で生じたなら、思弁理性は、その条件に対してそのまた条件をたどり、もはやそれ以上条件づけられることのない無条件的なもの（たとえば、絶対的自発性としての自由）を考えることになります。もっとも、そうした「考え」はけっして認識にはなりません。無条件的なものは現象の中には見いだせないからです。そこで、思弁理性にとって、無条件的なものの概念は「空虚」に留まらざるを得ません。しかし、道徳的法則は、前述のように、そのような無条件的な自由を規定します。規定されるということは、「〜である」となんらかの対象と関係づけられることですから、絶対的自発性の概念はもはや空虚でなくなります。その観点から、カントは次のように記しています。

> 純粋実践理性こそが、このような空虚な場所を、なんらかの可想界の中で規定された〈自由による〉原因性の法則によって、すなわち道徳的法則によって充《み》たす。さて、このことによって思弁理性には、なるほどその洞察において何かが増えるわけではないが、それでも、自由という思弁理性の蓋然的概念の保証にかんしては、ここでその概念に客観的な、たとえ実践的に過ぎないとしても疑うことのできない実在性がもたらされるのである。
> [49]

ひとつ前の引用文で示されたように、道徳的法則が純粋実践理性の実践的な実在性を明らかにします。〈自由による原因性〉という、思弁理性にとっては考えることしかできず、その点で空虚な概念は、ここで純粋実践理性という対象と関係づけられることで、実在性を手に入れるのです。このとき、〈自由による原因性〉は純粋実践理性の自律として、〈自由による原因性〉の法則は純粋実践理性が立法する道徳的法則として捉えられることになります[7]。

ただし、このようにして自由という能力に認められた実在性はここでもまた実践的なものです。それはけっして理論的なものではありません。実践的なことがらは「何が生起すべきか」という欲求にかかわります。ひとが実践的なことがらに関与しているのは、『純粋理性批判』の有名な表現を用いるなら、「私は何をなすべきか」（A805/B833）という問いを自分のものにしているときなのです。この「べき」の問いにおいて、私たちの欲求が「実践理性の最上原則」としての道徳的法則以外のものによって規定される限り、そこに自由は実現しません。それが道徳的法則によって規定されるとき、つまり道徳的法則によって拘束されているとき、私たちは、感性界に生きつつも、自分が自由という能力をもっていることを認識するのです。その点で、カント自身、次のように書いています。

それ自身は正当化するための根拠を必要としない道徳的法則が、そうした法則を自分にとって拘束力あるものと認識している存在において、自由の可能性のみならず現実性をも証明する。（47）

この引用文で「そうした法則を自分にとって拘束力あるものと認識している存在において」と記されていることが重要です。道徳的法則による拘束力が認識されている限りで、自由という能力の実在性が証明されるのです。これは、ここで扱っていた演繹がもっぱら実践的なものであることを意味しています。(8)

以上、本章では、カントが「純粋実践理性の諸原則の演繹」という表題を掲げながらも、道徳的法則の演繹は不可能なこと、あるいは道徳的法則はそれ自身でみずからの実在性を証明すること、さらには、以上の行論から反転して、道徳的法則こそが自由という能力の（実践的）実在性（リアリティ）を演繹する原理となることが明らかになりました。

（7）　ここで私たちは、自由とは純粋実践理性の自律のことである、というア・プリオリな総合的命題を手に入れたことになります。
（8）　ここまでカントは明らかにしていませんが、演繹という論証方法には、理論的演繹と実践的演繹とが含まれていると考えられます。実際、『道徳形而上学』には「理論的演繹」（VI 252）という表現が表れます。これは、実践的演繹もまた存在することを示唆しているのではないでしょうか。それは、欲求に定位して、あくまで実践的な実在性を明らかにする論証のはずです。『実践理性批判』の「演繹論」が私たちになんらかの理解しがたさを感じさせるとしたら、それは演繹の二種類が明記されていないことに起因していると考えられます。もちろん、これは道徳的法則の実践的演繹が可能だということではなく、道徳的法則の演繹はそれ自体が不可能かつ不要なのです。

第七章　実践的使用における純粋理性の権能

分析論第一章の末尾に置かれた「I　純粋実践理性の諸原則の演繹《えんえき》について」では、道徳的法則に依拠して自由という能力が演繹され、その実践的実在性が論証されました。この自由という能力をもつ理性的存在は、その自由の意識によって、自分が可想的秩序の中に現存することをも意識するのでした。しかし、これは見ようによっては、『純粋理性批判』の所説に反して、自由を希求して止まない哲学者による夢想ではないか、あるいは批判を無視した独断論的主張ではないかとも思われます。というのは、演繹されたのが「自由による原因性」だということを思い返すとき、「原因性」を含む諸カテゴリーは可能な経験の範囲内でしか対象認識のために使用できないという、『純粋理性批判』の批判的主張もまた思い出されるからです。それにもかかわらず、「演繹について」の箇所では、可能な経験の範囲を超えた認識の拡張が行われたのです。そこでカントは、続く「II　思弁的使用における純粋理性だけでは不可能な拡張を行う、実践的使用における純粋理性の権能について」でもってこの懸念を払拭《ふっしょく》します。この表題から予想できるように、純粋理性の思弁的使用では不可能な認識の拡張が、その実践的使用では可能であることが説明されるのです。

〈ヒュームの「原因」理解と懐疑論〉

ここでカントが最初に行うのは、すでに序文で言及したヒュームの懐疑論を、「原因」概念を手がかりとして概観することです。「経験論」（A51）の哲学者、ヒュームの所説から、カントが注目するのは「原因」概念です。原因概念には、あることAが措定されるなら、他のことBもまた必然的に存在しなければならない、という必然性が含まれています。しかし、ヒュームはこの必然性に懐疑を向けます。というのは、Aの後に引き続いてBが生じることを私たちは知覚しますが、AとBとをそれぞれ原因と結果として、その客観的に必然的な関係そのものを知覚することなどないからです。むしろ、AとBとの客観的に必然的な結合と思われたことは、それらが近接して継起することの知覚が反復されることで習慣となった、せいぜい主観的な必然性に過ぎないのではないでしょうか。このようにヒュームは考え、「原因」概念はひとの思い違いに由来するものだと考えました。

以上のように、カントはヒュームの所説を受け止めます。[1] この所説のインパクトは絶大です。まず、なんらかの結果として出来《しゅったい》した自然現象について、その現象にはそれを必然的にひき起

（1）カントがヒュームの著作として念頭に置いているのは、彼の『人間知性研究（*An Enquiry Concerning Human Understanding*）』です。同書は『人間知性に関する哲学論集』の名で一七四八年に初版が刊行されたものですが、そのドイツ語訳は一七五五年に刊行されています。

こした原因があるという思考を維持できなくなります。これによってすべての自然科学は宙ぶらりんなものに留《とど》まることになります。これはもう、自然科学が懐疑論に侵食されていると言うべき事態です[2]。しかし、カントにとって、もっと重要なのは、なんらかの結果から、それを必然的にひき起こした原因を「推論する」ことそのものが懐疑の対象になり、推論の能力としての純粋理性という能力が揺らいでしまうことです。

〈カント『純粋理性批判』の場合〉

続いてカントは、『純粋理性批判』の行論を振り返りますが、その冒頭で、もし経験（経験的認識）の対象が「物それ自体」であるなら、ヒュームの所説は正しいと言います。その理由は次のように考えることができます。「物それ自体」とは、他の何ものとの関係もなしに、（それができるとして）ある物そのものに即して見られた物です。このとき、或《あ》る「物それ自体A」と他の「物それ自体B」との関係とは、〈Aの知覚〉と〈Bの知覚〉とが徹底的に無関係に生じた後に両者を結合した関係でしかありませんから、そこに必然的な結合を見いだすことはできないのです。

ここでカントが導入するのが、彼が『プロレゴーメナ』以降採用している表現では「批判的観念論」という立場です。これは、私たちの認識対象は「物それ自体」ではなく「現象」なのだという区別を厳守する立場です。この立場では、私たちは現象するものを空間関係や時間関係の中で経験するのであり、その経験は「一つの経験」（53）として必然的な統一をもっていると主張されます。ここで「一つの経験」とは、客観的に普遍的に妥当する経験的な対象認識として、一つのまとまりをもっているということです。これは、諸現象を感官で直観する際に与えられる多様なものが統一されることで実現します。たとえば、秋になって気温が低下する中で、私たちは色づいた木々を見ながら、その原因としての気温低下を考え、両者を結合し統一することで、これは「紅葉」という自然現象だと判断します。

カントは、このような統一を可能にする概念（純粋悟性概念、すなわちカテゴリー）の一つとしての原因性の概念を、『純粋理性批判』で正当化しました。それが、同書の中で最も難解とされる「純粋悟性概念の演繹」論です。これによって、ヒュームの懐疑から「原因」の概念を救い出したのです。ここでその議論を要約的にせよ反復することはできませんが、切り縮めて言えば、カントは、「原因」をめぐる思考を経験に起源をもつものではなく、それがア・プリオリな概念に基づくものであり、しかもその概念の方が経験の成立に不可欠なものであると捉《とら》えたのです。

もちろん、原因性を含むカテゴリーが正当化されたのは、それが可能な経験の範囲内の認識

（2）　カントは、ここでも序文と同様に、ヒュームが数学の命題を分析的なものだと考えたことに言及します。これは、一方では、カント自身は数学の命題を総合的なものと考えていることを明記するためですが、他方で、ヒュームにもア・プリオリな学問を考える余地があることを示唆するためです。なぜなら、分析的命題はア・プリオリだからです。なお、この箇所では、ヒュームの所説が「普遍的な懐疑論」を招来するかどうかは、各人の判断に委《ゆだ》ねられています。

対象に用いられる場合に限られていたことも忘れてはなりません。これが『純粋理性批判』の批判哲学としての基本的な所説です。しかし、同書の内部でもすでに、それ以上のことが語られていました。それは、原因性などの純粋悟性概念は、いったん悟性による思考の形式としてその正当化が行われたのですから、それを用いて感性的なもののみならず超感性的なものも「考える」ことができるということです。すなわち、純粋悟性概念によって理論的に対象認識できるのは可能な経験の範囲内のことがらに限定されるものの、同じ概念によって考えることは、そうした限定を受けないのです(3)。

〈原因性概念をヌーメノンに適用する〉

さて、カントは、原因性概念などの純粋悟性概念を用いて、可能な経験の範囲で認識される対象をフェノメノン(現象体)と呼ぶのに対し、可能な経験の範囲外で思考される対象をヌーメノン(悟性体)と呼びます(B306)。認識できないのならヌーメノンなどというものを考えなくてもよいのではないか、と思う人もいるでしょう。しかし、カントは、私たちにヌーメノンを考えさせるのは「実践的意図」(54)に他ならないと言います。実際、私たちは自分についても世界についても、「どうあるか」を認識するだけでは満足できず、「どうあるべきか」を考えます。このとき私たちは実践的意図を抱いています。なぜなら、私たちは「あるべき」自分や世界を考えながら、それを欲求しているからです。さらに、この思考をよく見極めるなら、そこに原因性の概念が働いていることに気づきます。というのは、「あるべき」ものを欲求するとき、その欲求はその「あるべき」ものを表象しつつ、その表象された対象を実現する原因になっているからです。たとえば、地球環境問題を自分の問題として考え、海洋に浮かぶプラスチックごみを減らすべきだと真剣に欲している人は、ごみ削減という結果に対する原因に位置する存在として自分を意識しているのではないでしょうか。さらに言えば、この際、私たちは認識対象が「どうあるか」を考えているのではなく、欲求の対象（海洋）が「どうあるべきか」を考えています。この欲求の対象（プラスチックごみの浮かんでいない海洋）はいまだ存在していないのですから、私たちの思考はその対象ではなく自分自身に向かい、自分は何を欲し、何を実現する原因になろうと思っているのかを明確にしようとしています。つまり、私たちは自分の欲求能力に原因性の概念を適用しているのです。

このように、あるべき自分や世界を求める存在はフェノメノンでしょうか、それともヌーメノンでしょうか。前者は現象ですから、自然法則の支配下にあるものとして、それに自由意志を認めることができません。それに対して後者は、その意志の対象も、それを意志する自分自身も、「あるべき」ものとしてのみ表象されています。そこでカントは、そうした存在を「ヌーメノン的原因（causa noumenon）」と呼びます(55)。そうした存在は、みずからは諸現象に属さない原因として、諸現象の世界に結果を生み、自分や世界を変化させるからです。さて、

（3）　この論点を打ち出しているのは、『純粋理性批判』の「原則の分析論」第三章「すべての対象一般をフェノメノンとヌーメノンとに区別する根拠について」です。

ヌーメノン的原因としての存在のもつ欲求が一切の経験に依存せず、道徳的法則の表象によって規定される場合、その欲求能力は純粋実践理性としての「純粋意志」に見定められねばなりません。この「純粋意志」の概念には「自由による原因性」の概念が含まれています（同）。純粋意志は、経験から自由に、法則の表象に基づいて自己立法するからです。[4]

原因性の概念は、以上のようにしてヌーメノンに適用されます。カント自身による、まとめの表現を引用しましょう。

なんらかの経験的に無条件的な原因性という概念は、理論的には確かに空虚（つまり、当該の概念に適合する直観を欠いている）だが、それでも依然として可能であって、なんらかの無規定的な客観に関係しており、他方、そうした客観の代わりに道徳的法則において、したがって実践的関係においてではあるが、それでもこの概念に意義が与えられることになったいま、私はなるほどこの概念にその客観的で理論的な実在性を規定するような直観をもっていないものの、それにもかかわらず、この概念は現実的に適用されるのであり、その適用は、具体的には、さまざまな心術や格率に示され得る。つまり、この概念は実践的実在性というものをもち、それは申し立てられることもできるのである。以上のことは、ヌーメノンのことを考える際であっても、当の概念を正当化するのに十分なのである。(56)

カントはこの引用文を一文で書いていますが、これはたいへん込み入った文章です。そこで、引用文から各部分を抜き出して説明しましょう。まず、「なんらかの経験的に無条件的な原因性」が「自由による原因性」のことだということは、「経験的に無条件的」という表現を見れば明らかです。次に、「理論的には確かに空虚（つまり、当該の概念に適合する直観を欠いている）だが、それでも依然として可能であって、なんらかの無規定的な客観に関係しており」は、『純粋理性批判』におけるフェノメノンとヌーメノンとを峻別《しゅんべつ》する所説を背景に置いた記述です。ここで「なんらかの無規定的な客観」とはヌーメノンのことです。さらに、「そうした客観の代わりに道徳的法則において、したがって実践的関係においてではあるが、それでもこの概念に意義が与えられることになったいま」は、『実践理性批判』におけるこれまでの行論を指しています。道徳的法則を原理とした演繹が行われたことで、自由という理性概念が有意義なものになったのです。

さらに、「私はなるほどこの概念にその客観的で理論的な実在性を規定するような直観をもっていないものの」では、再び『純粋理性批判』の所説に戻っています。自由という理性概念に対して理論的実在性はあくまで認められません。それに対応する感性的直観が与えられないからです。「それにもかかわらず、この概念は現実的に適用されるのであり、その適用は、具

（4）　純粋意志の実在性は、道徳的法則の意識を介して純粋実践理性の実在性が確保されるという前章の議論によって、すでに保証されています。

体的には、さまざまな心術や格率に示され得る」では、まず、自由による原因性という概念が、あくまで実践的ではあるが適用対象をもっており、それゆえ実践的実在性をもつことが主張されます。加えて、そうした適用の具体的な場面は、「心術や格率」に見いだせることが指摘されます[5]。行為主体としての各人が自分の心術や格率がどうあるべきかを問うとき、詳しく言えば、心術の純粋性を問い、同じことですが格率が「普遍的立法の原理」たり得るかどうかを問うとき、私たちは「純粋意志」という概念に含まれる「自由による原因性」を欲求能力に適用して考えているのです。こうして、「自由による原因性」の概念には、あくまで実践的ではあるものの、実在性が認められるのです。

　以上のようにして、私たちは、あるべき自分や世界を考えることで、可能な経験の範囲を超えたヌーメノンに「自由による原因性」という概念を適用することができました。これは、思弁的使用における純粋理性には認められなかったことです。これはあくまで純粋理性の実践的使用に限るという一種の抑制の下に成立した議論なのです。それでも、道徳的法則の意識を「純粋理性の事実」であると受け止めてきた私たちにとって、これはけっして「法外なことに夢中になる」[6]（57）ことではありません。むしろ、「私は何をなすべきか」という問いを自分のものにしている人にとって、この議論進行は十分に正当化できるものだとカントは考えているのです。

（5）ここで「心術」と「格率」とは、区別されずに、二語をまとめて、意志作用の主観的根拠を表現していると考えられます。カントが「心術」とは「意志の格率」であると説明する箇所もあります（IV 435）。

（6）このように「夢中になる（Schwärmen）」ことは「狂信（Schwärmerei）」とも言われます。狂信は、『判断力批判』の説明によれば、「感性のすべての限界を超えて、何ものかを見ようと意志する妄想、言い換えれば、諸原則に従って夢見ること（理性でもって暴走すること）を意志する妄想」（V 275）です。この説明に見られるように、「法外なことに夢中になること」や「狂信」はもっぱら消極的な概念として、理性批判にも啓蒙《けいもう》にも対立するあり方だと言えます。

第八章　善悪とは何か

いよいよ私たちは、『実践理性批判』分析論の第二章「純粋実践理性の対象の概念について」を検討します。この章は、「善悪とは何か」が論じられる部分と、その善悪を視野に入れた私たちの実践一般が論じられる部分とからなります。ここでは前者を扱います。道徳哲学の書である『基礎づけ』第一章が「なんらかの善い意志」の検討から開始されたのとは対照的に、理性批判の書である『実践理性批判』はこの分析論第二章でようやく善悪という問題に向かい合うことになります。ここでは、分析論第一章で提示された道徳的法則という究極の原則こそが、善悪を判定する際の原理であることが論じられます。この議論の順序こそが重要なのだということを、この章から私たちは理解するでしょう。

なお、§による細かな区分を用いて論じられた分析論第一章と異なり、分析論第二章以降ではそうした区分が用いられていません。その代わりに、カントの議論進行はより自在なものになります。さらに、ここで展開される議論は、自説の提示に至るまでに、日常的な言語使用やカント自身とは異なる考え方をする人々さえも想定しつつ、そこで語られる善悪にも一定の位置を与えるものになっています。

〈実践理性がもつ概念〉

さっそく分析論第二章の冒頭を引用してみましょう。

> 実践理性の概念とは、自由による可能な結果としてのなんらかの客体の表象であると私は解している。それゆえ、実践的認識は、まさに実践的なので、そのなんらかの対象であることが意味するのは、その対象あるいはその反対を実現するだろう行為に対して意志がもつ関係だけであり、また、何かあるものが純粋実践理性の対象であるか否かの判定は、もし或《あ》る行為をする能力を私たちがもっているとするなら（それは経験が判断するに違いない）、それによって或る特定の客体が実現することになるような、行為を意志することの可能性あるいは不可能性だけを区別することである。（57）

この引用文は、実践理性が主体となって作りだす概念とは何かという説明から始まります[1]。それは、自由な行為や意志によって結果として実現する客体の表象です。実践理性は「何をすべきか」を考える能力ですから、その「何」の表象が、実現されるべき客体として意識されるのです。なお、当の「何」は「あるべきもの」ですから、未《いま》だ「あるもの」ではありません。それゆえ当の「何」を直観することは不可能で、私たちはそれを概念によって表象するしかありません。たとえば、これから散歩に行こう、と考えるときには、「散歩」が件《くだん》の概念に当たります。

さて、その概念を用いて行われる認識は、私たちがなんらかの行為を行うことを意志することで当の概念に対応する対象を実現させるか、それとも実現させないか、という認識です。これは当の対象を実現するための行為を意志するかどうかという問題です。それゆえ、実践的認識の対象は「行為に対して意志がもつ関係だけ」に限定されるのです[2]。たとえば、これから散歩に行こうかそれとも行かないでおこうか、という認識において問題になっているのは、散歩という行為に対する意志の関係なのです。次にカントは、この問題設定を純粋実践理性の場合に限定します。その場合、純粋理性だけを根拠にして件の対象を実現する行為を意志することができるか否かが問題になります。これは、「純粋実践理性の根本法則」に立ち返るなら、当の行為における意志の格率が普遍的立法の原理であり得るか否かを区別することです。

〈善悪一般について〉

カントは以下の議論を、ただちに純粋実践理性ではなくいったん実践理性に戻し、善悪概念もまたただちに道徳的なものに限定することなく一般的に説明するところから出発させます。さっそく善悪とは一般的に何かを、引用文で確認しましょう。

> なんらかの実践理性の客体は、ただ善という性質をもった客体と悪という性質をもった客体でしかない。というのは、善によってひとは欲求能力のなんらかの必然的対象を解し、

悪によって忌避能力のなんらかの必然的対象を解するのだが、いずれも理性のなんらかの原理に従って、そう解されるからである。(58)

客体として位置づけられる対象について、その主体としての実践理性は、当の対象を実現するための行為を意志するかどうか、つまり、その行為をしようと思うか否かを問題にします。このとき、対象は「善い」あるいは「悪い」という性質をもって意識されています。なぜなら、「行為しよう」と思うのであれば、その行為をすることは善いと、「行為しないでおこう」と思うのであれば、その行為をすることは悪いと判断されているからです。これは、あたりまえのことのようにも思われますが、私たちがときに忘れがちな論点です。私たちは軽率にも、「善い」ことも「悪い」ことも等しくできるのが自由だと考えてしまうことがあります。これはあたかも善悪を左右対称のように位置づけてしまう誤解です。しかし、「善い」ことは欲求能力

（1）　引用文の冒頭について、それを「実践理性の対象の概念」に修正することがアカデミー版カント全集で提案されています。これは諸家の採用する修正です。そうすることで、第二章の表題とも、その後の文脈とも、整合性が取りやすいように見えるからです。しかし、ここではカントが書いたままで理解することを試みます。というのは、『実践理性批判』分析論の行論が、「原則」論から「概念」論をへて感官の議論へと至ることを、カント自身が緒論で述べていたからです(16)。この解釈を採用するために、ここでは「実践理性の概念」を「実践理性が主体となって作りだす概念」と解します。

（2）　前章（本書第七章）で、実践ということがらにおいて、原因性などの概念が適用されるのは欲求能力だということを解説しましたので、そちらもご参照ください。

の対象であり、「悪い」ことは忌避能力の対象なのです。仮にある人が世間的に「悪い」と言われる行為をしているとしても、その行為を当人が欲している以上、それは当人にとってなんらかの意味で「善い」のです。善悪はけっして左右対称のようなものではありません。善と悪は、求められるものの性質と避けられるものの性質なのです。

しかも、ここで判断の主体が実践理性とされていることもまた見逃されてはなりません。理性は、原理の能力として、この判断のためになんらかの原理を提供します。善悪を、個人的な判断のことがらだと考えている人もいると思いますが、カントがここで問題にしている善悪は、あくまで理性的な判断のことがらなのです。だからこそ、引用文の中で「必然的対象」という表現が用いられています。理性的存在ならば、その理性的本性によって、必然的に欲するものがもつ性質が「善い」のであり、必然的に避けるものがもつ性質が「悪い」のです。

〈善悪と理性とのひとつの関係〉

では、理性はどのようにして善悪の判断の原理を提供するのでしょうか。一見したところ分かりやすいのは、実践理性の客体として表象されるものが、快や満足の感覚と結びついている場合に、それを「善」として、それが不快や不満の感覚と結びついている場合に、それを「悪」とすることです。なにしろ、私たちは、自分が欲しているものが実現すれば快を感じ、自分が避けているものが実現すれば不快を感じるからです。これは欲求能力や忌避能力から考えてみれば、分かりやすいことでしょう。

しかし、このような考えは実践理性の客体がもつ性質を理解するためには不十分である、とカントは指摘します。実際、なんらかの客体の表象と快や不快の感情が結びつけられるかどうかは各人の経験に依存するア・ポステリオリなことがらですから、理性に基づく必然性を主張できるはずもありません。そこでカントは次のように記しています（なお、これはいまだカント自身の主張を表現するための文章ではありません）。

> しかし、それはもう、快適なものを善いものから、快適でないものを悪いものから区別する言語使用、また、善と悪が、いつでも理性によって、したがって、みずからを普遍的に伝達できる諸概念によって、そして個々の主観やその感受性に制限された純然たる感覚によってではなく、判定される——快や不快は、それだけを取り出すなら、ア・プリオリななんらかの客体の表象と直接的に結合され得ないにもかかわらず——ことを求めている言語使用に反しているがゆえに、快のなんらかの感情をどうしてもみずからの実践的判定の根拠にしなくてはならないと思った哲学者は、快適なものを得るための手段を善いと名づけ、不愉快や苦痛の原因であるものを悪と名づけることになるだろう。というのは、手段の諸目的への関係を判定するのは、もっぱら理性の仕事だからである。(58)

ここではまだ、カントは通常の言語使用に基づいた説明を行っています。「快適なもの」や「快適でないもの」と「善いもの」や「悪いもの」とは、区別されるのが通常の言語使用です。

前者はもっぱら「個々の主観やその感受性に制限された純然たる感覚」という意味で主観的であるにすぎず、後者は「理性によって、したがって、みずからを普遍的に伝達できる諸概念によって（中略）判定される」ものとして、まったく異なります。善や悪は他人と伝達可能な概念によって判定されるものに用いられる言語なのです。

カントはここで、この問題状況を解決すべく「哲学者」[3]が見いだした方法は、「快」や「満足」を「善」と同一視するのでなく、それらを実現するための「手段」の性質を「善い」と名づけ、「不愉快」や「苦痛」を「悪」と同一視するのでなく、それらをもたらす原因の性質を「悪い」と名づけることだったと指摘しています。たとえば、「体操は健康に善い」や「深酒は健康に悪い」という判断は、そうしたことを表現しています。これによって、件の「哲学者」は、善悪と理性とを結びつけることができました。実際、目的のために最適な手段を見つけるのは理性ですから、これは一つの解決方法ではあります。しかし、この解決には、実践理性の客体がそれ自体とは別の「何かのために善い」（59）と語るものでしかないという問題が生じます。これでは「それ自体で善い」ものが語られなくなります。いや、そもそもそのようなものを語る必要などない、と断じたくなる人もいるかもしれませんが、そうした人も、分析論で、行為の外に位置づく目的のためにでなく、断言的に命じる定言的命法に道徳性の最上原理を見定めたことを思い出して、しばらくカントの行論にお付き合いください。

〈ドイツ語における善悪〉

カントは、理性による善悪規定が、手段選択の善悪に切り縮められてしまうという問題に対して、まずは、当時の学校で使用されていたラテン語で善や悪を表現する単語、bonum や malum が多義的であることを指摘し、次に、ドイツ語ではその多義性を解きほぐすことができることを指摘します。

> 幸いなことにドイツ語には、このような差異を見過ごさせない表現がある。ラテン語を用いる人々が bonum という一語で名指しているものに対して、ドイツ語には二つのたいへん異なる概念があり、それらはまた同様に異なって表現される。bonum に対しては、善（das Gute）と福（das Wohl）が、malum に対しては、悪（das Böse）と災い（das Übel）（あるいは禍（Weh））がある。そのため、私たちがなんらかの行為についてその善と悪とを考察するか、それとも私たちの福と禍（あるいは災い）を考察するかは、ふたつのまったく異なった判定なのである。（59f.）

ラテン語の bonum は、ドイツ語によって善と福に分けて表現することができ、malum は悪

（3）　管見によれば、ここで示唆されている「哲学者」が誰であるかを特定した文献はないようです。あるいは、後に「方法の逆説」が論じられる際に念頭に置かれる、ピストリウスのことが示唆されているのかもしれません。

と禍（災い）に分けて表現することができます。カントはこの区別に基づいて、ドイツ語の世界では、善悪の判定と禍福の判定とを全く別物としているというのです。しかもここには、「善悪」は行為についての判定で、「禍福」は私たち（の状態）についての判定だということが、さりげなく触れられてもいます。この点は、続く箇所で「善や悪は本来、諸行為に関係づけられるのであり、人格の感覚状態に関係づけられるのではない」（60）と明記されています。「人格の感覚状態」に関係するのは「禍福」であり、その感覚のあり方はあくまで各人各様です。

〈善悪の理性的判断〉

このような「禍福」との対比を行うことで、「それ自体で善い」ものを語る理路が拓《ひら》かれたかと言えば、そうでもありません。カントは、善悪をもう一度、次のように説明し直します（この引用文も、いまだカントの所説においては説明の途上に位置するものです）。

> およそ私たちが善い（gut）と名づけようと思うものは、あらゆる理性的な人間の判断において、欲求能力のひとつの対象でなければならず、また、悪（das Böse）は誰の目にも忌避のひとつの対象でなければならず、それゆえこうした判定のためには感官の他にさらに理性が必要なのである。（60f.）

この引用文は、先の引用文（58）で「必然的」という表現で示唆されたことが、「あらゆる理性的な人間」や「誰の目にも」という文言で表現され、他人との共有可能性や伝達可能性が示唆されていることが特徴ですが、これでもまだ「それ自体で善い」ものを語るには不十分です。先に、ある種の哲学者が、「善」をなんらかの手段の性質としたことが説明されました。そこに善悪と理性とのひとつの関係が見いだされたことは確かです。しかし、手段というものは、目的があってはじめて手段としての意味をもちますから、手段の善さが共有可能になるためには、その目的もまた共有される必要があります。つまり、手段の善さが「あらゆる理性的な人間」に共有されるためには、その手段によって実現されるはずの目的もまた「あらゆる理性的な人間」がもっていることが条件になるはずです。そのような目的などあるのでしょうか。

〈幸福と理性〉

ここで私たちは§3の「注二」で、「幸福であることは、必然的に、理性的だが有限的な存在なら誰でもがもつ切望であり、それゆえそうした存在の欲求能力のひとつの不可避的な規定根拠である」(25)と記されていたことを思い出しましょう。つまり、幸福こそが、理性的な人間すべての普遍的な目的なのです。こうしてみると、ここでは、「純粋実践理性の根本法則」を提示する過程で扱われた幸福をめぐる問題が、再び取り上げられていることになりますが、ここでの議論は、他の「何かのために善い」ものが多々あることを見渡しつつ、それでもなお「それ自体で善い」ものを語る理路を拓くために行われているのです。さっそくカントが見定めている幸福と理性との関係を、引用文で確認しましょう。

もちろん、私たちの実践理性の判定においては、自分の福と禍がきわめて重要であり、また、感性的存在としての私たちの自然本性に関することなら、すべからく私たちの幸福の問題である。これは、理性こそがまさにそうするよう要求するように、幸福が、一時的な感覚によってでなく、このような偶然〔幸福〕が私たちの現実存在全体とそれに伴う満足に対してもつ影響によって判定される場合のことである。しかし、それでもすべてのことが総じて幸福にかかっているわけではない。(61)

私たちの行為選択において、その結果が「福」をもたらすか「禍」をもたらすかに無関心であることはできないでしょう。私たちは感性界に生き、快や不快を感じ、満足を求め苦痛を避ける存在だからです。この「感性的存在」としての人間だけに着目するなら、人間にとって自然本性上、重要なのは「幸福」だと言えるでしょう。もっとも、幸福の判定には、たんなる快のような「一時的な感覚」の場合とは異なり、人生の全般を視野に入れる必要があります。そのために理性が必要になります。いや、むしろ人間は、感性的かつ理性的な存在だからこそ、幸福について考え、それを願わざるを得ないのでしょう。

しかし、カントは、引用文の末尾で「それでもすべてのことが総じて幸福にかかっているわけではない」と記しています。つまり、理性のすべての問題が、幸福であるか否かに収斂《しゅうれん》するわけではないというのです。これはどうしてでしょうか。カントはここで『基礎づけ』でも用いた、目的論的思考を導入します（IV 395f.）。つまり、人間が理性をもっていることの目的論的な理由を考えるのです。先に、人間は理性をもっているからこそ、幸福について考えると記しました。これは、逆に言えば、人間は理性をもっているからこそ、自分の不幸を嘆き、人生を苦しいものにしている、ということです。もしそうでしかないとするなら、人間が理性をもっていることは、目的論的に奇妙だということにならないでしょうか。なるほど、人間は自他の幸福のための手段選択に理性を用います。しかし、どんな手段を用いても、完全な幸福など実現できないでしょう。私たちは感性的で身体をもった存在として、どこまでも欠乏とともにあるからです。

〈最上条件としての善悪判定〉

それにもかかわらず人間が理性をもっているのは、何のためなのでしょうか。カントは次のように記しています。

したがって、人間はもちろん、ともかくも自分に当てがわれた自然本性上のあり方に従って、自分の福と禍をいつでも考察するために理性を必要としているのだが、しかし、人間が理性をもっているのは、さらにそれ以上に一つのより高い目的のためである。その目的とは、およそそれ自体で善いあるいは悪いものや、また、純粋でまったく感性的な関心をもっていない理性がただそれについて判断できるものを、併せて考慮するのみならず、そのような〔善悪の〕判定を前者〔禍福の考察〕からまったく切り離し、善悪の判定を禍福の考察の最上の条件とすることである。(62)

理性には「一つのより高い目的」があります。それは、行為の結果における禍福を判断しつつも、それと併せて、その行為について「それ自体で善いあるいは悪い」を判断することです。たとえば、ボランティア活動をすることは、自分の人生に満足をもたらすという「福」を結果するものです。では、ボランティア活動そのものは、「それ自体として善い」ものでしょうか。それを考え併せることができるのが、人間の理性なのです。カントはそうした判定を行う理性をここで「純粋でまったく感性的な関心をもっていない理性」と記しています。これは純粋実践理性のことです。さらに、この純粋実践理性があることで、私たちは善悪の判定を禍福の判定から「まったく切り離し」、前者を後者の「最上の条件」とすることができます。詳しく言えば、「それ自体で善い」という判定を、結果における禍福の判定とは無関係に行うのみならず、ある行為において、どのように福を求め禍を避けようとするとしても、それは当の行為が「それ自体において善い」場合にのみ、理性はそれを「よし」と肯定するのです。これは逆に言えば、ある行為が「それ自体において善い」わけではないが、結果としては幸福をもたらすとしても、そうした行為を理性は肯定しないということです。

〈方法の逆説〉

さて、「あらゆる理性的な人間の判断において」欲求能力の対象とされる善悪、しかも「それ自体で善いあるいは悪い」という意味での善悪を純粋実践理性が判定する場合、その判定原理となるものはなんでしょうか。カントはそれを「ア・プリオリな実践的法則」(62)であると記しています。これは、純粋理性の実践的使用によって、言い換えれば、意志の自律によって、立法された道徳的法則に他なりません。ここにカントの決定的な所説がその姿を表します。次の引用文がそれです。引用文の中の数行にわたってカントが強調を施していることからも、この所説の重要さが見てとれます。

> さて、ここが、実践理性のひとつの批判における方法の逆説が説明されるべき地点である。すなわち、善と悪の概念は、道徳的法則に先立って（見かけ上は、善悪概念の方がむしろ道徳的法則の基礎として置かれねばならないと思われるのだが）規定されねばならないのではなく、むしろもっぱら（ここでもそうなっているように）道徳的法則に従って、また、道徳的法則によって規定されねばならないのである。（62f.）

まず冒頭で、ここで説明されるのが「方法の逆説（das Paradoxon der Methode）」だと宣言されます。カントが「逆説」という表現を用いるとき、それには伝統的なレトリックにおける意味、すなわち、一見したところ奇妙に見えはするものの、それが実相だという意味が込められています。ここでは、善悪規定における最上の原理が、善悪の概念なのかそれとも道徳的法則なのかについて逆説が提示されます。[4] これまで私たちはカントとともに実践理性をさまざまに批判してきましたが、私たちはその「ひとつの批判」すなわち実践理性が作り出す概念の批判によって、つまり、一般的な善悪を（限定された道徳的）善悪と禍福とに批判的に峻別《しゅんべつ》したことによって、この逆説こそが実相であることを見いだしたのです。

この「方法の逆説」が提示するのは、善悪概念と道徳的法則との関係において、善悪概念が先に規定され、それが道徳的法則の基礎となるのではなく、その反対で、道徳的法則の方が先に確保され、その後に、それに従って、しかも道徳的法則だけを根拠として、善悪が規定されねばならないということです。なお、この引用文の中に「ここでもそうなっているように」という挿入があります。これは、『実践理性批判』分析論においても、まず第一章で道徳的法則が確保され、続く第二章で善悪の概念が論じられているという、その順序のことを指しています。

それにしても、この所説のどこに「逆説」があるのでしょうか。それは、私たちが次のように考えがちだということを思い返せば見えてきます。世間にはすでに客観的に善のリスト（A、B、C……）が存在し、他方に悪のリスト（P、Q、R……）が存在し、Aを行うことは善いことなので、Aを行うべきであり、Pを行うことは悪いことなので、Pを行うべきでない、と。ひとがこのような考えを抱くことには理由はあります。なぜなら、誰一人として道徳規範を意識しながら生まれてくる人はいませんし、誰もがはじめは他人や世間から道徳規範を習うでしょうから、当人にとって善いことや悪いことはあらかじめ世間で定まっているように見えるはずだからです。しかし、そのように見える善悪のリストには根拠が存在するのでしょうか。たとえば、Bが善のリストに含まれる理由について問うとしましょう。その答えが、Bは善いからだ、というのでは誰も納得しません。なぜなら、これは〈善いことは善い〉と言っているに過ぎないからです。同じことは悪のリストにも言えます。(5)

さらに、善悪の概念を道徳的法則に先行させることには、もう一つの問題があります。善の概念から議論を始める場合、その善の概念に対応する対象こそが、私たちの意志の規定根拠になるはずです。たとえば、他人に親切にすることは善いことだ、という出発点には、善の概念に「他人に親切にする」という対象が対応しています。このとき、では「他人に親切にする」ことはなぜ善いのか、という問いを立てたとします。私たちがこの問いに答えようとして、〈善いことは善い〉と答えることが無意味なことは先に指摘したとおりです。そこで私たちに

(4)　カントは「方法の逆説」について、それが「さまざまな最上の道徳的探究の方法」であると記しています(64)。この「最上の」という表現に注目することで、ここで言及される道徳的法則は、「純粋実践理性の根本法則」によって道徳的であると認定された多様な道徳規範のことではなく、むしろ、件の「根本法則」そのものを指していることが分かります。

(5)　この問題をカントはケーニヒスベルク大学における倫理学・道徳哲学の講義で学生に向かって説明していました。たとえば、一七七〇年代半ばの学生が筆記したノートに由来すると言われる『コリンズ道徳哲学』にそれが記録されています(XXVII 264f.)。これは、バウムガルテンが道徳の第一原則を「善を行え、悪を行うな」としたことへの批判でもあります。

残されている方策は、「他人に親切にすること」は快いことだとか、自分も親切にしてもらうとうれしい、という経験的な感情に訴えることです。これは、議論をもっぱらア・ポステリオリな次元に留《とど》めおくことです。この視点から、ア・プリオリな、つまり普遍的で必然的な道徳的法則を見いだすことはできません。カントは、こうした思想傾向が、近代哲学者のみならず古代ギリシアの哲学者にも見られることを指摘します。彼らは、まず「最高善」概念を規定し、それによって道徳的法則を規定しようとしたからです(6)。

カントはこの問題状況を打開し、善悪概念にア・プリオリな根拠をもたらす視点を打ち立てました。それが「方法の逆説」、すなわち、道徳的法則に従って、しかも道徳的法則だけを根拠として、善悪が判定されねばならないという所説です。この所説によれば、道徳的法則に適《かな》った行為が善であり、それに反した行為が悪なのです。カントはすでに§7で、意志のア・プリオリな規定根拠としての「純粋実践理性の根本法則」を提示しました。これは、まず「理性の事実」として正当化の努力を要しないものです。次に、これは意志規定の形式を提示したものであり内容とは無関係ですから、意志の対象とも無関係です。カントは、このような「根本法則」を善悪の判定根拠として善悪概念に先行させることで、ア・プリオリな意志の規定根拠を見いだすのみならず、善悪概念にもア・プリオリな根拠を与えたのです。先に挙げた例を用いるなら、「他人に親切にすることは善い」という判断の根拠は、「他人に親切にしよう」という格率が普遍的立法の原理として妥当し得るところにあるのです。あるいは、「不都合な事態を避けるためなら嘘をつこう」という格率が悪と判定されるのは、嘘をつくことが悪いとあらかじめ決められているからでもなければ、嘘をつかれることが不愉快だからなのでもありません。それは、当の格率が普遍的立法の原理として妥当し得ないからなのです。

このような善悪規定における「方法の逆説」こそが、『実践理性批判』分析論第二章の中心的な主張です。この主張によれば、「私は何をなすべきか」という問いを抱く人は、世間に通用している善悪概念——それはしばしば禍福概念に過ぎません——に答えを求めるのでなく、究極的には、自分の行為における格率を「純粋実践理性の根本法則」によって反省すべきなのです。もちろん、日常的には、世間に通用している道徳規範を手がかりにすることもあるでしょう。しかし、そうした道徳規範を自分の格率に採用した場合に、それが普遍的立法の原理として妥当し得るかどうかを、私たち自身が自分の格率に則して考えてみなくてはならないのです。

(6)「最高善」概念は『実践理性批判』の弁証論で中心的に論じられます。カントは分析論で道徳的法則を論じ、弁証論で最高善を論じるのです。その点で、「方法の逆説」は道徳的法則と最高善との先後関係にも反映しています。

第九章　自由な行為の全体像

『実践理性批判』分析論第二章の前半では、善悪概念が道徳的法則というア・プリオリな判定根拠に基づくこと、言い換えれば、それが「ア・プリオリな意志規定の帰結」(65)だということが明らかになりました。また、そのような善悪概念は、私たちの行為の領域に存するさまざまな禍福に対して、その条件として位置づくものでもありました。さて、道徳的法則に基づいて、ある行為が「善い」と判定されるならその行為は行われるべきですし、「悪い」と判定されるなら行われるべきでありません。ここから、善悪概念が「原因性」の概念を前提していることが分かります。というのは、善悪概念は、理性的存在としての人間が原因となって、「あるべきもの」をひき起こし、「あるべきでないもの」が起きないようにすることができることを前提としてのみ有意味になるからです。他方、どうにもならないというのは、不自由の表現でしかありません。こうしてみると、善悪概念が前提している原因性は、「自由による原因性」であることも分かります。

　有限な理性的存在としての人間は、一面で、このような善悪概念を条件としつつも、他面において、福を求め禍を厭《いと》うて止まない存在です。前者はもっぱら純粋実践理性のことがらですが、後者は実践理性のことがらです。カントは、後者を含む実践理性一般を見わたす観点から、分析論第二章の後半では、まず当該箇所が概念論であることに基づいて、「自由のカテゴリー」を提示します。さらに、概念を用いて行われるのが判断であることから、「純粋実践的判断力の範型論について」という表題を掲げて、純粋実践的判断力を論じます。

〈自由のカテゴリーとは〉

先に、分析論第二章は「実践理性の概念」を論じる章であることに触れました。善悪概念という条件が定まったいま、それを条件として、さまざまな欲求にかかわる概念がここで体系的に提示されることになります。これは、『純粋理性批判』の「純粋悟性概念（別名、カテゴリー）」論に相当する議論です。あのカテゴリーが感性的直観の多様を意識の統一にもたらすものであったように、『実践理性批判』では、「自由のカテゴリー」の名の下に、善悪概念を条件とした意識の統一の中に、さまざまな欲求の多様が位置づけられることになります。

ここで、『純粋理性批判』のカテゴリー表を見てみましょう。これは、カントが体系的に導出することに成功したと自負している表です。

このカテゴリーは、対象認識を成立させるものとして、与えられる感性的直観の多様に適用されるものです。その結果、理論的な認識における認識対象は、ここに提示された十二のカテゴリーのいずれかの下に属することになります。

さて、自由のカテゴリーについて、カントは次のような説明をしています。このカテゴリー

『純粋理性批判』のカテゴリー表

1、量

単一性
数多性
全体性

2、質

実在性
否定性
制限性

3、関係

内属性と実体性（実体と偶有性）
原因性と依存性（原因と結果）
相互性（能動者と受動者との交互作用）

4、様相

可能性—不可能性
現存在—非存在
必然性—偶然性

（A80/B106、カントによる強調は省略しました）

は「自由な選択意志」(65) の規定にかかわるものです。[(1)] 選択意志は、それが純粋理性によって規定され得る場合に、「自由な選択意志」と呼ばれます (VI 213)。ここでは、ア・プリオリな実践的法則 (§7で提示された根本法則) によって規定され得ることを念頭に置いて、「自由な選択意志」が話題になっているのです。私たちは、このような「自由な選択意志」にとっての問いを、これまでも繰り返し言及した「私は何をなすべきか」という問いに置き換えて理解できます。ただし、ここでは善悪概念を確保した上での問いですから、この問いは道徳の原理に向かってではなく、行為における意志規定 (何をするのが善いのか) に向かっています。その際、私たちは自分が何をどのように欲しているのかを把握しなくてはなりません。言い換えれば、「欲求作用の多様」は、この「多様なもの」(65) をなんらかのかたちで把握しなくてはなりません。自由のカテゴリーは、この「多様なもの」を把握することで、「私は何をなすべきか」という問いに対する答えの諸部分を構成するものだと解することができるでしょう。しかも、この答えはただちにひとつの実践的認識となります。すなわち、ことがらの善悪が明らかになるのです。この際、理論的認識の場合のように感性的直観が与えられる必要はありません。繰り返しになりますが、実践的認識は、「あるもの」ではなく「あるべきもの」にかかわるものだからです。他方、私

(1) ここで「選択意志」が登場するのは、ここでの議論が純粋実践理性のみならず実践理性一般にかかわるからです。前者はむしろ「純粋意志の形式」を指示するものとして議論全体の前提となっています。

たちにはすでにア・プリオリな実践的法則が与えられています。それでは、自由のカテゴリー表を提示しましょう。

〈善と悪の概念にかんする、自由のカテゴリー表〉

この自由のカテゴリー表が、『純粋理性批判』のカテゴリー表に基づいていることは一見して明らかです。後者は純粋悟性概念の表として、悟性が産出し使用する概念の表ですが、純粋理性は悟性概念に関係する能力（A335/B392）として、悟性概念を用いることで、みずからの理性使用の概念を得ているのです。しかし、それぞれのカテゴリーを見ていくと、それがどのような意図で置かれているのかが必ずしも明確ではありません。それにもかかわらず、カント自身は「この表はそれだけで十分に理解できる」（67）と記すばかりです。この点は、最近、とみに多くの研究が行われるようになってきましたが、それは、これまでこの問題がしばしば論じられないままに放置されてきたことの裏返しでもあります。

そこで、本書では、カントの意図から逸脱することを覚悟しつつ、あくまで試論として、このカテゴリー表の見方を解説してみましょう。その際に手がかりにするのは、「純粋実践理性の根本法則」と『基礎づけ』第二章で提示された道徳性の最上原理の三つの定式です。ただし、それに先んじて、注目すべきカントの指摘があります。まずは、それを引用しましょう。

> 私たちは次のことにしっかり注意しさえすればよい。それは、これらのカテゴリーが実践

自由のカテゴリー表

1、量

主観的に、格率（個人の意向）に従う
客観的に、原理（指図）に従う
ア・プリオリな客観的でも主観的でもある自由の諸原理（法則）

2、質

作為の実践的規則（命令 praeceptiva）
不作為の実践的規則（禁止 prohibitiva）
例外の実践的規則（例外 exceptiva）

3、関係

人格性への〔関係〕
人格の状態への〔関係〕
ある人格の他の人格の状態への相互的〔関係〕

4、様相

許されることと許されないこと
義務と義務に反すること
完全義務と不完全義務

（66、カントによる強調は省略しました）

理性一般だけにかかわるものであること、また、そのためそれらの順序は、道徳的にまだ無規定で、感性的に条件づけられたカテゴリーから、感性的には無条件的で、もっぱら道徳的法則によって規定されているカテゴリーへと進むこと、である。(66)

カントはまず、このカテゴリーが実践理性一般の領域にかかわるものであり、理論理性の領域にはかかわらないとともに、純粋実践理性の領域に限定されないことを注意します。次に、各カテゴリーにはそれぞれ三つの項が含まれますが、それが「道徳的にまだ無規定で、感性的に条件づけられたカテゴリー」、すなわち、まったく個人の欲求に基づくものとしての第一項から、「感性的には無条件的で、もっぱら道徳的法則によって規定されているカテゴリー」、すなわち、純粋理性の実践的使用によって規定されているカテゴリーとしての第三項へと進行することが指摘されます。おそらく第二項は、両者の中間に位置づくことになるでしょう。

〈量のカテゴリー〉

このカテゴリーは比較的分かりやすいものです。意志規定の原則の適用範囲が、個人(単一性)なのか、複数の人々(数多性)なのか、すべての人(全体性)なのか、という区分だからです。各人の意志の主観的原則が「格率」です。これは個人の欲求に基づいて採用されます。次に、複数の人々が共有する客観的原則が「指図」です。たとえば、幸福観を共有する人々が、幸福になりたいなら○○をすべきだ、と指図する原則を思い描いてみればよいでしょう。ここには個人を超えた客観性が部分的に見られます。また、当該の指図に従う場合、私たちは個人的な感性的欲求をいくぶん離れ、自分だけの欲求に従わないようにしますから、この指図は完全に「感性的に条件づけられた」わけでもないところに位置するでしょう。最後に、普遍的にすべての人が共有する（しかも、その仕方は客観的なものを主観的な格率に取り込むことによって成立する）のが、感性的に一切条件づけられていない道徳的法則です。この感性的に条件づけられていないという点で、カテゴリーの中で、この法則は「自由の諸原理」と表現されています。このように、「純粋実践理性の根本法則」を根拠にした善悪の判定をいったん脇に置くなら、「格率」は個人の禍福に、「指図」は複数の人々が共有する禍福観にかかわるものですが、それを第三項である「ア・プリオリな客観的でも主観的でもある自由の諸原理」によって捉《とら》え返すことで、「格率」も「指図」もその善悪が判定されることになります。なお、「指図」も、それを「格率」に取り込むことができますから、問題は「格率」のあり方に収斂《しゅうれん》します。

　すると、量のカテゴリーが、「自由の諸原理」を第三項で含みつつ、さまざまな原則の適用範囲の量的な区別を提示することで全体として表現しているのは、まさに「根本法則」そのもの、すなわち「君の意志の格率が、いつでも、同時になんらかの普遍的な立法の原理として妥当し得るような、そのような行為をせよ」(30) から見た、行為の領域の広がりだと言えるのではないでしょうか。この定言的命法は、「格率」のあり方を問題にするものだからです。

〈質のカテゴリー〉

このカテゴリーは理解することが困難です。『純粋理性批判』の質のカテゴリーとの対応は明確なのですが、命令から禁止を経て例外へという進行が、どのようにして「感性的に条件づけられた」カテゴリーから「感性的に無条件的」なカテゴリーへの進行となるのかが理解し難いからです。それでも、敢《あ》えて次のような理解を試みましょう。「作為の実践的規則」は、「○○しよう」と私たちの欲求能力を規定します。これは、当該の作為が私たちにもたらす快や満足によって、それゆえ禍福の概念によって、感性的に規定された状態です。たとえば、ひどい例ですが、列車に乗るときは無賃乗車をしよう、という規則をもち、それを自分に命じる人もいるかもしれません（命令）。それに対して、世間の人々は「不作為の実践的規則」によって、当該の行為を禁止します。たとえば、そんなことをして見つかったら、当人がたいへんなことになるし、世間にも迷惑だという考えの下、無賃乗車などすべきでないと不作為を命じる言葉を発します。この禁止は、作為の場合と比べれば、感性的により規定されていない状態です。「する」ことができることに対して距離をとり、それを「すべきでない」と判断しているからです。しかし「たいへんなことになる」や「迷惑だ」という思いは、不快の感情と結びついているはずですから、完全に感性的に無条件的であるとは言えません。

そこで、無賃乗車をしている人は、ルールどおりにお金を払っている人たちにフリーライディングして、自分を例外化している、これは普遍性を求める道徳的法則に反していると考えるとしたらどうでしょう。さらに言えば、誰もが列車に乗るときに、あたかも自然法則に従ってそうするかのように、無賃乗車をするなら、公共交通機関は立ち行かなくなるはずだ。そうした格率をもつ人は、それが普遍的自然法則になった場合には自己矛盾する行為の格率を採用することで、実は自分を例外化しているのだ、と考えるとしたらどうでしょう。私たちはここで、『基礎づけ』第二章で提示される次の命法を思い出すことができます。「あたかも君の行為の格率が君の意志によって普遍的自然法則になるべきであるかのような、そのような行為をせよ」（IV 421）。この命法は、続く、「純粋な実践的判断力の範型論について」でも論じられます。

このように質のカテゴリーが、第三項に「例外の実践的規則」、ここでの解釈では「例外化禁止の実践的規則」を含みつつ全体として表現しているのは、広く行為の領域に含まれる作為や不作為に対して、それが自然法則のような普遍性という質をもてるかどうかを問うものと解することができるでしょう。

〈関係のカテゴリー〉

このカテゴリーにも質のカテゴリーと同様の分かりづらさがあります。そこで、さっそく『基礎づけ』第二章の次の命法を思い出しましょう。「君は、君の人格の中にも他のどんな人の人格の中にもある人間性を、いつでも同時に目的として扱い、けっしてたんに手段として扱わないような、そのような行為をせよ」（IV 429）。これは、複数の人格における関係について、そのあるべき姿を命じるものです。

カントは、理性をもった誰もが自分自身を目的として生きていると指摘し、そうした私たち人間を「目的それ自体」と表現しました（IV 428）。これは、『純粋理性批判』の関係カテゴリー第一項の「実体」に相当し、自由のカテゴリー表で「人格性」と名指されているものです。[2] ただし、このとき、私たちの目的設定は相当に感性に依存している可能性があります。誰かが何らかの目的を設定するとき、それは当の目的が好ましく、それを実現することが満足に思われるからではないでしょうか。自分の目的だけに目を向けているとき、私たちは感性的に条件づけられたままかもしれません。

しかし、私たちは、自分以外にも「目的それ自体」としての人格性をもった存在が自分の周囲にいることを知っています。ときにひとは、そうした他人を自分の手段とすることがあります。あるいは、反対に他人に手段とされることもあります。これは事実です。自分が他人を手段として利用するとき、あるいは他人が自分を手段として利用するとき、実体としての当人の状態が他人によって変化させられます。そうした状態の変化が一方的に、すなわち他人の都合だけに基づいて、ひき起こされるなら、それは当人が他人のたんなる手段になったということです。誰でも、他人からたんなる手段扱いされることは嫌ですし、そうした扱いには抵抗したくなるものです。こうした感情によって、関係しあう人間たちは、自分の感性的に規定された目的の追求を抑制することになります。これによって私たちは、「感性的に条件づけられた」カテゴリーに対していくらか距離をとることになります。しかし、その根拠が「嫌だなあ」というような感情であれば、このカテゴリーもまた完全に感性的に無条件的であるとは言えません。そこで、「ある人格の他の人格の状態への相互的」関係というカテゴリーが、禍福とは異なって善悪が判定される領域として見いだされます。この領域における原理を表現したものが、先に掲げた定式（IV 429）だと見ることができます。

このように関係のカテゴリーが、複数の人格の相互関係を規定する第三項を含みつつ、全体として表現しているのは、人格たちが相互に影響を及ぼしあう行為の領域の広がりだと言えるでしょう。

〈様相カテゴリー〉

続く「様相カテゴリー」ですが、『純粋理性批判』では、このカテゴリーが他の三つのカテゴリーと異なる位置づけをもつことが指摘されていました。それは、様相カテゴリーは対象の概念について内容的な拡張をもたらすものではなく、もっぱら概念と認識能力との関係を表現するという点にあります（A219/B266）。同じことが、自由のカテゴリー表にも言えるでしょう。それは、このカテゴリーだけが、「許されること」と「許されないこと」のような二つの概念の対として表現されていることにも見てとれます。様相カテゴリーに掲げられた諸概念は、なんらかの自由な行為選択の内容に対して、その行為選択が「許されるか」、「義務に反していないか」、「どのような義務なのか、すなわち完全義務なのか不完全義務なのか」を欲求能力との

（2）　カントは「人格性（Persönlichkeit）」という概念を、『たんなる理性の限界内の宗教』などで、さらに哲学的に洗練された概念として用いますが、ここではそうした概念と同一視することが困難です。

関係において考えるものですが、選択された内容（行為選択）を拡張するものではないからです。[3]

こうした様相を表現するのに適した定式を『基礎づけ』から引用しましょう。「ひとつのたんに可能な〈諸目的の国〉に向けて普遍的に立法的な成員がもつ諸格率に従って行為せよ」(IV 439)。これは道徳的法則によって規定された、複数の理性的存在（目的それ自体）からなる国を表象し、その国で立法する成員として自分を位置づけることを命じる命法です。[4] 私たちは「自由な選択意志」を善悪の観点から規定するに際し、まずは、この国で自分の欲求に基づく或《あ》る行為が許されるか許されないか、つまり命令も禁止もされていない（つまり、許される）かどうかを考え、次に、許されていないとしたら、どうすれば義務に適《かな》い、どうすれば義務に反することになるかを客観的に考えます。さらに、純粋理性の見地から、その義務が、選択の余地なく執行されるべき完全義務か、それとも選択に余地のある不完全義務かを体系的な見地からも考えます。この最後の地点で、義務はもはや世間に存するものとしては意識されず、行為者が自分で自分を拘束することで成立するものとなります。

このように様相カテゴリーが、義務の体系を規定する第三項を含みつつ、全体として表現しているのは、（たとえば、目的の国との関係にある）行為主体の欲求能力を、許容や義務づけという観点から把握するものと言えるでしょう。

〈純粋実践的判断力〉

これまでの行論によって、カントは道徳的法則を原理として、善悪概念を確定し、その概念の観点から自由のカテゴリー表を提示しました。先にも述べたように、『実践理性批判』分析論第二章は概念論ですが、その仕事はここまでで一段落ついたと言えるでしょう。一般的な論理学では、概念論に判断論が続きます。判断とは、概念という一般的なものを特殊な事例に適用する働きのことです。『純粋理性批判』を振り返ってみても、その超越論的分析論において、

（3）　カント自身も、様相カテゴリーについては特別に若干の説明をしています。すなわち、このカテゴリーに含まれる三項は、「実践的原理一般」から「道徳性の原理」への「移行」を蓋然《がいぜん》的に示しているが、この「道徳性の原理」は道徳的法則による規定を受けることではじめて定説的になる、というのです（67）。「蓋然的」というのは判断において、たとえば、AはBかもしれない、という様相のことです。他方、「定説的」になるとは、ア・プリオリな原理をもって提示されるということです。ここでカントが言いたいのは、「完全義務と不完全義務」という区分は一般的に用いられているものに過ぎず、カント自身にとってはなお蓋然的なものに留《とど》まること、また、これは道徳的法則によって規定されることで、はじめてア・プリオリな原理をもつことになるということです。この問題意識は、『基礎づけ』第二章の注（IV 421Anm.）でも表明されています。また、このような義務の区分が「理説的に」提示されたのは、晩年の『道徳形而上学』においてです。

（4）　『基礎づけ』では、この命法が「すべての格率の或る完璧《かんぺき》な規定」（IV 436）として、『純粋理性批判』のカテゴリー表では、（様相ではなく）量のカテゴリーに含まれる第三項の「全体性」に関係づけられています。実は、同じ箇所で、質のカテゴリーの説明で挙げた命法は「単一性」に、関係のカテゴリーの説明で挙げた命法は「数多性」に関係づけられています。ここには、筆者が解釈の分かりやすさをねらって採用した手法が、いささか無理を含むものであることが露呈しています。

「諸概念の分析論」で純粋悟性概念（カテゴリー）が導出され正当化された後、「諸原則の分析論（判断力の超越論的理説）」が論じられます。丸括弧の中に「判断力」という文字があることに注目してください。当該箇所は三つの章からなりますが、第一章は「純粋悟性の図式機能について」、第二章は「純粋悟性の一切の原則の体系」です。同書は、概念→図式→原則という順序で議論が進行したのです。他方、『実践理性批判』はその分析論第一章で原則を提示し、第二章で概念を明らかにしました。すると、同書では、いまだ「図式」に当たる働きが論じられていないことになります。

『純粋理性批判』のいわゆる図式論（A137ff./B176ff.）は、純粋悟性概念と経験的直観という異種的なものにおいて、前者を後者に適用することを可能にする条件として、両者のあいだに存し、両者それぞれの性質、すなわち知性的性質と感性的性質とを併せもつ「超越論的図式」を論じるものでした。

カントの議論とはまったくレベルの異なる場面で、議論のイメージを共有しましょう。私たちはネコという（経験的）概念を理解していますが、眼前にいて自分の足にまとわりついてくる毛の生えた小動物（経験的直観）をネコという概念で把握できるためには、つまり、「ここにいるのはネコだ」という判断が可能になるには、概念と直観とを媒介するものが必要です。このような経験的認識の場合、そうした媒介者は形像と呼ばれます。この例では、ネコの形像が必要なのです。

カントの所説に戻ります。彼が直面している問題はもっとずっと困難です。というのは、媒介されるのが純粋概念と経験的直観という異種的なものだからです。ここでカントの行論を紹介することはできませんが、カントが媒介として提示する「図式」は、構想力によって感性に描き出される「超越論的時間規定」です（A138f./B177f.）。これは、時間規定という点で感性と性質を共有しています。感性（ここでは内官）の形式が時間だからです。他方、構想力は、そこにないものを表象する能力です。これは、概念が産出する表象がそこにあるものに依存しないことと性質を共有しています。以上の二点から、『純粋理性批判』では、「超越論的時間規定」が「図式」として見いだされるのです。

さて、実践理性にとっても判断論が必要なことは言うまでもありません。私たちが善悪概念を理解しているとしても、それを個別事例に当てはめることができなければ、結局、善悪判断はなんの役目も果たせないだろうからです。「私は何をなすべきか」という問いが、〈私は何をなすのが善いのか〉という問いだとすれば、その答えは「これをするのが善い」という判断になり、その「これ」こそが意志の客体になるはずです。そこで私たちは、「実践的判断力」を論じなくてはなりません。

このような実践的判断力の使用は日常的なことがらであり、困難な問題ではないように思われます。実際、私たちは「困っている人を助けるのは善い」という観点から、ボールペンの持参を忘れて困っている隣人に自分のボールペンを貸すようなことをしています。しかし、これがカントの明らかにした善悪概念の適用事例と言えるかどうかは、実のところ不分明です。隣人にボールペンを貸すという行為だけを取り出すなら、それが道徳的法則に基づいているのか、それとも隣人に好感をもたれようとか隣人に貸しを作ろうという感性的欲求に基づいているのか、どこまでも疑いをかけることができるからです。このような困難は、善悪概念の判定原理が「純粋理性の実践的法則」(67)であることに起因します。ここで問題なのは、もはや実践的判断力ではなく、「純粋実践的判断力」、言い換えれば「純粋実践理性の判断力」(68)です。第一に、この判断の原理となる法則は「純粋な法則」として、経験的事例とは異種的なものです。この困難は、『純粋理性批判』の図式論が抱えていた困難と同じものです。第二に、カントが掲げた道徳的法則は、誰一人としてそれを完全に実現した人がいないとしても、つまりただ一つの適用事例も挙げられないとしても、正当化され得るものでした。そもそも、超感性的な道徳的法則を判定原理とする道徳的善もまた「超感性的」なので、見たり聞いたりできる感性的直観にその事例を見いだせないのです。その裏返しが、ここで述べた不分明さです。こうしてみると、善悪概念を具体的な事象に適用することは、純粋悟性概念の場合以上に困難なことに思われます。しかし、カントはこの困難を打開する視点があると言います。引用してみましょう。

しかしそれでも、ここで再び、純粋実践的判断力にとって好都合な展望が開かれる。感性界の中にいる私にとって可能なひとつの行為をなんらかの純粋な実践的法則の下に包摂する場合に問題なのは、感性界内部のできごととしての行為の可能性ではないのである。(中略)ここで問題なのは、諸法則に従ったなんらかの事例の図式ではなく、なんらかの

> 法則そのものの図式（この語がここで適切だとするならだが）である。なぜなら、なんらの他の規定根拠ももたずこの法則だけによる意志規定（行為についてその結果との関係で意志規定することではなく）は、原因性の概念を、自然の結合が形成する諸条件とはまったく異なる諸条件へと結びつけるからである。(68f.)

ここでカントは、純粋実践的判断力が行う包摂は、純粋な実践的法則の下に、まさに当の法則だけによる行為への意志規定を包摂することだと指摘します。この包摂に善悪概念が登場しないのは、善悪概念がすでにその判定原理として「純粋な実践的法則」すなわち道徳的法則を前提しているからです。ここからも分かるのは、カントの見るところ、純粋な意志規定を行う際に善悪概念を用いることがあるとしても、私たちはあくまで道徳的法則によって規定を行っているのであり、前章で明らかになったように、善悪概念はむしろその規定の「帰結」として把握されるものだということです。

さて、純粋な実践的法則の下になんらかの行為への意志規定を包摂するとは、その行為が可能であるかどうかを判断することではありません。ある行為を実行可能かどうかという判断に必要なのは、自然の原因性にかんする知識であり、これは理性の理論的使用の問題です。実践的な意志規定の場面で問題なのは、「自由による原因性」と結びついた当該の意志規定の主観的原理（格率）が「普遍的立法の原理」として妥当し得るかどうかです。とはいえ、行為の格率は「感性界の中にいる私」が主観的にもつものです。さらに言えば、格率の背後には、格率によって把握される「欲求の多様」が存するはずです。このような格率と超感性的で客観的な道徳的法則とを媒介するものが、やはり必要です。それをカントは引用文中で「法則そのものの図式」と呼びつつ、「この語がここで適切だとするならだが」とも言い添えます。これは、ここで必要とされた媒介が、やがて別名で呼ばれることを示唆しています。カントは、媒介が行われる場面がもはや感性と悟性とのあいだではない以上、図式という名称は実は不適当だと考えているのです。

〈道徳的法則の範型〉

さて、カントは、純粋実践的判断力による包摂を可能にする媒介を「範型（Typus）」と呼びます。Typusは類型とも訳すことのできる単語ですが、カントがここで挙げるTypusはただ一つですから、さまざまな類型に分類することが目的ではないですし、他方で、意志規定において「範」となるものですから、「範型」と訳されているのでしょう。さっそくカントの文章を引用しましょう。

道徳の法則は、自然の対象に対するその適用を媒介する認識能力として、悟性（構想力ではなく）以外のものをもっていない。この悟性は、理性の理念の下に、感性の図式ではなく法則を、とはいえ感官の諸対象において具体的に描かれ得るような法則を、それゆえなんらかの自然法則を、もっともその形式面においてのみだが、判断力のための法則として

置くことができるのであり、したがって、このような自然法則を私たちは道徳の法則の範型と呼ぶことができる。（69）

冒頭、カントは「道徳の法則（Sittengesetz）」という表現を用います。これは同じ段落で「自然法則（Naturgesetz）」が言及されることと対をなしています。ここで「道徳的法則」と言われないのは、「道徳的（moralisch）」であることではなく、法則としての合法則性が注目されているからでしょう。[5]

さて、カントが人間の認識を論じるときに用いる諸能力は、基本的には、理性、悟性、感性ですが、さらに細分化するなら、理性、判断力、悟性、構想力、感官です。このうち、理性は道徳的法則を立法する能力として、「道徳の法則」に合法則性という性質を認めるためにすでに用いられています。判断力はいままさに問われている能力です。他方、構想力と感官は感性に属する能力ですから、いまは出番がありません。いかに「自然の対象」への適用が問題であるとしても、感官や構想力に依存するなら、純粋実践理性の判断が感性に依存することになってしまうからです。だからこそ、「感性の図式」、すなわち構想力によって感性に描き出された図式はここで使用できないのです。実際、「私は何をなすべきか」という問いに、構想力によって答えようとすると、そこに思い描かれる図式（ここでは、むしろ形像）は快や不快と無関

（5）　この点については、本書第四章で「道徳の法則」（31）が説明された箇所を参照してください。

係ではいられません。すると、純粋意志規定における純粋実践理性の判断力のために残っている認識能力は、先に挙げた五つの能力の中では悟性だけです。

では、悟性はどのようにして「理性の理念[6]」としての「道徳の法則」と「自然の対象」とを媒介するのでしょうか。それは、悟性がなんらかの自然法則を考えることによってです。もっとも、ここで「自然法則」は「その形式面において」のみ考えられています。つまり、自然法則の具体的で内容のある側面ではなく、その合法則性という形式だけが考えられているのです。なんらかの自然法則の思考が媒介となるのは、それが、一面で、法則として道徳的法則と同様に合法則性をもち、他面で、自然法則として自然の対象と性質をともにしているからです。このような形式面で考えられた自然法則が、道徳の法則の「範型」です。

では、この範型を用いて、純粋実践理性は、そして私たちは、どのように判断しているのでしょうか。その点をカントは明記しています。

> 純粋実践理性の諸法則の下にある判断力の規則は次のものである。「君が企てる行為が、君自身がその一部となるだろう自然がもつひとつの法則に従って生起するはずだとしたら、君はまことにそうした行為を、君の意志によって可能なものと見なすことができるか。」このような規則に従って、実際、誰もがさまざまな行為について、それが道徳的に善いか悪いかを判定している。(69)

たとえば、自分の利益のために嘘をつくという行為に対して、それを誰もが法則的に行うとしたら、私たちはそうした自然が実現することを意志できるでしょうか。これは、その実現が望ましいかどうかという問いではありません。このような意志について悟性が（自然法則の形式面の）合法則性に照らして考えるなら、そこに矛盾が生じないかどうかという問いです。誰もが法則的に嘘をつこうと思う自然（ここでは世間のことと考えておきましょう）では、誰も嘘をつけません。誰も他人を信頼していないからです。このような矛盾は、実際のところ、行為主体が自分を例外化することによって回避されます。しかし、私たちはそうした行為を日常的にずるいと呼んで非難し、そうした行為をした人を軽蔑《けいべつ》しています。それゆえカントは、誰もが実際にこうした判定を行っていると言い切っているのです。[7]

さて、ここに掲げられた問いが、先に自由のカテゴリー表における「質のカテゴリー」の説明の際に『基礎づけ』から引用した定式（IV 421）と同じことを表現していることに気づいた

（6）「理性の理念」とは「理性に基づく理性概念」のことです。ここでは、道徳的法則のことが考えられているのですが、それが「自由の法則」（69）とも表現され、また自由は「理念」なので、このような表現が採用されているのでしょう。

（7）道徳的法則の範型を、形式面で見られた自然法則に見いだすカントの思想を、内容的な「自然」（と思われたもの）を範型とする思想と混同してはなりません。私たちの世間では「〇〇するのが自然だ」という表現がときに聞かれます。たとえば、二十一世紀になってなお日本では「結婚したら夫婦が同姓を名乗るのが自然だ」という人がいます。このように、内容のあることを自然の名の下に規範的に語るのは、カントの思想とは無縁です。

方もいるでしょう。しかし、両者の相違もまた見落とされてはなりません。ここに提示されているのは「問い」であり、『基礎づけ』の定式は定言的命法です。その点でカントは、「行為の格率」と「普遍的自然法則」とを照合することは、純粋理性による意志の規定根拠ではなく、あくまで判定の際に悟性が提供する範型であると指摘しています（69）。規定根拠はあくまで道徳的法則です。ここにカントの思想の変化があるわけではないでしょう。『基礎づけ』の定式は、悟性が提供する範型を用いた思考を意志規定に介在させることを、純粋実践理性が命じた表現と見ることができます[8]。

〈純粋実践理性の範型論の効用〉

このような範型を論じる箇所をカントは「範型論（Typik）」と呼びます。本章の最後に、この範型論の効用としてカントが述べていることを紹介しましょう。まず、先に提示した「自由のカテゴリー表」を改めて見直すと、一つのことに気づきます。それは、カテゴリー表に「自然」の圏域、すなわち自然法則が適用される領域のことがらが含まれていないということです。カントは「自然」のことがらをあくまで「範型論」に属すものとして明確化し、そうしたことがらを「自由のカテゴリー」から排除しました。自由のカテゴリーに自然由来のものが混入するのを防止したのです。これをカントは、範型論が「実践理性の経験論」（70）の防止に役立つと言います。たとえば、感性界の中に生きる誰もが必然的に幸福を欲し、普遍的に自己愛をもっていることをカントは認めますが、そうしたことがらのもっている合法則性は、範型として役立つことはあっても、自由な意志規定には役立たないのです。

さらに、カント自身が明言しているわけではないことを付言するなら、道徳的法則の範型が悟性に基づき、構想力に基づくわけではないことが指摘されたことも重要です。しばしば私たちは世間で起きる倫理的問題に対して、最近の人は想像力（すなわち構想力）が足りない、と言って嘆く声を耳にします。こうしたことを語る人々は、最近の人が想像力で適切なイメージを描けるなら、こんなひどい事件や事故は起きなかったはずだ、と考えているのではないでしょうか。このとき、そうした事故などの発生を抑止するのは、想像力が喚起する快や不快の感情です。カントの所説は、そうした実践理性の判断が純粋でないこと、それゆえ普遍性を主張できないことを指摘するものでもあります。

他方、カントは、範型論は「実践理性の神秘主義」（同）の防止にも役立つと指摘します。それは、範型が自然法則であることによって、「神の見えざる国」（71）のような観念が純粋実践的判断に入り込むことを排除できるからです。なるほど、カントは自由の領域と自然の領域とを区別しました。しかし、その自由の領域もまた超感性的自然として、自然の形式面の合法則性をもっています。その点で、自由を語ることはなんら神秘的なことではないのです。この

（8）『基礎づけ』の場合、唯一の定言命法と呼ばれる「君がその格率によって、同時に、その格率がひとつの普遍的法則となることを意志できるような、そのような格率だけに従って行為せよ」（IV 421）という命法が先に定式化され、それを私たちが直観的に表象しやすくするために提示された定式の一つが、普遍的自然法則への言及を含む定式なのです（同）。

ような実践理性の経験論と神秘主義とを同時に防止する範型論を、カントは「判断力の合理論」（同）と呼んでいます。

以上、本章では、カントが「方法の逆説」という立場を採ることで、すなわち、道徳的法則こそが善悪概念の判定根拠であるとすることで、世間的に使用されている善悪を、〈禍福〉と〈道徳的な善悪〉とに批判的に峻別《しゅんべつ》した上で、実践理性一般を視野に入れた、善悪にかんする「自由のカテゴリー表」を提示し、さらに、純粋実践理性の判断を成立させる範型を自然法則の合法則性に見いだしたことを確認しました。

コラム①　人間を敬うことを学ぶ――カントとルソー

カントは、一七八三年に自宅を購入し、その翌年、ようやく新居に住み始めることができました。彼がケーニヒスベルク大学の正教授になって、すでに十年以上の年月が経っていました。彼はその新居に豪華な家財道具などを設《しつら》えることなく、実に質素に暮らしたと言い伝えられています。しかし、その新居に一枚の画が飾られていました。それは、ジャン＝ジャック・ルソー（Jean-Jacques Rousseau、1712-1778）の肖像画です。ルソーは、『人間不平等起源論』（一七五五年）、教育論の『エミール』（一七六二年）、『社会契約論』（一七六二年）らの書物を著した、ジュネーヴの作家、思想家です。真偽は不明ですが、カントが『エミール』を読みふけるあまり、日々の規則正しい散歩を忘れたという逸話が残っています。

ルソーがカントの哲学の形成に大きな影響を与えたことについて、カント自身がたいへん印象的な文章を残しています。これは、彼が一七六四年に刊行した著作『美と崇高の感情にかんする観察』の自家用本に、おそらくは同年頃に書きつけた覚え書きです。したがって、この文は読者に向けて書かれたものではなく、カントが彼自身に向けて書いたものとして読まれねばなりません。さっそく引用しましょう。

私は傾向性に基づいてすら一人の研究者である。私は認識への非常な渇望と認識において前進することへの収まることのない貪欲《どんよく》さを感じるが、他方で〔認識を〕獲得するごとに満足を感じる。人類の誉れとなり得るのはこれだけだと私が思い、なにも知らない下層民を軽蔑《けいべつ》した時代があった。ルソーが私を正してくれた。このような幻惑に満ちた〔認識の〕優先は消え失《う》せ、私は人間を敬うことを学ぶ。また、もしこのような観察が他のすべての人々に、人間性の権利を回復させる価値をもたらすことができるということを私が信じないなら、私は自分をふつうの労働者よりも役に立たない者だと評価するだろう。（XX 44）

ここでカントは自分を、社会的な役割において研究者であるのみならず、当人の傾向性に基づいても研究者であると認めています。彼は、研究を前進させ、新たな認識を獲得したいと思い、それが獲得されると満足する類《たぐい》の人間なのです。もっとも、そうした人間だからといって、それが研究者を他の人々に比して優れた人間として評価させるわけではありません。ひとにはそれぞれの傾向性があり、それぞれの生き方があるはずです。しかし、ここでカントは過去の自分自身を思い出し、かつての自分の思い誤りを書きつけています。すなわち、知的な渇望に従って生きることを知らない人々を軽蔑していた、と。

この思い誤りを正してくれたのが、ルソー体験です。ここでカントはこの体験のきっかけを書いていません。彼がルソーのどの著作を読んだかは、この断片からは不分明なままです。そこで私たちは、ルソーの著作に一般的に見られる所説を思い起こしてみましょう。ルソーの思想を代表する言葉として、「自然に帰れ」というものがあります。ルソー自身がそうした発言をしているわけでも、そうした主張を掲げたわけでもありませんが、この言葉がルソーのものとして語られることにも理由がないわけではありません。ルソーは自然のままの人間、つまり社会が形成され学問や技芸が発達した状態以前の人間を想像し、そうした人間を次のように思い描きました。自然な人間は、自分を維持することを欲する「自己愛」はもっているものの、同時に、誰もがそうした存在であることを理解し、互いに「憐《あわれ》みの情」を抱くことができる存在である、と。ところが、社会を生きる人間は、自分と他人とを比較し他人に勝ろうとし、なんらかの点で他人に勝っていることを確認することではじめて自分を肯定できるようになります。こうした人間のあり方を一種の悪徳だとするなら、人間社会が発達させた学問も技芸も悪徳の産物であると言わざるを得ないでしょう。

カントは、ルソーのこのような思想に接して、「人間を敬う」ことを学んだのです。すなわち、人間は、認識への渇望に従って生きそれを獲得しようと努力しているがゆえに敬うべき存在なのではなく、すでに人間であるという一点において敬うべき存在である、と。カントのこの気づきが、これ以降の彼の哲学的な営みを貫いています。それは『純粋理性批判』のような書物でも同様ですが、『実践理性批判』の§7で提示される「純粋実践理性の根本法則」の展開に、私たちはその典型的な表れを見ることができます。この「法則」は、理性によって普遍的な道徳性の原理を追求することで取り出されるものですが、それが人類に適用されることで、「人間性の権利」の思想、さらには人間性の尊厳の思想が展開されることになるからです。

カントのルソー体験は、彼の認識への渇望を止ませたわけではありません。なんといっても、それはカント自身の「傾向性」に基づいているからです。やがてカントは、この傾向性に基づいてかどうかはおくとして、三批判書というたいへん難解な書物を著すことになります。読者は、こうした難解なものを書くことでカントが何を目ざしていたのかが分からないという思いを抱くことがあるかもしれません。そうした場合には、ここに引用した若きカントの書きつけに繰り返し立ち返ることでひとつの答えを見つけることができるでしょう。

第十章　道徳的行為の動機

『実践理性批判』分析論の第三章には、「純粋実践理性の諸動機について」[1]という表題が掲げられています。この第三章の位置づけについては、すでに一度、本書第二章で説明しました。[2]すなわち、第三章は、動機論として感性にかかわり、その点で『純粋理性批判』の感性論に相当しますが、同書とは異なり、「真理の規則」を扱う分析論に含まれています。ともあれ、ここで扱われることがらは私たちの感性にかかわりますから、私たちはカントの行論そのものにもさまざまなことを感じるでしょう。

(1)　この表題には「諸動機」という複数形が用いられています。しかし、後述するように、内容的には「動機」は道徳的法則に一元化されることになります。そこで、この「動機」が複数形である理由は、さまざまな行為を規定するさまざまな道徳的法則があるという点を踏まえた表現が採用されているからだと解することができるでしょう。
(2)　本書第二章では『実践理性批判』緒論の解説を行いました。その緒論では、分析論第三章では、同第二章で扱われる諸概念が「主観や主観の感性」(16) に適用されると記されていました。これは、同第一章で明らかにされた道徳的法則が、善悪概念を介して感性にかかわることを想像させます。しかし、実際の第三章の記述では、道徳的法則が主観の感性に直接的に適用されることになります。

〈動機について〉

はじめに、カントがここで「動機」と翻訳された単語をどのような意味で使用しているかを確認しましょう。というのは、日本語で誰かに行為の「動機」を問うとき、私たちは「君はどうしてそれを行ったの」という問い方をしますが、この「どうして」に曖昧《あいまい》さが認められるからです。この「どうして」は、行為の根拠や理由を問うものでも、行為の目的を問うものでも、さらには行為のきっかけを問うものでもあり得ます。

これに対してカントは「動機（Triebfeder）」について、まずそれがラテン語で elater animi（こころのバネ）に相当することを付記します。「バネ」に着目するなら、カントが語る動機がなにほどか「きっかけ」に近いことが予想されます。また、「こころ」の問題だということを踏まえるなら、カントの言う動機は、（行為のきっかけというよりは）行為における意志決定のきっかけだということが分かります。さらに、カントは動機とは「意志の主観的規定根拠」（72）であると指摘します。意志の客観的規定根拠は言うまでもなく道徳的法則ですが、ここで問題になるのは主観的な規定根拠なのです。このように意志の規定根拠に主観的なものと客観的なものがあるのは、§1で実践的原則に客観的な法則と主観的な格率とがあることが指摘されていたことに通じています。また、カントの道徳哲学の講義録に表れる表現を用いるなら、意志の主観的な規定根拠とは行為の「執行原理」のことだとも言うことができます（XXVII 274）。

加えて、重要なことに、こうした動機をすべての存在（者）がもっているわけではないことも指摘されます。それをもつのは、「その理性が、どうしても当の存在の自然本性ゆえに、客観的法則に必然的に適《かな》っているわけではない」（72）ような存在です。つまり、それがもっている理性がいつでも客観的法則に適っているような存在はとりたてて動機というものをもたず（つまり、バネなど必要とせず）、そのようであり得ない存在だけが動機をもつのです。もちろん、人間は後者のような存在です。人間は、客観的に何が善いかが分かっても、それをきっかけとしてその行為を意志するとは限らない存在だからです。これは、地球環境問題対策が人類にとって重要であることが分かってなお、その対策に積極的になれない人間たちを思い描くなら、明らかなことでしょう。それでも私たちが環境問題対策に動くとするなら、そのきっかけは何でしょうか。

〈適法性と道徳性〉

こうした問題を考えるために、私たちは分析論第三章の冒頭に戻りましょう。そこには、カント実践哲学を特徴づける有名な区別が表現されています。

> さまざまな行為のもつ一切の道徳的価値にとって本質的なことは、道徳的法則が直接的に意志を規定しているという点にかかっている。意志規定がなるほど道徳的法則に適って行われているが、しかし道徳的法則が意志のひとつの十分な規定根拠となるために前提され

ねばならないような感情――それがどんな種類のものにせよ――を介してのみ行われているのであれば、それゆえこの法則のために行われているのでないなら、その行為はなるほど適法性をもっていることになるだろうが、道徳性をもっていることにはならないだろう。(71)

ここでは価値一般ではなく、道徳的価値が問題になっています。すなわち、道徳的な意味で「善い」行為において、私たちが感じとるものが問題なのです。ここに、この動機論が一種の感性論（あるいは感情論）であることが表れています。カントは、なんらかの行為が道徳的価値をもつのは、その行為における意志が道徳的法則によって直接的に規定されている場合であると指摘します。たとえば、或《あ》る企業の地球環境問題対策が道徳的価値をもつのは、当該の対策を採用する意志がたんてきに道徳的法則によって規定されている場合、つまり、その意志の格率が普遍的立法の原理として妥当し得る場合だというのです。これは、切り縮めて言えば、〈地球環境問題対策を行うのが善いことだから、それを行うのだ〉という場合です。(3)

これに対して、地球環境に優しい商品を製造・販売することでビジネスとして好成績を収めることが期待できるから、という場合は、けっして道徳的価値はもちません。もちろん、そうした行為はけっして悪いことではありません。しかし、そうした行為の性質をカントは「適法性（Legalität）」と表現し、「道徳性（Moralität）」から峻別《しゅんべつ》します。彼は、このような適法性をもった行為について、それが「法則の文字」を充《み》たしているに過ぎないと指摘し、それを「法則の精神」(72)を含んでいる行為、すなわち当該の「法則のために」行われた行為から区別します。そうした行為は、表面上、道徳的法則によって直接的に規定された意志に基づく行為と変わりませんが、その規定根拠を道徳的法則以外のところに置いています。それは、ビジネスとしての成功から得られるだろう快や満足の感情かもしれません。

さて、このように行為の適法性と道徳性とを峻別する目線は、私たちの日常生活にもしばしば見いだされます。それは「偽善」を告発し、「偽善者」を糾弾する目線です。そこで問題視されているのは、「善し」とされる行為を表面的に行うために、道徳的法則以外のところに根拠を置きながら、それを、意図的にせよ無意図的にせよ、隠蔽《いんぺい》している行為のあり方です。こうした「偽善」の告発の背景に、適法性と道徳性との峻別があります。しかし、私たちが見失ってはならないのは、私たちが耳にする「偽善」と違って、カントが取りだす「適法性」はもっぱら否定的に評価されるものではないということです。(4) やがてカントは『道徳形而上学』を

(3)　ここで「地球環境問題対策を行うのが善い」というのは、「善いことは善い」という同語反復ではありません。私たちはすでに善悪判定の原理としての道徳的法則をもっているからです。

(4)　カントの法哲学研究において画期的な著作、『自由の秩序』を刊行したケアスティングは、同書の中でさらに、適法性は中途半端な道徳性ではない、あるいは、道徳性の半分しか価値をもたないものではないと指摘しています。Wolfgang Kersting, *Wohlgeordnete Freiheit. Immanuel Kants Rechts- und Staatsphilosophie*, 3., erweiterte und bearbeitete Auflage, Mentis, Paderborn 2007, S. 142. 邦訳、舟場保之・寺田俊郎監訳『自由の秩序―カントの法および国家の哲学―』ミネルヴァ書房、二〇一三年、一二三頁。

刊行し、その前半部で「法論」を展開します。そこでは「適法性」の実現は求められますが、「道徳性」は求められません。もっと言えば、法や権利を問題にするとき、道徳性を問題にすべきでないし、そもそもそれはできないのです。なぜなら、行為の適法性を超えて道徳性を問おうとするなら、私たちは、意志の規定根拠という自由のことがらを目に見える現象において見定めねばなりませんが、それは私たちにできることではないからです。

〈動機論の課題〉

このように適法性と道徳性とが峻別されるのは、先に確認したように、人間の理性が必然的に客観的規定根拠に適っているわけではなく、意志規定の根拠に客観的なものと並んで主観的なものがあるからです。この意志の主観的規定根拠として問われるのが、動機です。しかし、先の引用文（71）から分かるように、行為が道徳性をもつには、この主観的規定根拠もまた道徳的法則以外のものであってはなりません。しかし、これも繰り返し指摘したように、道徳的法則が意志を直接的に規定している様子を私たちは見極めることができません。ここに、次のような動機論に固有の課題設定が表れます。

〔動機論の仕事として〕残っているのは、どのような仕方で道徳的法則が動機になるのか、また、動機が道徳的法則であることによって、人間の欲求能力に対してあの規定根拠がもたらす結果として、何がその欲求能力を相手として生じるのか、をもっぱら入念に規定することだけである。というのは、どのようにしてなんらかの法則がそれだけでまた直接的に意志の規定根拠たり得るか（もっとも、これが一切の道徳性にとって本質的なことだが）は、人間の理性にとって解決できない問題であり、それは、どのようにしてなんらかの自由な意志が可能か、〔という問い〕と同じだからである。したがって、私たちは、道徳的法則がその内部になんらかの動機を提供するための根拠ではなく、道徳的法則が動機である限り、その動機がこころの中でなにをひき起こすか（もっとうまく言うなら、ひき起こすに相違ないか）をア・プリオリに示さねばならないだろう。(72)

カントが「純粋実践理性の諸動機」論の課題としてここに掲げるのは、第一に「どのような仕方で道徳的法則が動機になるのか」を明確にすること、第二に「動機が道徳的法則であることによって、人間の欲求能力に対してあの規定根拠がもたらす結果として、何がその欲求能力を相手として生じるのか」を明確にすることです。第一の課題は、道徳的法則が「こころのバネ」になる仕方を客観的に記述することです。これは、引用文中の問い「どのようにしてなんらかの法則がそれだけでまた直接的に意志の規定根拠たり得るか」と似ていますが、同じではありません。後者は、可能性の条件を問うものだからです。カントはさっそく、後者の問いが「どのようにしてなんらかの自由な意志が可能か」という問いと同じであると指摘します。私たちはすでに本書第六章で、カントが「どのようにして自由の意識が可能かは、これ以上説明されることができない」(46)と記している箇所を確認しました。また、『基礎づけ』第三章では「どのようにして自由が可能か」という課題は理性の限界を超えるものとされていました。それ自体が無条件的な自由についてその可能性の条件を問うても答えようがないように、無条件的な定言的命法による意志規定の条件を問うても答えようがないのです。

引用文中に掲げられた第二の課題は、第一の課題を道徳的法則による欲求能力の規定が行為主体にどのような変化をもたらすかという行為主体の主観面に注目して表現した問いです。カントはこの課題を引用文中で「道徳的法則が動機である限り、その動機がこころの中でなにをひき起こすか（ひき起こすに相違ないか）」と言い換えています。これは、分析論第二章の概念論が、善悪概念が道徳的法則から「帰結」することを明らかにするものだったのと同様に、分析論第三章の動機論は、動機が道徳的法則から「結果」することを明らかにするものだということを意味しています。もっとも、このような行為主体の主観面への問いは、人間の感情をア・ポステリオリに扱うものではありません。むしろ、この問いは、道徳的法則というア・プリオリな原則（あるいは、それを原理とするア・プリオリな善悪概念）が私たちの感情にどのような結果をもたらすかを、ア・プリオリに（ただし、実践的に）認識しようとするものです。

〈どのようにして道徳的法則が動機になるか〉

まず、第一の課題に対してカントが示す回答を確認するために、該当箇所を引用します。(5)

すべての傾向性が一緒になり（なにしろ傾向性はまずまずの体系性をもつことが十分に可能で

あり、その場合、その満足が自分の幸福ということになる）、我執（Solipsismus）を形成する。これは自己愛の我執、言い換えれば、なにものにもまして自己自身に対する仁愛の我執（Philautia）であるか、あるいは、自己自身に対する適意の我執（Arrogantia）であるかのいずれかである。前者は特に自愛のことであり、後者はうぬぼれのことである。純粋実践理性は、自愛に対してはそれをたんに抑止する。これは、純粋実践理性が自愛を、自然的でさらにまた道徳的法則よりも前に私たちの中で活動しているものとして、もっぱらこの法則と一致するという条件へと制限することによってであるが、これはこの〔制限を受けた〕場合に自愛は理性的自己愛と呼ばれ得るからである。しかし、うぬぼれの方については、純粋実践理性はそれをすっかり打ち倒す。（中略）しかし、道徳的法則はそれでもなにかしらそれ自体で積極的なものであり、つまり知性的な原因性の形式、すなわち自由の形式なのだから、この法則は、主観的な反対行動との、つまり私たちの内なる傾向性との対立において、このうぬぼれを弱めることで、同時に、尊敬の対象となり、さらにはこのうぬぼれを打ち倒すこと、言い換えれば、それをくじくことで、最大の尊敬の対象となり、それゆえ、経験的な根源をもつことなくア・プリオリに認識される積極的な感情の根拠と

（５）以下の引用文には、いくつかのラテン語等が添えられています。これは、カントが道徳哲学の講義に際して教科書として用いていた、バウムガルテンの『哲学的倫理学（Ethica philosophica）』（初版一七四〇年、第二版五一年、第三版六三年）で用いられている用語との対応を明らかにするための工夫です。

なる。つまり、道徳的法則への尊敬というものが、知性的な根拠によってひき起こされた感情なのであり、またこの感情は、私たちが完全にア・プリオリに認識することができ、またその必然性を洞察できる感情なのである。（73）

カントはここで、道徳的法則によって規定を受ける欲求能力のあり方を分節化しています。まず、誰もがさまざまな傾向性（習慣的欲望）をもっていて、その総体としての幸福を願っています。誰もが自分の幸福を願っている点で、なにほどか自己自身に執着しているのです。こうしたあり方を、カントは「我執（Selbstsucht）」と呼びます。次に、この我執を二つに分けます。それが、自己愛の我執（あるいは、自己自身に対する仁愛の我執⑥）と自己自身に対する適意の我執です。両者はさらに、「自愛（Eigenliebe）」と「うぬぼれ（Eigendünkel）」とも言い換えられます。自愛は、「自然的でさらにまた道徳的法則よりも前に私たちの中で活動しているもの」だと指摘されるように、私たちが身体をもち感性をもって快や不快を感じている以上、「自然的」なものです。カントは私たちを自然本性上、自分を愛する存在として見ているのです。しかし、私たちが自分たちのそうしたあり方について、それでよいと判断し開き直るなら、それは「自分自身に対する適意の我執」であり、「うぬぼれ」だと指摘します。

さて、純粋実践理性は自愛を抑止し、道徳的法則と一致するところにまでその欲求を制限します。そのように制限された自愛は「理性的自己愛（vernünftige Selbstliebe）」と呼ばれます。これは、誰もが自己愛をもっていることを踏まえ、各人の行為の格率が普遍的立法の原理として妥当し得るかどうかを問い、各人の幸福追求が他人のそれを阻害しない範囲に制限された自己愛です。この理性的自己愛に基づく行為は道徳性を実現したものでしょうか。それとも、それはたんに適法性を実現したものでしょうか。その行為は、それが外形的に道徳的法則に適ったものであったとしても、行為にそのきっかけをもたらす執行原理を自己愛に置いている以上、やはり適法性しか実現していないと言わざるを得ません。しかし、繰り返しになりますが、それでもその行為はけっして悪い行為ではないのです。

他方、純粋実践理性はうぬぼれを打ち倒します。この際に起きているのは、道徳的法則に先んじて自己幸福の追求を自分の行為原理とすることについて、それでよしとしている態度がくじかれるという事態です。このとき道徳的法則は我執に対して、それは善くないと否定的・消極的に働き、うぬぼれはたんに制限を受けるのみならず、「無限の制限」(74)を受けます。すなわち、けっして道徳的法則に先んじて意志の規定根拠となることがないように、道徳的法則と幸福追求の優劣関係が徹底的に制御されるのです。カントは、私たちの内なるこのようなうぬぼれの打倒に着目し、そこに道徳性をもった行為の価値の実現を見定めます。こうした議論を行う際のカントの行論はときに闘争的になり、傾向性が、「自由の形式」である道徳的法則

(6)「自己自身に対する仁愛(Wohlwollen)」という表現は、「仁愛」という言葉にだけ注目すると、ここでネガティヴに論じられる理由が分かりづらくなります。むしろここでは、一般的に他人に向けられるものとして思い描かれる仁愛が「自己自身に」向けられているところに自己愛の特色が見定められているのです。

の敵対者として見定められます。道徳的法則が普遍性をもつように、傾向性は習慣化した欲望として私たちを無意識に引きずる一般性をもつからです。

さて、純粋実践理性がこのようなうぬぼれを弱めるなら、その減衰はかえって道徳的法則への注意と尊重をもたらし、さらにうぬぼれを打倒するなら、そこでは道徳的法則が最大限注意され尊重されます。先の例にもどるなら、〈地球環境問題対策に参画することはまさに道徳的法則の命じることだから、私たちはそれを行うべきなのだ〉という意識は、当該の行為に基づく結果にではなく、道徳的法則に注意を向けそれを尊重する感情です。カントはこうした注意と尊重の感情を「尊敬（Achtung）」と表現します。これは、もはや消極的なものではなく、積極的な感情です。こうしてカントは、道徳的法則こそが純粋実践理性の動機であり、その「こころのバネ」という積極的側面に注目するなら、道徳的法則に対する尊敬がその動機であることを明確にしました。

しかも、この認識は経験的なものに依存せず、ア・プリオリです。なぜなら、この尊敬感情の根拠になっている道徳的法則は、純粋実践理性の自発的な立法に基づくものであり、その点で「知性的な根拠」だからです。なんと、カントはここで私たちに、「完全にア・プリオリに認識すること」のできる感情を取り出して見せたのです。

〈道徳的感情〉

先の引用文で取り出した「道徳的法則に対する尊敬」を、カントは次の引用文で、その感情面に着目して「道徳的感情」とも表現します。

> 感情に対するこの消極的な結果（快適でないという結果）は、感情に対するすべての影響と同様に、そしてどのような感情一般とも同じく、感受的である。しかし、道徳的法則の意識の結果としては、したがって、なんらかの可想的原因という点で、つまり最上の立法者たる純粋実践理性の主体という点で、さまざまな傾向性に触発される理性的な主体がもつこのような感情は、なるほど謙抑（知性的な軽蔑）ということになるものの、それでもこの謙抑の積極的根拠がこの法則であるという点では、同時に、この法則への尊敬ということになる。〔なお、〕このような法則に対してはどんな感情も起こることはないのだが、この法則が抵抗を取り除《の》けることによって、理性の判断では、このような障害の除去が原因性の積極的な促進と同等に評価されるのである。それゆえ、このような感情をいまや道徳的法則に対する尊敬の感情とも呼ぶことができるが、さらに〔ここに示された〕二つの根拠を併せて一つの道徳的感情と呼ぶことができる。(75)

この引用文に含まれる細かい説明の部分は、一つ前の引用文と変わりません。その内容がより主体（主観）に即した表現になっていること、「道徳的感情」というキーワードが含まれていること、最後に、読者を困惑させる内容を含んでいることが特色です。

まず、この引用文の最初では、「さまざまな傾向性に触発される理性的な主体」が道徳的法則を原因としてもつ「感情に対するこの消極的な結果」、つまり道徳にかんする私たちのうぬぼれがくじかれたという否定的な結果が「感受的」であることが指摘されています。(7)ここで「感受的（pathologisch）」とは、自発性を特徴とする「知性的」の対義語で、あくまで受動的で感性的であることを意味しています。この点で、この作用・結果そのものは、いまだ道徳的法則に対する尊敬ではありません。この尊敬は積極的な感情だからです。

次に、引用文の最後に「二つの根拠」と記されていることに注目しましょう。その一つは、先に感受的であるとされた感情にかんして、それをひき起こした原因の方に目を向けることで、それを、道徳的法則を意識した結果として捉《とら》えることができますから、うぬぼれがくじかれた感情を、「謙抑」あるいは「知性的な軽蔑（Verachtung）」と捉え返すことができるということです。もはやこの感情はたんに感受的なものではありません。他の一つは、ここにひき起こされる謙抑は、それが道徳的法則という積極的な根拠をもっているがゆえに、「法則に対する尊敬（Achtung）」だということです。(8)しかも、この感情は、あくまで「理性の判断」によって、道徳的法則による行為主体の規定を促進するものと評価されているのです。たとえば、自社の地球環境問題対策を経済的なインセンティヴに基づくものに過ぎないとして軽蔑する人は、その根拠を道徳的法則に置き、道徳的法則を尊敬しているのです。そうした人は、理性の判断に基づいて、道徳的法則による地球環境問題対策への意志決定を促進することになります。このような二つの根拠を併せて、ここで話題になっている感情は、一面で、知性的な軽蔑として、他面で、積極的な根拠をもった尊敬として捉えられ、総じて「ひとつの道徳的感情（ein moralisches Gefühl)」と呼ばれるのです。

ここでカントが「ひとつの道徳的感情」という呼び方をしていることに注目してください。これは「道徳的感情」と言い切るよりも弱い表現です。カントの同時代のイギリスには「道徳感覚（moral sense）」を道徳的判断の根拠に据える考え方がありました。批判哲学を展開する以前のカントは或る講義計画公告で、このような立場に属する哲学者としてシャフツベリ（Anthony Ashley Cooper, Third Earl of Shaftesbury, 1671-1713）、ハチソン、ヒュームの名前を挙げながら、彼らの試みについて「未完成で欠陥がある」としつつも、「すべての道徳性の第一根拠の探究においては最も遠くにまで届いている」（II 311）と評していました。これに対して、『実践理性批判』のカントは、道徳感覚のようなものを道徳性の第一根拠に置くことを明確に否定し、あくまで道徳的法則が主観に与える結果として、「道徳的」と形容される「ひとつの感情」を位置づけたのです。

さて、先に、この引用文には読者を困惑させる記述があると記しました。それは「このよう

（7）ここで「くじく（demütigen）」と訳した単語が名詞化されると、引用文中の「謙抑（Demütigung）」になります。これは、日本語としてはあまりなじみのないものですが、Mut（不敵な気持ち）を抑えてへりくだるという意味で、訳語として採用されてきました。

（8）カントは、「道徳的法則への尊敬」は快の感情でも不快の感情でもないと指摘します（77）。その点で、「尊敬」は「快適でないという結果」という感受的な「感情への消極的な結果」とは性質の異なるものになっています。

な法則に対してはどんな感情も起こることはない」という記述です。同じ引用文で「道徳的法則への尊敬の感情」が論じられているのですから、この記述には一定の解説が必要です。おそらくカントがここで意図しているのは、道徳的法則から独立に、それに先行して、道徳的法則への尊敬感情がそれ独自で起きるということはなく、あくまで、ここで論じられている感情は道徳的法則によって、それゆえ理性によって、ひき起こされるのだと指摘することでしょう。あくまで道徳的法則への尊敬は、道徳的法則による根拠づけや善悪の判定に先行しそれに役立つようなものではないのです。その点で、カントは次のように言います。

したがって、道徳的法則は、それが実践的な純粋理性によって行為の形式的な規定根拠となるのと同様に、それがまた善悪の名の下にある行為の諸対象の、なるほど質料的ではあってもたんに客観的であるに過ぎない規定根拠であるのと同様に、それは、主観の感性に影響を与え、その法則の意志に対する影響を促進するような感情をひき起こすことで、そうした行為に向かう主観的な規定根拠すなわち動機にもなるのである。(75)

この引用文は『実践理性批判』分析論の第一章、第二章に対して、第三章の所説を明確に位置づけるものです。第一章では、純粋理性の実践的使用による「理性の事実」の指摘によって、道徳的法則が行為の規定根拠となることが示されました。またその法則は、§7に掲げられた根本法則に見られるように、形式的なものでした。第二章では、道徳的法則を根拠として善悪概念が判定される「方法の逆説」によって、善い行為や悪い行為の客観的な規定の仕方が示されました。これは、道徳的法則が道徳的行為の形式面（規定する面）を担うとするなら、その質料面（規定される面）にかかわる所説です。ただし、人間は何が善いかを分かるだけでは、それをいつでも実現できるような存在ではありませんから、この所説はたんに客観的なものにとどまっています。この二つの章に対して、第三章は、「行為に向かう主観的な規定根拠」としての「動機」を扱っています。ここで道徳的法則は、主観の感性に影響を及ぼし、そこに「法則に対する尊敬」という感情をひき起こすことで、道徳的行為への「こころのバネ」（動機）となるのです。すでに見たように、分析論第三章は「適法性」と「道徳性」との区別から論述が始まりました。これまでの行論を踏まえるなら、「道徳性」をもつ行為とは、その行為者の主観面において「法則に対する尊敬」がひき起こされている行為だと言えるでしょう。(9)

〈道徳的法則による規定の結果〉

動機論の課題を提示した引用文（72）で示された第二の課題は「動機が道徳的法則であることによって、人間の欲求能力に対してあの規定根拠がもたらす結果として、何が欲求能力を相

（9）　行為主体における主観面を形成するのは、行為の主観的原則としての格率ですから、行為主体の感性に「法則への尊敬」がひき起こされている場合、それが動機となって、道徳的法則が当人の格率になっているのです（76）。なぜなら、「法則への尊敬」を抱く人は、法則の普遍性に注意を向けそれを尊重しようと思うに相違ないからです。

手として生じるのか」でした。分析論第三章の以下の部分では、「道徳的法則に対する尊敬」というモチーフの下、この問いを巡って豊かな議論が展開されます。

〈人格に対する尊敬〉

まずカントは「尊敬というものはいつでも人格だけにかかわり、けっして物件にはかかわらない」（76）と記します。ここには、『基礎づけ』でも提示された「人格（Person）」と「物件（Sache）」との峻別が反映しています。両者の区別は、理性をもっているかそれを欠いているかによって行われます（IV 428）。道徳的法則は純粋実践理性によって立法されるのですから、理性をもっている存在（人格）にだけ、道徳的法則によって自分の行為を規定する可能性があります。すると、「道徳的法則に対する尊敬」もまた、人格だけに向けられる可能性があることになります。カントは、フランスの哲学者、フォントネル（Bernard Le Bovier de Fontenelle, 1657–1757）の言葉に言及しながら、次のように記しています。

> フォントネルは言う。「身分の高い人の前で私はお辞儀はするが、私の精神がお辞儀するわけではない。」私はこう付け加えることができる。ある身分が低く市民としてふつうの人について、私が自分自身について意識していないほどの性格の実直さを認めるなら、その人に私の精神はお辞儀をする。私がそうしようと思おうと思うまいと、また、その人に私の方が高い地位にあることを見過ごさせまいとして頭をなお高く上げているとしても。

(76f.)

フォントネルは、世間的な習慣に従いつつ高位の人にお辞儀はするものの、その人が高位にあるという理由で、精神がお辞儀することはないと言います。それに対してカントは、同じ社会状況と習慣があることを前提としつつさらに付け加えます。自分よりも身分が低い人に対してさえ、その人が自分以上に実直であると認めるなら、その人に自分の精神はお辞儀するのだ、と。カントが見定めているのは、身分の高低やそれに由来する習慣がなお存在する社会にあっても、ある人が尊敬の対象になるかどうかは、その人の身分によって決まるのではなく、その人の道徳的な振舞いによって決まるのだ、ということです。

実直であるとは、市民社会でごまかしなく生きていることですが、そうした人の振舞いを私たちは見聞きすることができます。そうした振舞いを自分に照らして考え、自分はあの人ほど実直に生きているだろうかと反省するとき、私たちはそこに道徳的法則に従って生きることの実例を見いだし、さらには、道徳的法則に従って生きることの「実行可能性」が証明されていることをも目の当たりにし、その人を（公言するかどうかは別として、内的に）尊敬します。これは、私たちがその人と同じくらい実直に生きていると思う場合でも同じです。その人も自分も完全ならざる存在であり、実直に生きられない場合もあり得るのに、その人は、少なくともいまここで、実直に生きることの実例を示しているからです。もちろん私たちは、このような振舞いの実直さを認識しつつも、その人の心術は見極められません。それにもかかわらず、その人を尊敬するのは、道徳的法則に対する尊敬を私たちが抱いているからなのです。この尊敬を前提としているから、道徳的法則に従って生きている実例と思《おぼ》しき振舞いを見いだす際に、私たちはそのような振舞いをする人を尊敬するのです。

以上のように、私たちが人格に対する尊敬を感じるのは、その核心に道徳的法則に対する尊敬があるからなのです。これは、カントにとって重要な洞察です。若きカントの有名なメモ書きに、知識を求めない人々を軽蔑していた彼が、ルソー（Jean-Jacques Rousseau, 1712-1778）によってその誤りに気づかされ、「人間を敬う」ことを学んだことを記したものがあります（XX 44）。このメモ書きを記した時代から二十年以上を経て、カントは人間への尊敬をみずからの著作に刻み込むことができたのですから（このメモ書きについては、コラム①をご参照下さい）。

〈義務の概念〉

さて、私たちが道徳的法則に対して注意を向けそれを尊重する際には、さまざまな傾向性による影響を排除し、道徳的法則に基づいて、自由に自分の意志を決定します。このような観点から、カントは「義務」概念とその周辺の諸概念を、感情との関係でも論じています。カント倫理学は、現代の倫理学の教科書では「義務論」という括《くく》りで説明されますから、ここでのカント自身の論述も参照しておきましょう。長い文章ですが、一段落をそのまま引用します。

①さて、意志が法則の下に自由に服しているという意識は、それでも一切の傾向性に対する、ただし自分の理性によってだけ行われる不可避の強制と結びついているのだが、その意識が法則に対する尊敬である。②このような尊敬を要求し、それを吹き込みもする法則は、ご覧のように、道徳的法則に他ならない（というのは、他の法則は一切の傾向性が意志に対して直接的に影響することを排除しないから）。③行為が、このような法則に従い、傾向性に基づく一切の規定根拠を排除して、客観的に実践的であるなら、その行為が義務である。義務は、このような排除のゆえに、その概念の中に実践的な強要、つまり、行為がいかに嫌々ながら行われるとしても、その行為へと規定することを含んでいる。④感情は、それがこの強要の意識を起源とするなら、感官の対象によって起きるような感受的なものではなく、それだけが実践的に可能であり、言い換えれば、理性によるなんらかの先行する（客観的な）意志規定や原因性によって可能である。⑤それゆえ、この感情は、なんらかの法則に服することであり、言い換えれば、（感性的に触発される主体にとって強制を告げ知らせる）命令であるから、その中に、行為に際したいかなる快も含んでおらず、その限りで、むしろ行為に際した不快を含んでいる。⑥しかし、これに対して、このような強制はもっぱら自分の理性の立法によって行われるので、この感情は高揚もまた含んでおり、それゆえ、感情に対する主観的な作用〔結果〕は、純粋な実践理性というものがその唯一の原因である限りでは、純粋実践理性にかんしては自己是認ということにしかなり得ない。それは、ひとが行為に向けて一切の関心なしにただ法則だけによって規定されていると認

識した上で、いまやまったく別の、この法則によって主観的に生み出された関心――これは純粋に実践的であり、自由である――を意識するようになることによって、しかもなんらかの義務に適った行為に関心を抱くことをけっして傾向性が勧めるわけでなく、理性がそれを実践的法則によってたんてきに命じ、また実際にもそれを生み出し、さらにそれゆえにこの関心がひとつのまったく固有の名称、すなわち尊敬という名称を得ることによってである。（80f.）

まず第一文①は、「法則に対する」尊敬の意識には、普遍性をもった法則の下に「自由に」服しているという意識と理性が傾向性に対して行う強制（Zwang）という二面があることを示しています。ここで、法則の下に「自由に」服していると言えるのは、行為主体が、一切の傾向性を排除することで、自分が傾向性から自由であることを意識するからです。これによって、これから始まる「義務」概念の説明が自由の意識を前提にしていることが明示されました。続く第二文②は、①で尊敬の対象として言及された法則が、一切の傾向性を排除するという点で、純粋な道徳的法則に他ならないことが確認されます。

第三文③で「義務（Pflicht）」の概念が提示されます。義務とは、道徳的法則に従って一切の傾向性を排除しつつ、道徳的法則によって客観的にあるべきことと判定され強要（Nötigung）される行為です。この強要には、当該の行為への強要の他に、傾向性の排除に際して、傾向性に基づくべきでないという強要も含まれています。その点で、義務は、仮に傾向性の側から見れば「嫌々ながら」だったとしても、行われるべきことなのです。たとえば、地球環境問題対策が義務であるとしたら、それは客観的に行われるべき行為であり、嫌々ながらであったとしても遂行されるべき行為なのです。

「義務論」は、道徳的行為の根拠を「義務」意識に置きますが、カントの所説に従うなら、その意識には、たんにそれが義務だからという表層的なものだけでなく、傾向性と闘いそれを排除する、いわば重層的な意識も含まれているのです。

第四文④では、③で指摘された強要の意識に基づく感情は、感受的なものでなく、理性があらかじめ〈客観的な〉意志規定を行い、「自由による原因性」を規定することによってひき起こされ得るものであること〈実践的に可能であること〉が指摘されます。地球環境問題対策が義務であるという意識は、経済的インセンティヴに基づいてそれを遂行することを排除する強要の意識を含みますが、それは行為主体の純粋理性の実践的使用によって、自由の名の下に行われ得るものなのです。

第五文⑤は、③で指摘された強要の意識に基づく感情が、〈意志を、傾向性による触発を排除して規定せよ〉と命令されるという意識だということが指摘されます。これは、一切の傾向性の影響を排除するがゆえに、定言的命法の意識です。カントはさらに、この感情には、行為する際に感じられる快はまったく含まれず、むしろ不快が含まれることを指摘します。ここで、快が含まれないのは傾向性が排除されたからですし、不快が含まれるのは傾向性を排除する強要が働いているからです。カントが考える義務の遂行は、快を感じつつ行う円滑な行為実践ではなく、命令や強制の意識に基づいて不快を感じつつ行う行為実践なのです。

なお、ここでカントが義務と不快とを関連づけるからといって、ひとは不快をしっかり意識していない限り義務を遂行しているとは言えないとまでカントが考えていると理解する必要はないでしょう。むしろ、この不快の指摘によってカントは、誰もが傾向性に従って幸福を願い、快を求め苦を避けているという、人間の生がもっている性質に対して、義務意識がそれとはまったく別のア・プリオリな根源から生じていることを際立たせようとしているのです。これは、幸福や快苦にまつわる感情を道徳的行為の執行の原理とする立場があることを想定し、それを否定しようとする予防的な視点でもあります。

第六文⑥はたいへん長いものですが、カント自身はこれを一文で書いています。この引用文全体の中でも、この⑥は特に重要です。⑤までに消極的・否定的に表現された意識が、ここで積極的・肯定的なものに転換するからです。カントはここまで、義務には自分の自由の意識に基づいた強制が不可分に結びついていること、この「強制」の意識は、傾向性の影響を排除せよという「強要の意識に発する感情」を伴うことを説明してきました。ここで、義務と不可分の関係にある「強制」に目を向けましょう。誰が、あるいは何が強制するのでしょうか。それを行っているのは私たち自身がもっている理性です。私たちが義務意識において、強要されているという不快な感情を抱いているとしても、それは私たち自身に由来することなのです。したがって、一面で不快な感情も、それをひき起こしている純粋実践理性に即してみるなら、「自己是認（Selbstbilligung）」であることが分かります。自分の理性が〈善し〉とすることによってなんらかの不快がもたらされるとしても、自分の理性の観点から私たちは〈それで善し〉という判定をするのです。

カントはここで、このような理性による自己是認の構造を「関心（Interesse）」という概念を用いて説明しています。[10] 私たちの道徳的行為への動機は、客観的に見れば道徳的法則そのものですし、主観的に見れば道徳的法則への尊敬です。この事態を理性によってとらえ直すなら、道徳的法則に従った行為が実現しないのは、それ自体が理に適っていないことであり、逆に、それが実現するのは理に適っていることです。ここで道徳的法則を立法するのが純粋実践理性であることを思い出すなら、理性にとって、道徳的法則に従った行為が遂行されることはもはや〈どうでもいい〉と無関心でいられることではなく、それに「関心」をもたざるを得ないことが分かります。なぜなら、理性は「推論の能力」として首尾一貫していることをみずからに求めますが、自分が立法した道徳的法則が遂行されないことは、自己自身との不一致をもたらすからです。カントは、このような道徳的法則への関心を、傾向性に基づく経験的な関心と区別して、それをここでは「純粋に実践的であり、自由」な関心であると記しています。他の箇所には「純粋実践理性の純粋で感性から自由な関心」（79）という表現もありますが、これと

(10)「関心」概念は、動機や格率とともに、〈理性的ではあるが傾向性によって影響を受けてしまう存在〉の主観面にかかわるものです。その点でカントは、動機、関心、格率という三つの概念は「有限な存在」だけに適用できると記しています（79）。

同じことを指しています。

このようにして、これまで私たちが「道徳的法則に対する尊敬」という名称で理解してきたことがらが、理性をもった存在がもつ道徳的法則への「関心」として捉え返され、自分の理性が立法した道徳的法則に基づく義務意識は、自己是認でもあることが確認されました。

本章の冒頭で、カントが行為における「適法性」と「道徳性」とを峻別したことを紹介しましたが、このように義務概念が明確になったことを踏まえて、彼は、両者を次のように表現します。「適法性」とは「義務に適って行為したという意識」であり、「道徳性」とは「義務に基づいて、すなわち法則に対する尊敬に基づいて行為したという意識」であり、後者だけが「道徳的価値」をもつ（81）、と。ここに登場した「義務に適って（pflichtmäßig）」と「義務に基づいて（aus Pflicht）」という対比は、『基礎づけ』の第一章でも話題になりました（IV 397）。その際は、「ふつうの道徳的理性認識」のことがら、つまり常識的にも行われている区別としてこの対比が導入されましたが、『実践理性批判』では分析論第三章に至って、この対比が論じられました。これは、実践理性の批判という見地から、「義務に適って」が実践理性一般に基づく行為のあり方として、「義務に基づいて」が純粋実践理性に基づく行為のあり方として捉え直されたことを意味しています。

〈義務概念に基づく「批判」の遂行〉

以上のようにカントの「義務」概念は、道徳的法則に従って自分自身を強制し、私たちの傾向性とともにある感情に不快をひき起こすという一面をもつとともに、その遂行が、道徳的法則によって生み出される私たちの自由な関心に基づいた自己是認をもたらすという重層的な構造をもつものでした。他方、現代規範倫理学上の義務論は、たいへん表層的に理解される場合があります。たとえば、行為の理由を義務に求めるこの立場を、たんに〈それが義務だから行うべきだ〉という理解に押しとどめるような理解です。これでは義務論が、〈義務は義務だ〉と言っているだけの不可解な所説になってしまいます。そこで私たちは、この概念の意義をさらに理解するために、カントが義務の概念に認めた一種の「批判」機能に着目しましょう。

カントは道徳的法則のことを「義務の法則」や「道徳的強要の法則」（82）と表現します。もし私たち人間が道徳的法則に背反する可能性がないような完全な存在だとしたら、私たち自身が神聖な存在で、道徳的法則は義務や強要を含まない「神聖性の法則」（同）だということになるでしょう。しかし、道徳的法則は、それ自体が人間にとって神聖なものであるとしても、あくまでそれに対する「尊敬」を介して行為を規定するものです。すなわち、心術においてそれを表象し、注意し、尊重することを要し、そのために傾向性を排除するよう強要するものです。そこには、どこまでも道徳的法則に背反する可能性が残されています[11]。したがって、私た

---

(11)　カントはここで「道徳の国」（82）という概念を提示し、私たちはその国で「立法する成員」ではあるが、その国の「臣民」であって「元首」ではない、と指摘しています。元首となるのは、あくまで完全な意志を備えた存在なのです。なお、この「道徳の国」は、『基礎づけ』第二章では「諸目的の国」と表現されていました（IV 433f.）。

ちは神聖な存在ではなく、道徳的法則は神聖性の法則に対して批判的に区別されるべきなのです。

この視点はまた、道徳性をもつ行為を「人間愛」（同）に基づく善行からも批判的に区別させます。カント自身、人間愛に基づいて他人に対する仁愛の行為をすることを「たいへん麗しい」ことだと記していますが、しかし即座に、そうした行為は「私たちの振舞いの真正の道徳的な格率」ではないと断言します（同）。カントは問いかけます。理性に基づく命令ではなく愛を根拠にして行為するとき、私たちは思い上がっていないだろうか、と。カントの義務概念は、道徳的法則への尊敬や、傾向性の排除を強要する意識を含むものでした。ここには、私たちの主観が、道徳的法則からなにほどか乖離《かいり》しているという限界が見定められています。しかし、人間愛に基づいて義務を遂行する場合を考えてみるなら、その執行原理は愛なのですから、そこには尊敬や強要が入り込む余地がありません。みなさんは、どう考えるでしょうか。むしろカントの所説に対して、彼が義務の名において命じる行為を人間愛に基づいて実現する方がずっと素敵だと思う方もいるのではないでしょうか。そうした方にカントはさらに問うでしょう。あなたは、実は、自分の快に他ならないものを根拠にして行為しているのではないだろうか、すなわち傾向性を根拠にして行為しているのではないか、と。(12)

さらにカントは、隣人愛を説く『福音書』の文言を引用し、それに関しても次のように批判的な思考を展開してみせます。

これまで述べたことと、「何にもまして神を愛し、汝の隣人を汝自身のように愛せ」というような命令の可能性とは、実によく合致する。というのは、これは、やはり命令であるから、愛を命じる法則に対する尊敬を要求し、この愛を原理とすることを任意の選択に委《ゆだ》ねてはいないからである。（83）

カントはここで『マタイによる福音書』第二十二章を引用し、その文言が「愛」を語るものであるにもかかわらず、カントの義務概念と矛盾しないことを指摘します。その理由は、この文言が「命令」の形式をとっていることに注目するなら、これもまた「愛を命じる法則」に対

（12）義務と傾向性あるいは人間愛との批判的区別は、カントの実践哲学を取り巻くいくつかの有名な話題と関係しています。その一つは、同時代の詩人、劇作家シラー（Johann Christoph Friedrich von Schiller, 1759-1805）との意見交換です。シラーが論説「典雅と尊厳」（一七九三年）において、カントの義務概念を批判し、〈義務に対する傾向性〉こそが理想であるとしたのに対し、カントは『たんなる理性の限界内の宗教』第二版（一七九四年）で、シラーの名に言及しながら、義務概念に「典雅」を添わせることができないことを主張しています（VI 23Anm.）。他の一つは、カント晩年の作品である「嘘論文」（一七九七年）と称される有名な（あるいは悪名高い）論文です。この論文の表題だけを確認するなら、それは「人間愛に基づいて嘘をつくという思い誤られた権利について」です。その論文では、人間の権利と人間愛とが対比され、人間愛が人間の権利に優越するという考え方が批判されます。このような人間の権利と人間愛との区別はまた、有名な著作『永遠平和のために』（一七九五年）を貫くものでもあります。

する尊敬を要求していること、つまり義務に対する尊敬を執行原理として求めていることにあります。しかも、ここで命じられる愛は、快によって生じた傾向性に基づく愛ではありません。そもそも超感性的存在としてしか表象し得ない神に対してそのような愛を抱くことなどできませんし、人間に即しても誰かを愛することを命じることなどできません。[13]むしろ、ここで命じられているのは「実践的な愛」であり、「隣人に対する義務を喜んで遂行する」（同）ことです。つまり、問題なのは、「愛」そのものではなく、仁愛の行為を遂行することなのです。さらに言えば、それを「喜んで」遂行するという命令も、本来は成立しません。命令できることはと言えば、そうした心術をもてるように「努力する」（同）ことだけです。ここにも、うぬぼれに対するカントの批判的な態度が見てとれます。

カントは、『福音書』の文言に対する自身の解釈までも披露することで自分が意図していることを「道徳的狂信（moralische Schwärmerei）」を制御することだと記しています（84）。道徳的狂信とは、「実践的な純粋理性が人間性に対して設定した限界を踏み越えること」（85）です。つまり、純粋実践理性の名において人間にできないはずのことを、できるかのように思い上がることです。これは、道徳的行為の執行原理に「道徳的法則に対する尊敬」を必要としない、「うぬぼれ」の昂進《こうしん》した状態です。こうしたタイプのうぬぼれを生きる人は、自分の不完全さに基づく内なる葛藤《かっとう》に気づくこともないままに、自分が命令など必要なく善く生きていると思い誤り、「自分の功績的な価値」（同）を自慢します。しかし、このような人は、実のところ、道徳的法則以外の何かを動機にしているのだと、カントはあらためて指摘しています。

以上のように、「義務」概念という視点を定めることで、道徳的法則と神聖性の法則との区別、道徳性をもつ行為と人間愛に基づく行為との区別をカントは批判的に遂行し、それを全体として道徳的狂信の批判としてまとめました。

〈義務と人格性〉

ここで、『実践理性批判』分析論第三章に突如現れる特異な段落を引用しましょう。ここには、他の諸段落と大きく異なる、カントの感情的な表現が見られます(14)。

義務よ、汝《なんじ》、崇高にして偉大な名前よ。汝はその中にひとに媚《こ》びることになる好ましいものをなんら呼び起こすことなく、服従を要求するが、意志を動かすために、こころに自然な嫌悪をひき起こし慄《おのの》かせるようなもので脅すこともなく、たんに一つの法則を提示するに過ぎないが、その法則はおのずからこころの中に受け入れられ、しかも意に反してすら（たとえつねに遵守されるわけではないとしても）尊崇を獲得し、その法則を前にすべての傾

(13)　カントは晩年の『道徳形而上学』でも同じことを主張しています（VI 401）。また、同書でも「他人に対する愛の義務」を論じる中で、『福音書』と類似した文言を挙げて論じています（VI 450）。

(14)　以下の引用文には、ルソーが『エミール』第四篇の「サヴォアの助任司祭の信仰告白」で「良心」に向けて呼びかける表現と若干の類似を認めることができます。ルソー、今野一雄訳『エミール』（中）、岩波文庫、一九六三年、一七二頁から一七三頁。

向性は、たとえひそかに反対するとしても、黙り込む。なにが汝にふさわしい起源だろうか、また、どこに汝の高貴な素性の、つまり傾向性との一切の血縁関係を誇り高く拒絶する素性の、根が見いだされるだろうか、また、人間たちが自分にだけ与えることのできる価値に対するこの妥協の余地ない条件は、どのような根にその由来を求めることができるのだろうか。(86)

この段落をカントは一文で書いています。どうしてカントがこのような調子の文を書き込んだのか、その理由は記されていません。しかし、その内容は、これまで義務概念について説明されてきたことと変わりなく、若干、傾向性との葛藤状況の指摘が後退しているかに見えるだけです。むしろ、この段落の後段で立てられた問いが重要です。そこでは、義務について三つの問いが立てられます。第一に、義務の起源を直接的に問い、第二に、義務と傾向性との由来の絶対的相違を踏まえて、その根を問い、第三に、義務を人間が自分に与える価値の条件として捉えて、その根を問います。おそらくカントの意図は、前段で義務をあらためて高く掲げ、後段でその由来に対して問いを立て、続く段落へと読者の関心をひき付けるところにあるでしょう。この意図は、カントが直後に与える答えを見るなら、さらに明らかです。カントは、その根が人間各人の中に存することを指摘します。義務を高く掲げれば掲げるほど、この答えは印象的になるのではないでしょうか。

さて、カントが件《くだん》の問いに対して与える答えは、「人格性(Persönlichkeit)」です。つまり、義務は私たち自身の人格性に根をもつのです。人格性とは、人格をそれたらしめる性質のことです。カントはその人格性に二面があることを指摘します。それは、第一に「全自然のメカニズムからの自由と独立」です。すなわち、消極的自由です。第二に、それは「ある存在の能力」で、その存在は「それに固有の、すなわち自分自身の理性によって与えられた、純粋な実践的諸法則に服している」のです（87）。これは、自律としての積極的自由です。この二面によって、人格性をもつ人間は、感性界を超えた事物の秩序、すなわち、実践的諸法則によって秩序づけられる世界に、自分自身を関係づけることになります。

こうした人格性を私たちはそれなりに身近に意識しています。具体例を挙げてみましょう。もちろん、次のような具体例にはいくらでも疑問を差しはさむことが可能です。それでも、みなさんが自分に即して考えてくだされば、思い当たることもあるはずです。約束の時間に遅刻しそうになったとき、みなさんはどうしますか。（感性界の中の諸事情を引き合いに出して）遅刻の言い訳をさまざま考えますか、それとも約束を守ることに専心し、できる限り急いで約束の場所に向かいますか。後者の場合、私たちは約束が守られる世界に自分を関係づけているとは言えないでしょうか。この約束が守られる世界こそが、実践的諸法則によって秩序づけられた世界なのです。

このように、義務がそこから由来する根が私たち自身の人格性であることは、私たち人間に、また人間の相互関係にも実り豊かな思想をもたらします。それは、私たちにとって義務の法則（すなわち道徳的法則）が尊敬の対象であることを踏まえて、その根としての人格性をもった私たち自身の本性（人間性）にも崇高さが認められるという思想です。人間は（それ自身が神聖ではないにせよ）、神聖な道徳的法則の主体なのです。カントは『基礎づけ』で、人間を含む理性的存在は「目的それ自体」として現実存在すると記しましたが（IV 428）、それを『実践理性批判』のこの箇所でも反復し、人格性こそが人間を「目的それ自体」たらしめると記しています。人間各人が道徳的法則の主体であり、「目的それ自体」（それゆえ、たんなる手段として扱われてはならない存在）であることは、人間が自分自身や他人を尊重すべきことに根拠を与えてくれるのです。先に、カントは人間愛を道徳的法則の執行原理から排除しましたが、私たちは人間愛に基づかなくても、自他を尊重できるのです。

　ちなみに、このような自己尊重に関連して、カントは「無害な嘘」の例を挙げています（87f.）。彼は、軽微な嘘でも〈それをつく自分自身への軽蔑が許せない〉という理由で嘘をつかないという例を挙げています。ここではカント自身の説明を離れて考えてみましょう。私たちはときに、あるいは面倒な人間関係に巻き込まれないために、あるいは親しい友人を利するために、「無害な嘘」をつくことがあります。しかし、この嘘を口にするやいなや、そうしなくてはならなかった理由をさまざまに思い巡らします。私たちは、川の水が下に流れるように嘘をつくわけではありません。だからこそ、自分を正当化しようとして理由を考えるのです。たとえば、大学の授業で若者たちに「無害な嘘」をついていいだろうかと問えば、ほとんどの若者が「よい」と答え、急いでさまざまな理由を挙げるでしょう。若者でなくても同じでしょう。ある人は自他の幸福を、他のある人は人間愛を理由として挙げるかもしれません。このとき当人は、本当に「無害な嘘」を肯定しているのでしょうか。むしろ、自分が「嘘」をつくことが気になって仕方がないので、その意識を抑え込もうとしているのではないでしょうか。どうして「嘘」をつくことがこんなに気になるのでしょうか。それは、たとえ無害なものであっても嘘をつくという行為は、道徳的法則に背反し、道徳的法則への尊敬に背を向けるものとして、自分自身にいくばくかの軽蔑の気持ちを抱かざるを得ないことがらだからなのではないでしょうか。しばしば、カント倫理学の所説が私たちの直観に反していることを明らかにする例として、カントによる嘘の禁止が挙げられます。しかし、こうした嘘の禁止が、人間における人格性の相互尊重に裏づけられていることを私たちは見失ってはなりません。

以上のように、カントは『実践理性批判』分析論第三章では、道徳的法則の執行原理が道徳的法則それ自体であることを指摘しつつ、まず「どのような仕方で道徳的法則が動機になるのか」を明確にしました。道徳的法則は、それに対する尊敬感情をひき起こすことで道徳的行為の動機となるのでした。次いで「動機が道徳的法則であることによって、人間の欲求能力に対してあの規定根拠がもたらす結果として、何が欲求能力を相手として生じるのか」という問いの下で、まず、人格に対する尊敬の根拠として道徳的法則に対する尊敬を見いだし、次に義務概念を明晰《めいせき》にすることで、それを用いた批判的思考を展開し、さらには義務の根源を人格性に見定めることで、人間の自己尊重や相互尊重の根拠をも提示したのです。

第十一章　批判的観念論と自由

『実践理性批判』分析論の末尾には「純粋実践理性の分析論の批判的解明」と題された箇所が置かれています。これはかなりの頁数を費やして書かれていて、その分量は分析論第三章とほぼ同じです。この箇所は表題が示しているとおり、「分析論」の末尾に位置し、その三つの章を俯瞰《ふかん》しつつ部分的に再論するような内容をもっています。しかし、この箇所の内容は「分析論」のまとめに留《とど》まるものではなく、実にその三分の二は「自由」の問題に費やされています。これは、カントにとっても重要な箇所なのでしょう。彼はすでに序文で読者に向けて、この箇所で述べられることを「軽々しく見過ごさないように」(8)と求めています。

〈批判的解明とは〉

さっそく当該箇所の冒頭を引用しましょう。ここでカントは「批判的解明」とはどのような営みであるかを説明しています。

ある学問や、それだけで一つの体系をなしている部分の批判的解明ということで私が理解しているのは、なぜそうした学問や部分が、なんらかの類似した認識能力を根拠にしている他の体系的形式と比較された場合に、まさにこのような体系的形式をとらねばならず、他の体系的形式をとってはならないのかを探究し正当化することである。さて、実践理性と思弁理性とは、両者が純粋理性である限りにおいて、同一の認識能力を根拠にしている。したがって、一方の体系的形式と他方のそれとの相違が両者の比較によって規定されねばならず、またその根拠が何かが示されねばならない。(89)

「批判的解明(kritische Beleuchtung)」の対象は、「ある学問や、それだけで一つの体系をなしている部分」です。学問はもともと体系性をもっているものと考えられていますが、その一部分であっても体系性をもっている場合があります。ここで「それだけで一つの体系をなしている部分」として考えられているのが『実践理性批判』の「純粋実践理性の分析論」だということは表題から明らかです。そうした体系性をもったものについて、その体系的形式(かたち)がまさにその形式でなくてはならない理由を探究することで、当の体系的形式を正当化することが「解明」の意図していることです。また、この解明が、そのための手がかりを「なんらかの類似した認識能力を根拠にしている他の体系的形式」との比較に求める場合、それが「批判的解明」です。というのは、類似しているものとの比較によって、当の体系的形式と他のそれとが分けられる、すなわち批判されるからです。

さて、「類似した認識能力」と言えば、「実践理性」と「思弁理性」とはいずれも「純粋理性」としては、「同一の認識能力」を根拠にしています。[1] カントはこの点を踏まえて、ここで『純粋理性批判』の「超越論的分析論」と『実践理性批判』の「純粋実践理性の分析論」とを比較し、両者の相違を明確にし、さらには後者の体系的形式の正当性を明らかにしようというのです。実は、この営みはすでに『実践理性批判』の緒論でも部分的に行われていました。しかし、そこでは「弁証論」をも視野に入れた両批判の比較だったのに対し、ここでは分析論に特化した、やや詳しい比較が行われています。

〈第一批判と第二批判との類似点〉

『純粋理性批判』[2] は対象認識を問題とし、まず超越論的感性論で直観の能力としての感性を論じ、続く超越論的分析論で、直観の対象に対象性をもたらす概念（カテゴリー論）に進み、両者の結合によって純粋悟性の諸原則を提示することで終わりました。他方、『実践理性批判』分析論は、諸対象を実現する能力としての意志を問題とし、ア・プリオリな実践的法則の可能性を論じることから出発し、実践理性の対象の概念（善悪規定）に進み、道徳的意志規定が感性にもたらす結果としての道徳的感情を論じる章で終わりました。カントは両批判の三段階について、その順序が逆になっているとはいえ、まったく「類比的」（90）になっていると強調します。これをもってさらに彼は、このような比較が「おそらくいつかは（理論的および実践的な）全理性能力の統一という洞察をもたらす」（91）という期待を抱かせるとも記しています。この〈理性の統一〉によって、「すべてのことが一つの原理から導出できる」（同）ようになるというのです。

なるほど、対象認識によってもたらされる〈である〉と、意志規定によってもたらされる〈べきである〉とは、まったく別のことがらです。しかし、その両者を統一する視点を得てこそ、私たちは、純粋理性による意志規定がその対象を実現することを望めるのではないでしょうか。たとえば、現在の国際関係がどのよう〈である〉かを認識することと、（晩年のカントが記すように）いかなる戦争も〈あるべきでない〉と意志規定することとのあいだに、統一的な視点を準備することによって、〈べきである〉から〈である〉へと移行する視点を得ない限り、いかなる戦争もない国際関係の実現を希望することはできません。カントはこうした（理性

（1）「実践理性」を「純粋実践理性」と、また「理論理性」を「思弁理性」と対比するなら、それらの前者には経験的使用が考えられますが、後者は経験的なものに依存しない純粋理性の使用を念頭に用いられる用語です。その点で、この箇所で念頭に置かれている「実践理性」は「純粋実践理性」のことだと言えるでしょう。

（2）カントは、当該箇所で、『純粋理性批判』の分析論の内部に感性論という出発点があるかのような書き方をしています（89）。さらには、「超越論的分析論」が「超越論的感性論」と「超越論的論理学」に分かれるとも記しています（90）。しかし、『純粋理性批判』の「超越論的感性論」は「超越論的分析論」の外部にそれに先行して位置します。『純粋理性批判』第二版でもこの位置づけは変わりません。その点で、『実践理性批判』の記述の方に混乱を認めることができます。このような事態を招いたのは、カントがここで両批判における「純粋理性」の同一性に自身の視点を固定したがゆえに、理性という自発性の能力の外部に、感性という受容性の能力が位置づくことを強調することを怠ったからだと考えられます。

的）思考を可能にする〈理性の統一〉を期待しているのです。この期待を実現するという課題を担った著作を、私たちは第三批判である『判断力批判』（一七九〇年）に見ることができます。(3)

〈第一批判と第二批判との相違点〉

他方、両批判には大きな相違もあります。『純粋理性批判』は、特にその第二版に顕著な傾向ですが、純粋数学や純粋自然科学という「ア・プリオリな総合的判断」を実際に行っている学問を実例としつつ、「どのようにしてア・プリオリな総合的判断が可能か」を論じました。しかし、『実践理性批判』はそうした学問を実例としてもっていません。もちろん、カント哲学に先行してさまざまな実践哲学が存在しました。しかし、カントにとってそれらの原理は総じて「実践的質料的な規定根拠」（40）に基づく、ア・ポステリオリで経験的なものに過ぎません。そこで彼は、『実践理性批判』ではア・プリオリな「最上の実践的原則」（ア・プリオリな総合的判断）を「きわめてふつうの実践的理性使用」（91）に基づいて明らかにしなくてはならなかったと言います。カントは次のように記しています。

学問が最上の実践的原則を手中に収めて使用できるようになるのに先立って、その原則がまずはじめにその根源の純粋性の面から、このふつうの理性の判断においてすら確証され正当化されねばならなかった。すなわち、そうした原則の可能性やその原則から引き出され得る一切の帰結についてどんな理屈をこねるのにも先立つ、いわばひとつの事実

〈Faktum〉として、その原則が確証され正当化されねばならなかったのである。(91)

　ここでカントは、分析論第一章の、特に§7に至るまでの行論を念頭に置いています。すなわち、「純粋実践理性の根本原則」が「理性の事実」として提示されるまでの内容を彼は振り返っているのです。「理性の事実」という、一見したところ理解が困難で、今日なお多くの研究を生み出していることがらについて、ここでカントは、「最上の実践的原則」が「事実として」、「ふつうの理性の判断においてすら確証され正当化」されたと記しています。実際、§7に至る行論は、「純粋実践理性というものがある」ことを明らかにすべく、誰もが実践理性をもっていると前提し、そこからその経験的使用をそぎ落としつつ進行しました。その点をここでカントは、最上の実践的原則をその「根源の純粋性の面から」確証し正当化したと記しています。意志を規定する原則に〈経験的なものが含まれていること〉と、それが〈純粋であること〉とは、「ふつうの理性」でも判断できるとカントは考えているのです（これは理論的認識において見分けることではありません。それは人間にできることではありません。そうではなく、これは実践的にどうあるべきかを判断することです）。もちろん、ことがらは「事実」にかかわるので、この正当化に理屈は不要です。事実を把握するために必要なのは、当の事実をそれとして

（3）　ここでは詳述できませんが、『判断力批判』で「合目的性」がア・プリオリな原理として提示されたことをもって、カントによる〈理性の統一〉の実現と見ることができるでしょう。

意識することだけです。確認されるべきは、このことがらが、カントによれば、けっして高度に洗練された哲学的思考にではなく、むしろ「ふつうの理性の判断」に定位しているということです。

なお、カントはこの箇所で、分析論第三章で論じられた「尊敬の感情」（92）にも言及しています。最上の実践的原則の「根源の純粋性」に注目することは、経験的なもの（傾向性）のそれへの混入を徹底的に阻止することを伴います。そのような傾向性への抵抗によって生じる感情こそが、「尊敬の感情」なのでした。

〈幸福論と道徳論〉

カントはこのように分析論第一章と第三章の話題に触れた後で、幸福論と道徳論との峻別《しゅんべつ》に言及します。幸福論はもっぱら経験的な原理に基づくものです。だからこそ、道徳論はみずからを幸福論から区別しなくてはなりませんし、それが「純粋実践理性の分析論において、それに課せられた第一の最重要の仕事」（92）なのです。これは分析論第二章にも見られる仕事です。というのは、そこで善悪概念が禍福概念から峻別されたからです。さて、ここでカントはあらためて、幸福と道徳性との関係についてまとまったことを記しています。カント倫理学の基本にかかわることですので、そこを引用しましょう。

しかし、このように幸福論の原理を道徳性の原理から区別することは、それだからといって、ただちに両者を対立させることではないし、純粋実践理性が意志しているのは、幸福の要求が廃棄されるべきだということではなく、むしろたんに、義務が話題となるや、幸福をまったく顧慮すべきでないということである。(93)

分析論全体を通じて、幸福への要求は道徳性の原理から徹底的に排除されました。幸福への要求は経験的なものに過ぎず、けっして道徳性の最上原理に求められる純粋性をもてないからです。また、分析論第三章で明らかになったように、義務とは、道徳的法則によって客観的に〈あるべきもの〉と判定され強要される行為ですし、その義務意識においては道徳的法則に従って一切の傾向性が排除されるので、幸福は一切顧慮されるべきではありません。幸福を顧慮した義務の遵守は、適法性を実現するものでしかないのです。

しかし、これらの所説は、ひとは幸福への要求を捨てるべきだと主張するものではありません。カントは「ある点で、自分の幸福を気遣うことが義務になり得る」(93) とさえ記しています。なぜなら、自分の幸福を顧慮することは、自分の義務を実現するために有意義でもあるからです。たとえば、ある人が何ごとかに熟練し、健康であり、いくらかの所得を有しているなら、それらは、私たちが道徳的法則に基づいて他人の幸福に寄与するための手段となり得ます。反対に、私たちがまったく幸福を欠いているなら、そのこと自体が義務違反への誘因となりかねません。自分の感じている不幸や不運を理由に、社会を動揺させる犯罪を起こす人がいることを、私たちは報道等で知っています。その点で、自分の幸福に配慮することは、一種の義務でさえあるのです。このように、カント倫理学は幸福への要求を基盤に据えるものではなく、そうした態度を徹底的に排除するものですが、だからといって、幸福を断念することを求めるものでも、幸福を倫理的思考から全面的に排除するものでもないのです。

〈超越論的自由の可能性〉

さて、「純粋実践理性の分析論の批判的解明」では、これ以降の箇所がほとんど自由論に費やされます。カントはまず「純粋実践理性の諸原則の演繹《えんえき》について」と題された箇所を振り返ります。そこでは、私たちが道徳的法則の意識をもっているという事実に基づいて、（道徳的法則の可能性ではなく）自由という能力が演繹され、その実在性が、もっぱら実践的にではありますが、論証されました。カントは次のように記します。

幸いなるかな。私たちが、自由の不可能性のどのような証明も成立しないことについて十分な保証を得ることができ、また、いまや自由を要請する道徳的法則によって、自由を想定することが強要され、まさに道徳的法則によってその想定が正当化もされるということさえ実現するなら。(94)

自由の不可能性が証明できないことは、『純粋理性批判』によって保証されました。いまや『実践理性批判』では、道徳的法則の意識が「理性の事実」として指摘されました。道徳的法則にとってその存在根拠として自由が不可欠ですから、この意識によって、自由を想定することが「強要」され、また「正当化」されたのです。(4) この事態をカントは「幸いなるかな(glücklich!)」と表現しています。これは、自由について、ここまでの保証と正当化ができれば、私たちがそれでもって満足すべきことを表現していると見ることができるでしょう。

カントがこう書くとき、彼は自由にかんする経験論の議論、すなわち、自由を感性界に生きる存在の自然的能力に基づいて、その心理学的性質として理解できると考える議論を批判的に意識しています。ここでの自由論は、このような経験論の「浅薄さ」(同)を暴くことを意図しているのです。カントは、経験論的なものの見方だけに留まって自由の可能性や不可能性を論じる底の浅い議論に対して、自由は最も根本的には超越論的自由として考えられねばならないこと、そのためには、心理学的にではなく、宇宙論的に、すなわち世界像の問題として自由を考えねばならないことを主張するのです。

〈批判的観念論による自由の救出〉

カントはまず、経験論的な世界像ではけっして自由を救出できないことを主張します。これは『純粋理性批判』から一貫した主張ですが、あらためて引用しましょう。

---

(4) 引用文中でカントは、道徳的法則が「自由を要請する」と記しています。この「要請」については『実践理性批判』の「純粋実践理性の弁証論」で説明されます(122)。

前者〔自然必然性としての原因性の概念〕からは、どのような出来事も、したがって、なんらかの時点で行われるどのような行為も、先行する時間の中にあったものを条件としてその下に必然的にある、ということが帰結する。さて、過ぎ去った時間はもはや私の力でどうにかなるものではないので、私が遂行するどんな行為も、もはや私にはどうにもならない規定的な諸根拠によって必然的であるに相違ない。すなわち、私は、自分が行為する時点において、けっして自由ではないのである。(94)

経験論に基づいて世界を「自然必然性」によって支配されているものと見るなら、その世界におけるどんな出来事も行為も、それに先行する時間の中に原因をもつ結果としてのみ生起することになります。このような時間に対して私たちは受容的であり、受け身の関係にあります。これは言い換えれば、私たちにとって時間は、私たち自身によってどうにかなるものではないことを意味しています。実際、私たちが過去の時間を取り戻したいと思っても、けっしてそのようなことはできません。そうした過去に原因をもつことによって、ある「時点」で自分の行為が必然的に生起するとしたら、私の行為はけっして自由ではありません。

しかし、私たちの行為が、なんらかの「時点」で生起することは疑いようのないことです。これはつまり、私たちの世界像が、時間の中にありもっぱら自然必然性によって支配されているものとしてのみ考えられている限り、自由を救出する術《すべ》はないということです。無理に、そうした世界像の中で行為する存在に自由を確保しようとするなら、それはその存在を「見境のない偶然」に委《ゆだ》ねることにしかなりません(5)。自然法則に基づく世界像から必然的な法則を取り除くなら、その世界には偶然しか残らないからです。そこで、カントは次のように書きます。

> したがって、もし自由をなおも救出しようと思うのであれば、次の方法しか残っていない。それは、時間の中で規定可能である限りでのなんらかの物の現存在を、したがって自然必然性の法則に従った原因性をも、もっぱら現象だけに付与し、他方、自由を物それ自体としての、まさに同一の存在に付与することである。(95)

カントが自由の救出作戦として採用する方法は、「同一の存在」を現象と物それ自体とに区別する立場を採用することです。これは、『純粋理性批判』第一版では超越論的観念論と呼ばれ、『プロレゴーメナ』で「批判的観念論」(IV 294)と呼び直された立場です。ある存在について、それを現象と見るなら、つまり、現象の形式である時間の中で規定されることが可能な存在と見るなら、それはもっぱら自然必然性に従っています。他方、同じ存在を物それ自体として考えるなら、それには自由を付与することができるというのです。

---

(5)　ヒュームは『人間本性論』第二巻第三部第一節でこのような「偶然」に言及しています。なお、カントがそれを念頭に置いているかどうかは不明です。

この思想を、世界像を二重化することで自由を救出しようとする、ひとつの工夫と捉《とら》えてみましょう。そう捉えることは、カントの所説への疑問を喚起するはずです。いったい私たちは、「同一の存在」の行為を現象と物それ自体として批判的に分けて考え、前者を自然必然性の支配下に置き、後者に自由を認めるというような工夫をしなくてはならないのでしょうか。一元的な経験的な世界に自由を見いだすことはできないのでしょうか。カント自身が、このような問題を念頭に語っている箇所があります。そこを引用しましょう。

もし私が盗みを働く人間について、その行いは原因性の自然法則からすれば先行する時間のさまざまな規定根拠から生じる一つの必然的結果だと言うとしたら、その行いが行われずに済んだということは不可能であり、その場合、どのようにして道徳的法則に従った判定が、この点において変化をもたらすことができるのだろうか、また、その行いは、道徳的法則がそれは中止されるべきだったと言うのだから、それでも中止されることができたとどのようにして前提できるのだろうか。言い換えれば、どのようにしてその人間が、その時点でのその行為について、まったく自由であるということになり得ようか。その同じ時点、同じ行為について、当人が不可避的な自然必然性の下にいることもまた確かなのだから。(95f.)

私たちは、盗みを働いた人の責任を問います。それは、その人が盗みを思いとどまることもできたのに、それを実行してしまったからです。しかし、その盗みという行為が自然必然性の支配下にあり、先行する時間の中にあったさまざまな諸条件によって必然的に決定されていたとしたらどうでしょうか。私たちはその人にその行為について責任を問えるでしょうか。道徳的法則は、他人のものを盗むべきでないと判定します。だからといって、その行為を自然法則の観点からも不可避でなかったと言えるでしょうか、また、その行為を中止すべきだったと言えるでしょうか。ある行為を遂行する人を、同一の時点で、不可避な自然的必然性の下にあり、かつ自由であると言うことなどできるのでしょうか。

　カントの答えは明確です。もし私たちが世界を経験的世界としてしか解すことができないとしたら、答えは否とする他ありません。それでも人々は、経験的世界の中にさまざまな理由を探し出し、盗みを働いた人にもその人なりの理由があり、その理由に基づいて行為したのだから、つまり当人の理性に基づいて行為したのだから、そこには自由が認められると言うかもしれません。なるほど、そうした人の心理的状態は窃盗症のような病にかかっている人と比較するなら、自由であると言えるかもしれません。カントはそうした経験的世界に想定された自由を「心理学的自由」あるいは「自由の比較的概念」(96)と呼びます[6]。それでも、それらの自由はあくまで時間的に先行する条件によって支配されています。そこには一切の経験的なもの

(6)　カントは「自由の比較的概念」を「回転串《くし》焼き機の自由」(97)とさえ呼びます。回転串焼き機は、ゼンマイを巻かれた後に自動的に回転し続けるからです。

から独立した、絶対的自発性としての自由（超越論的自由）は認められません。カントは、この超越論的自由だけがア・プリオリに実践的であり、この自由なしには道徳的法則も、それに基づいて責任を問うこともできないと主張します（97）。すると、カントからすれば、経験論的で一元的な世界像に基づきつつ、盗みは悪でありそれを実行した人の責任は問われねばならないと考えている人は、自己矛盾した状態にあることになります。なぜなら、そのように考えている人は、一方で、その判定の根拠として道徳的法則を用いつつ、他方で、その行為における自由を可能にする超越論的自由の可能性を考えないことで、かえって自分の判定根拠としての道徳的法則の可能性を掘り崩していることになるからです。

なお、ここに紹介したような議論は二十一世紀の今日でも繰り返し提起されています。たとえば、脳科学の知見に基づいて、意志の自由が幻想であることを指摘する言説です。脳科学が自然科学である限り、カントがその主張を否定することはないでしょう。その場合、脳科学は自然現象を記述しているからです。しかし、カントは、「同一の存在」を現象としてのみならず物それ自体として考える批判的観念論の立場に基づくことで、そこに留まりません。あくまで、道徳的法則の意識に基づいて、物それ自体としての「同一の存在」に超越論的自由を想定することが正当化されていると考えるのです。

〈良心と後悔〉

「同一の存在」を現象と物それ自体とに区別することに得心のいかない方もいることでしょう。

そうした区別など不要だ、そもそも眼前のテーブルが現象に過ぎず物それ自体ではないなんて考えることにどんな意義があるのだ、と。しかし、そうした人も自分自身のことを考えてみるなら、どうでしょう。そうすることで、この所説に納得する方途が見つかるかもしれません。

まず、自分を自然現象と同様に外側から眺める視点をとってみましょう。言い換えれば、自然界におけるひとつの結果として見てみましょう。この場合、私たちは自分を自然必然性の支配下にある自然現象の一部（客体）として認識します。しかし、それがすべてでしょうか。次に、自分を行為の主体として考えてみましょう。つまり、自然界に結果をひき起こす側に自分を置いて考えてみましょう。この場合、私たちは自分自身について、自然現象としての自分がすべてではない、という思いを抱かないでしょうか。また、私たちが自分の身体に即して自分を自然法則的秩序に内在的なさまざまな欲望の支配下にあるものと認めてなお、私たちは、それがすべてではないと意識しているのではないでしょうか。[7]私たちは、どのような過去をもっていようと、その過去のできごとからも、また現在の身体的欲望からも独立に、いまからなんらかの行為を新たに始めることができると意識しているのではないでしょうか。次の引用文を読んでみましょう。

（7）　自由について、行為者の「外から」あるいは「内から」考えるという方法は、ネーゲルの著作で採用されているものです。トマス・ネーゲル、中村昇他訳『どこでもないところからの眺め』春秋社、二〇〇九年、特に、その第7章。

> 〔現象としての行為主体と〕まさに同一の主体は、他面では自分を物それ自体としても意識しているので、時間の諸条件の下にない限りでの自分の現存在をも考察し、自分自身を、他方で、もっぱら理性によって自分で自分に与える諸法則によって規定可能なものとしてのみ考察する。すると、このような主体の現存在の中には、当人にとってその意志規定に先行するものは何もなく、どのような行為も、また一般に当人の現存在が内官に適《かな》ってどのように規定されるとしても、感性的存在としての当人の現実存在の全系列さえも、当人の可想的な現実存在の意識の中では、ヌーメノン〔悟性体〕としての当人の原因性の帰結に他ならず、けっしてそうした原因性の規定根拠と見なされることはできない。さて、この点で理性的存在は、自分が行うどのような反法則的行為についても、たとえそれが現象としては過ぎ去ったことにおいて十分に規定されていて、その限りで不可避的に必然的であるとしても、自分はそれを中止できたと正当に語ることができる。というのは、この反法則的行為は、それを規定している一切の過去のことがらと共に、当人の性格に固有のフェノメノン〔現象体〕に属しているが、その性格は当人が自分自身にもたらしたものであり、その性格に従って、当人は、一切の感性から独立な原因としての自分に、あの諸現象そのものの原因性を帰すからである。(97f.)

この引用文でカントは、いきなり行為主体は自分を「物それ自体」として意識していると言います。さっそく批判的観念論が行為主体に適用されているのです。ただし、そこに認められるのは、あくまで「意識」であって（理論的）認識ではありません。認識は概念と感性的な直観とを必要としますから、あの意識が認識であれば、それは直観形式によって規定され、それゆえ先行する時間の支配下に置かれることになります。しかし、私たちが自分を物それ自体として意識する場合、自分は時間という内官の形式の中にはありません。かえって私たちは自分を、過去の時間から独立に、理性を根拠にして自分自身を決められるものとして考えます。このように観られた私たちは、フェノメノン（現象体）ではなく、悟性によって考えられたヌーメノン（悟性体）です。この見方からすれば、私たちが行うさまざまな行為や、私たちがそうした行為を通して生きてきた人生もまた、ヌーメノンとしての自分で決めたものとして捉えられます。これは、私たちの行為や生き様は、あくまで私たち自身が決定しそれによって結果したものとして捉え、私たちの過去を私たち自身を決定する原因とは捉えない見方です。

　この見方を、道徳的法則に反した行為の場合、たとえば先に挙げた盗みの場合に適用してみましょう。カントは、その反法則的行為がいかに現象の世界で不可避的であったとしても、つまり、その行為を取り巻く状況がいかにどうしようもなくその行為をひき起こすようなものであったとしても、それでも私たちはそれを中止できたはずだと言います。というのは、盗みという行為についても、同じ状況でそれに安易に走る人とそうでない人がいるからです。この差異は各人の性格に依存します。さて、その性格は、ヌーメノンとしての各人が自分にもたらしたものです。ヌーメノンとしての各人は「一切の感性から独立な原因」ですから、いかに安易

に盗みに走りがちの性格をもった人でも、まさにその人には盗みを中止する可能性がなお認められるのです。(8)

以上のような人間の意識にかんして、カントはここで、さらに「良心（Gewissen）」と「後悔（Reue）」について論じています。私たちは自分の過去の反法則的行為を思い出し、それを故意ではなく過失だったと、さらには自然必然性によってどうしようもなくひき起こされたことだとさえ考え、自分を免責しようとすることがあります。しかし、その行為に際して私たちが正常な意識状態であり、自分の自由を行使したと意識している限り、私たちの良心は黙ることがありません。このとき、告発する良心は私たちの意識が経験的なものに還元されないことの徴表となっています。後年、カントは『道徳形而上学』で良心を、人間誰もがもっている「人間の内なる内的法廷の意識」（VI 438）として論じます。

さらに、私たちは、自分の過去の反法則的行為を「後悔」することがあります。カントは、後悔を「道徳的心術によってひき起こされた、苦痛に満ちた感覚」（98）だと説明します。さらに、私たちが後悔したところで、行ってしまったことをなかったことにできるはずもなく、その点で後悔は「実践的に空虚」（同）だとさえ指摘します。(9)それにもかかわらず、私たちは後悔を感じます。ここにも「道徳的心術」という、経験的なものに還元しきれない意識の働きが見いだされます。

カントはここでこの後悔という現象について興味深いことを記しています。後悔は私たちの人格としての統一を意識させるものでもある、と。ここにはカントの人格論が部分的に見てとれます。後悔を感じる点で、私たちはあくまでフェノメノン（現象体）です。現象体としての私たちはある時点、ある場所に生きています。その点で、こうした現象体には一見したところ、統一性が欠けているように思われます。それでも、私たちは自分に即してこうした現象体を一人の人格であると判断します。実際、私たちが自分の行為を後悔するのは、私たちが自分自身の統一性を意識しているからです。後悔は、過去のなんらかの行為がその現象体自身に由来するものであることを指摘しつつ、当該の行為にかんしてひき起こされる感覚なのです。さて、この感覚をひき起こすのは道徳的心術ですが、この道徳的心術の方は自由と道徳的法則に基づいてのみ可能になるものです。というのは、心術をもつとは格率を採用することですし、それが道徳的であるとは、自由に基づく道徳的法則が格率になっているということだからです。この自由の意識は、現象ならざる物それ自体としての自分を意識させます。すると、現象体としての私たちについて、私たちが「絶対的統一」(99)であることを意識させるのは、道徳的法則と自由の意識という非経験的な意識（可想的な意識）だということになります。なお、この「絶対的統一」が現象体の過去の行為に対する後悔に即していることに注目するなら、この

（8）性格について、『純粋理性批判』では「経験的性格」と「可想的性格」とが区別されますが（A549ff./B577ff.）、ここではそのような区別は設けられていません。

（9）このような指摘をする際、カントは、宿命論者であるイギリスの哲学者、プリーストリー（Joseph Priestley, 1733-1804）のことを念頭に置いています。カントは、「自由の比較的概念」を考える中途半端な立場に比して、後悔は不合理だとしたプリーストリーの方に首尾一貫性を認めるのです。

「統一」には、現象体としての行為者と物それ自体としての行為者との統一も含まれていることは明らかです。

以上のように論じることで、カントは、私たちがなんらかの行為者を現象と物それ自体として区別して考えていること、また、それによって当人の自由を確保しつつ、さらに両者を同一の人格と見ていること、加えて、件《くだん》の区別もさらにはその統一も、道徳的法則の意識に基づくものであることを私たちに明らかにしてくれています。

〈自由をめぐる最後の困難〉

カントは、経験論と対決しながら、批判的観念論によって自由の可能性を確保しました。それでも彼は、「自由にはなお一つの困難が立ちはだかっている」(100)と言います。それは、万物の原因としての神という問題です。神が万物の原因であるということを想定するなら、人間の行為の規定根拠も人間の外部に存することになり、人間はたんに依存的な存在になってしまいます。これは、人間の意志の自由を見失わせる事態です。私たちの意志規定の原因を時間的に遡《さかのぼ》っていけば、やがて神の意志に行き着くとすれば、私たちに意志の自由を認めることはできないでしょう(10)。

しかし、カントはこの問題状況も批判的観念論で解決できると言います。物それ自体から区別される現象は、その形式である時間によって規定されています。それに対して、物それ自体は時間によって規定されていません。時間は、物それ自体にとっては何ものでもなく、現象としての世界を生きる感性的存在（現象体としての人間）がもっている表象の仕方に過ぎないのです。このような主張をカントは「時間の観念性」（同）と表現します。さて、先に意志規定の原因を時間的に遡ると神にたどり着くと記しました。しかし、これは現象としての人間の見方に過ぎず、しかも誤った考えです。そのような考えは、神もまた時間によって規定された存在であるという見方に基づいてのみ成立しますが、神を規定された存在として考えることは、そもそも最高存在としての神の理解に反しているからです。他方、仮に神を物それ自体の創造者であると考えるとしても、それは行為する人間から自由を奪うものではありません。なぜなら、そうした物それ自体の創造は時間とは無関係ですから、創造されたもの（ここでは、被造物としての人間、言い換えれば、ヌーメノンとしての人間）もまた、その限りで、時間とは無関係だからです。時間とは無関係なものが、時間的に先行する原因によって規定されることはないのです。

　以上のような思考法は、批判的観念論や「時間の観念性」という所説に基づかない限り成立しません。ここからも、『純粋理性批判』でうち立てられた批判的観念論が自由を救出する所説としての意義をもつことが分かります。ここまでで「純粋実践理性の分析論の批判的解明」

（10）このような問題設定においてカントが念頭に置いているのは、意志の自由を否定するスピノザ（Baruch de Spinoza, 1632–1677）の所説です。さらには、それを克服しようとして、（批判的観念論なしに）時間を有限な派生的存在だけに属するものとして、無限な根源的存在（神）には属さないと考えたメンデルスゾーン（Moses Mendelssohn, 1729–1786）の所説です。

はいったん終わります。しかし、原文では、この後に一行を空けて、さらに二段落が付け加えられています。その内容をかんたんに紹介しましょう。

〈自由概念の特別な地位〉

まず、カントは『純粋理性批判』で提示された諸理念（理性概念）の中で自由概念が特別な地位を占めることを説明します。ただし、その内容は一見したところより、さらに限定されたものです。同書の「純粋理性の二律背反」では四つのアンチノミーが論じられます。その後半の二つ（これらを「力学的アンチノミー」と呼びます）では、第三アンチノミーで「自由」という理念が、第四アンチノミーで「必然的なもの」という理念が論じられるのですが、ここでは、この二つのうちで自由がもつ特別な地位が論じられるのです。(11)

さて、カントはここで「いったいどこから自由の概念に、独占的にこのように大きな生産性が与えられているのか」（103）という問いを立てます。この答えはもはや明らかです。それは「理性の事実」としての道徳的法則の意識です。カント自身、ここで「いわばひとつの事実によって」（104）と記しつつ、「理性の事実」を振り返っています。その意識によって、『純粋理性批判』では蓋然的《がいぜん》に（すなわち、そうかもしれないと）考えられたにすぎない自由の理念が、『実践理性批判』では、実践的にですが、実然的に（すなわち、そうであると）認識されたのです。

他方、力学的アンチノミーで扱われるもう一つの理念、すなわち「必然的なもの」については、『純粋理性批判』で同じく蓋然的に考えられたにもかかわらず、実然的にはならないとカントは指摘します。というのは、「必然的なもの」（必然的存在）が実然的に認識されるとは、私たちの外に与えられたものとして認識されることだからです（105）。私たちは、現象界の中で統一体として生きているとしても、その現象面においては自分以外のものに依存する偶然的存在です。そうすると、私たちの内なる道徳的法則の意識は、それが私たちにとっては一種の必然性を意識させるものだとしても、そのままでは外なる必然的存在に届かないことになります。ただし、カントはここで、自由の理念を介してなら、必然的存在に至る道があることをほのめかしています。カント自身はその道を説明していませんが、次のようなことではないでしょうか。道徳的法則の意識は定言的命法の意識ですから、そこでは無条件的に必然的な強制が意識されています。もちろん、私たちが必然的な命令を意識したからといって、即座に「必然的なもの」が私たちの外に存在するとは言えません。しかし、道徳的法則の意識に基づいて自由は（実践的に）正当化されます。これは、自分以外の他の何ものにも依存しないものが存在することを承認することです。私たちは、自分以外の他の何ものかに依存するものを「偶然的」と呼びますから、徹底的にそうでないものが「必然的なもの」です。すると、私たちは自由の理念が正当化されることで、「必然的なもの」という理念にも（少なくとも、実践的に）到

（11）　自由という理念の特別の地位については、すでに『実践理性批判』の序文で、神、自由、不死という三つの理念の中で自由が特別な地位を占めることが説明されていました（4）。

達したことになるのではないでしょうか。

〈第二批判の歩みと第一批判〉

さて、「純粋実践理性の分析論の批判的解明」の最終段落は、当該箇所の冒頭で言及された、第一批判と第二批判との類似点に話を戻すように始まりますが、その趣旨は一見したところ不分明です。まずは当該段落の冒頭を引用しましょう。

この機会になお、次の一点についてだけ注意喚起を行うことをお許しいただきたい。すなわち、ひとが純粋理性と歩むどの一歩も、繊細な思弁を一顧だにしない実践的領野においてすら、それでもたいへん精確にしかもおのずから理論理性の批判のすべての要素と接続しているということである。それはあたかもどの一歩も、慎重によく考えられて、もっぱらこのような確証をもたらそうとして考えられているかのようである。(106)

ここでカントが言いたいのは、『実践理性批判』の分析論において、純粋理性の実践的使用を論じるための「どの一歩」も、それが純粋理性の思弁的使用と無関係に行われているにもかかわらず、『純粋理性批判』の分析論の諸要素と一致しているということです。しかし、ここまでは「批判的解明」の冒頭ですでに言われたことです。すると、カントがここで言いたいのは、この引用文の末尾にある「あたかもどの一歩も、慎重によく考えられて、もっぱらこのような確証をもたらそうとして考えられているかのようである」という表現に集約されていることになるでしょう。彼が言いたいのは、第二批判の歩みと第一批判の歩みとが一致するのは、あらかじめそうなるように熟慮し意図した結果であるように見えるかもしれないが、実はそうではないのだ、ということなのです。カント自身は第二批判の歩みが第一批判のそれと「おのずから」一致したことを、驚くべきことだと記しています（106）。

カントがここでまず注意したいのは、研究に際してはあらゆる作為を排して、ことがらを誠実に追究し、探究を完成させることが大切だということです。しかし、それだけでもないようです。この段落で彼は「〔自分の〕学問的探究に対してその外部からなにやら侵犯してくるようなものに目を向けることなく」や「他人の学説を少しも顧慮することなく」という表現を用いています。カント自身はこれらの表現で、自分がこの分析論で純粋理性の実践的使用ということがらにまっすぐ向き合い、その過程で自分の探究を他人の学説と比較することで何か不審に思われることがあったとしても、それに惑わされることがなかったがゆえに、あの驚くべき一致を見いだすことになったのだ、と言いたいようです。

こうしたことをわざわざ書き込みたいカントの心情を勝手に慮《おもんぱか》ることは控えなくてはなりません。しかし、私たちは、『実践理性批判』の序文で、カントが自分に対する批判者と闘っている様子を確認しました。そうした闘いの余韻をこの段落に感じ取ることができるかもしれません。

『実践理性批判』の「純粋実践理性の原理論」第一篇「純粋実践理性の分析論」はここまでで

終了です。続く第二篇「純粋実践理性の弁証論」では、いよいよ実践理性を批判することを不可欠にする事態が私たちに突き付けられることになります。

第十二章　純粋実践理性の弁証論について

本章から、『実践理性批判』の「純粋実践理性の弁証論」に入ります。この箇所のことをカントは、同書の緒論で「実践理性の諸判断における仮象の提示とその解決にかかわる」(16)と記していました。「仮象」は、真理の対義語であり一種の錯覚です。カントはここで、実践理性の判断において生じる純粋実践理性の仮象を提示し、さらに純粋理性自身によってそれが仮象にすぎないことを見抜き、問題状況を解決します。このような営みがカント哲学における「弁証論（Dialektik）」です。私たちはこの「弁証論」を検討することによって、実践理性を批判することが不可欠の営みであること、また「純粋実践理性というものがあること」(3)が示されることの重要性を確認できるはずです。

さて、この弁証論は短い第一章と話題豊富な第二章とからなっています。ここでは第一章「純粋実践理性一般の弁証論について」を検討しましょう。

〈純粋理性と弁証論〉

カントは第一章を「純粋理性はいつでも、それが思弁的使用において観られようと実践的使用において観られようと、その弁証論をもつ」（107）と書き出します。彼が『純粋理性批判』で純粋（思弁的）理性を批判しなくてはならなかった主たる理由は、当の理性が仮象を導出してしまうからでした。同様に、『実践理性批判』でも純粋実践理性が仮象を導出してしまうのです。ここには純粋理性というものがもつ、その本性上の問題が関与しています。

理性は〈推論の能力〉であり〈原理の能力〉です。このような理性になんらかの〈条件づけられたもの〉が与えられると、理性は、推論において、その〈条件づけられたもの〉が帰結する〈条件〉を考えます。たとえば、二〇二三年一月十六日十三時という規定された時刻が与えられると、それをもたらす条件として、〇時、あるいは一月一日、あるいは西暦元年を考えます。こうした思考が時間の絶対的な始まりを思い描くかどうかは別として、理性は条件づけられた当該時刻にまで至る時間の無条件的な「絶対的な総体」（同）もまた与えられているはずだと考えます。みなさんも、世界の果てや、世界の最小単位、さらには世界における絶対的始まりについて一度は思いをめぐらしたことがあるのではないでしょうか。そのとき、そうした始まりと、みなさんが今いる地点や時点とのあいだにはいかなる断絶もないということも考えられているのではないでしょうか。そこには、私たちが「絶対的な総体」を所与のものとして考えてしまっていることが表れています。

このような思考、すなわち条件づけられたものが与えられているなら無条件的な全体もまた与えられているはずだという、原理を求めて推論する人間理性の思考が、「不可避的な仮象」（同）をもたらし、純粋理性が自己矛盾に陥る様子を、『純粋理性批判』は理性推論に基づいて丁寧に描き出しました。この純粋理性の自己矛盾が「純粋理性の二律背反」と呼ばれるものです。[1] 同書でカントは、現象と物それ自体との区別という所説、すなわち批判的観念論を用いて、この二律背反を解決しました。しかし、これは純粋理性一般の問題状況を一挙に解決するものではなく、純粋実践理性にはそれ固有の問題状況があり、それがここで論じられるのです。カントは次のように記します。

> しかし、理性にとって、その実践的使用においては事態がよりましということにはならない。理性は、純粋実践理性として、実践的に条件づけられたもの（傾向性や自然的欲求に基づくもの）に対して、同様に、無条件的なものを求めるのであり、それも、意志の規定根拠としてではなく、たとえ意志の規定根拠が（道徳的法則の中で）与えられていたとしても、純粋実践理性の対象の無条件的全体性を最高善の名の下に求めるのである。（108）

まず、純粋実践理性も純粋理性である以上、「条件づけられたもの」に対して「無条件的な

（1）　カントは、「純粋理性の二律背反」こそが、それから逃れるために私たちを理性批判へと向かわせるものだとして、「最も有益な誤謬《ごびゅう》」（107）であると記しています。私たちは、何より純粋理性が二律背反という困難に陥るがゆえに、理性批判という営みを遂行しなくてはならないのです。この批判はまた、私たちの理論的な認識対象が現象であり物それ自体ではないという洞察がなくてはならないことをも確証するものでした。

もの」を求めることが指摘されます。しかし、理性の実践的使用における「無条件的なもの」ということがらは、『実践理性批判』の分析論で解決済みのことであり、なんら問題ではないということがまずは指摘されねばなりません。確かに、人間は一面で肉体をもった感性的存在ですから、誰もが自分の「傾向性や自然的欲求」を満足させ、自分の幸福を実現することを願っています。しかし、分析論の所説によれば、こうした欲求は、「幸福に値すること」としての道徳性という条件の下に置かれねばなりません。この道徳性の条件は、定言的命法で表現される道徳的法則という「無条件的」なものとして意識されていました。§7で指摘された「理性の事実」を思い出してください。それゆえ、分析論の内部では、「条件づけられたもの」に対する「無条件的なもの」はすでに見いだされていて、しかも、なんら矛盾をひき起こしていないのです。

しかし、私たちは、ここで先に指摘された無条件的な「絶対的な総体」を思い出さねばなりません。それはさまざまな「条件づけられたもの」を含む総体です。それが、ここでは「純粋実践理性の対象の無条件的全体性」として「最高善」という名の下に思い描かれています。この「最高善」の内実は後で説明されますが、私たちはここまでで、純粋実践理性を弁証論に陥らせる「無条件的なもの」の思考は、意志の無条件的な規定根拠（道徳的法則）ではなく、さまざまに規定され条件づけられた傾向性や欲求の充足をも含む無条件的全体性に向かっていることを確認しました。最高善をめぐる思惟《しい》そのものは、古代ギリシア以来、さまざまな哲学者が行ってきたものですが[2]、カントはその概念において「純粋実践理性の弁証論」が生じることを指摘し、実践の領域における理性批判の契機とするのです。

なお、この引用文に表れる「純粋実践理性の対象の無条件的全体性」という表現に奇異の念を抱く人もいるかもしれません。分析論第二章で「純粋実践理性の対象」は、禍福と区別された善悪であることが確認されているのだから、あえて「無条件的全体性」という概念を導入することで何が考えられているのだろう、それは意志規定における善悪でしかなく、それ以上の広がりをもたないはずではないか、と。

そこで、次のように振り返りましょう。私たちは、自分の主観的原則としての格率を採用します。それは、それが自分にとってなんらかの意味で〈よい〉からでしょう。その〈よい〉は禍福の〈福〉かもしれません。しかし、その格率が道徳的法則に基づいて〈善〉であると判定され、道徳的法則に基づいて執行されるなら、そこには道徳性が実現するはずです。具体例を挙げるなら、大きな災害に見舞われて困難な立場に置かれた人々がいるとして、その人々を見て見ぬふりをすることは居心地が悪いから、という理由で、募金に応じる人がいるとしましょう。その人の採用する「困っている人を支援しよう」という格率は、その採用時点ではもしか

（2）　たとえば、アリストテレスの『ニコマコス倫理学』をその代表として挙げることができます。同書の第一巻第二章では「行為されることの目的として、われわれがそれをそのもの自体のゆえに願望し、それ以外のものをそのもののゆえに願望する或《あ》るひとつの目的」が「最高善」であると記されています。アリストテレス、加藤信朗訳『ニコマコス倫理学』、アリストテレス全集13、岩波書店、一九七三年、四頁。

すると、自分の居心地の悪さを解消したいという、一種の〈福〉への欲求に基づいているかもしれません。しかし、その格率が道徳的法則（純粋実践理性の根本法則）に照らして〈善い〉ものと判定され、その法則を動機として格率に取り込んで募金に応じるなら、それは道徳性を実現することになります。ここに見てとれるのは、道徳的法則に照らし合わせるなら、私たちを取り巻き私たち自身がかかわるさまざまな禍福は、道徳的法則の観点から善悪として判定され直すのであり、その意味で、善や悪もまた、行為や状態として、豊かな内容をもつということです。そうした広がりを念頭において、カントはここで「純粋実践理性の対象の無条件的全体性」という表現を用いているのです[3]。

　さて、「最高善」概念をめぐる純粋実践理性の弁証論を論じるにあたり、カントは重要な注意事項を記しています。引用しましょう。

> 道徳的法則が純粋意志の唯一の規定根拠である。そこで、この法則は、たんに形式的である（すなわち、もっぱら格率の形式が普遍的に立法的であることを要求する）から、規定根拠としては意志作用の一切の質料を、それゆえ一切の客体を捨象する。それゆえ、最高善がつねに純粋実践理性の、すなわち純粋意志の対象全体であるとしても、それだからといって最高善が純粋意志の規定根拠であると思われてはならないのであり、ひとり道徳的法則だけが、最高善ならびにその実現と促進が客体になる根拠と見なされねばならない。（以下、略）

しかし、最高善の概念の中に道徳的法則が最上の条件としてあらかじめ共に含まれている場合、最高善がたんに客体であるばかりでなく、その概念や、私たちの実践理性によって可能になるその現実存在の表象が、同時に純粋意志の規定根拠にもなることは、おのずから明らかである。なぜなら、その場合、実際には、最高善の概念の中にあらかじめ含まれていて共に考えられている道徳的法則こそが、自律の原理に従って意志を規定するのであり、けっして他の対象が規定するのではないからである。（109f.）

カントは最高善を論じるにあたっても、分析論の所説を揺るがせにすることなく、まずは道徳的法則こそが純粋意志の唯一の規定根拠であることを確認します。次に、その法則が一切の質料を捨象した形式的なものであることも確認します。ところで、私たちが検討している最高善もまた形式と質料とからなります。その形式が道徳的法則です。なぜなら、道徳的法則こそが善悪判定の根拠なのですから、それこそが、最高善が〈善〉であることの根拠であり、最高善を「欲求能力の必然的対象」（58）にするものであり、その実現や促進を〈善いこと〉として客体にするものだからです。なお、最高善の質料は、ひとつ前の引用文から「傾向性や自然的欲求に基づくもの」だということが分かります。最高善はこうした形式と質料とからなる

（3）　この点については、『基礎づけ』第二章で、「何ものも、それに対して〔道徳的〕法則が定める価値以外のいかなる価値ももたない」（IV 436）と記されていることが参考になります。

「対象全体」なのです。

カントは以上のように、あくまで道徳的法則だけが純粋意志の規定根拠であり、最高善はその「客体」(意志を主体として考えたとき、その意志によって実現されるべきものとして表象される対象)に過ぎないことを確認します。ところが、彼はその直後に、一見したところ、それに背反することを付言します。最高善がたんに「客体」ではなく、「純粋意志の規定根拠」にもなる場合がある、と言うのです。それは、「最高善の概念の中に道徳的法則が最上の条件としてあらかじめ共に含まれている場合」です。最高善を善たらしめ、その追求を〈善し〉とするのが道徳的法則である限り、最高善の概念やその実現の表象(イメージ)が、純粋意志の規定根拠になり得るのです。なるほど、最高善という「絶対的全体」の追求に際しては、その形式面だけではなく質料面もまた視野に入ります。しかし、あくまで形式面(道徳的法則)がそれとして「最上の条件」であるなら、「私は最高善の実現に向けて行為しよう」という格率を純粋意志の規定根拠にできるのです。「最上の条件」にはそれ以上の条件がないのですから、それが最高善の質料面によって規定されることはないのです。カントの最高善論においては、あくまで道徳的法則が「最上の条件」であり、他のさまざまな要素はそれによって条件づけられるものだという「秩序」が最重要なポイントとして見失われてはなりません。

以上のように、「純粋実践理性の弁証論」第一章では、純粋実践理性が、純粋思弁的理性と同様になんらかの弁証論をもつこと、その問題状況は、純粋実践理性にとっての「絶対的全体」としての最高善という概念をめぐって惹起《じゃっき》されることが、いくつかの注意とともに説明されました。この「最高善」論は、分析論で述べたことに対してカント自身が首尾一貫しない議論を行っているという誤解を受けかねない箇所です。後述するように、この弁証論では、幸福追求という問題が最高善の一要素として再浮上するからです。しかし、それは誤解に過ぎません。むしろ、私たちは、この「純粋実践理性の弁証論」を、『純粋理性批判』の言葉を用いるなら「人間理性」の「特殊な運命」を表現したものとして読み解かねばなりません。それが続く、第二章の一つの課題です。

第十三章　実践理性の二律背反とその解決

「純粋実践理性の弁証論」の第二章は「最高善の概念の規定における純粋理性の弁証論について」という表題の下、冒頭で「最高善」という概念が明確にされ、さらにローマ数字のⅠからⅨに分節化されていて、たいへん豊かな内容が記されています。「実践理性の二律背反」や「純粋実践理性の優位」、さらには純粋実践理性の要請による「魂の不死」や「神の現存在」というテーマが論じられるのが、この箇所です。この第十三章では、その冒頭、Ⅰ節「実践理性の二律背反」、Ⅱ節「実践理性の二律背反の批判的解決」までを検討しましょう。

〈「最高善」とは何か〉

さっそく、第二章冒頭の段落を引用し、カントの「最高善の概念の規定」を確認しましょう。長い引用文ですから、便宜上、三つに分けるための数字を挿入します。

①最高のものという概念にはすでに二義性が含まれていて、それに注意を払わないなら、不必要な争いがひき起こされ得る。最高のものは最上のもの（supremum）を意味するか、

あるいはまた完全なもの（consumatum）を意味することができる。前者は、それ自身は無条件的な、すなわち他の何ものにも従属していない、条件（originarium）であり、後者は、同種のなんらかのより一層大きな全体の一部分ではない全体（perfectissimum）である。②（幸福であるに値することとしての）徳が、私たちにとってもっぱら願望に値すると思われるだろう一切のものの、それゆえまた私たちの一切の幸福追求の、最上の条件であり、それゆえ最上善であることは、分析論で証明されている。しかし、それだからといって徳はいまだ理性的な有限的存在の欲求能力の対象としての全体的で完全な善ではない。というのは、そうした善であるためには、そのうえ幸福も必要だからである。これは、自分自身を目的としている人格の偏った見方によるだけでなく、そのような人格一般をこの世界の中で目的自体と観るような公平な理性の判断においてさえもそうである。というのは、幸福を求め、幸福に値してもいながら、それでも幸福に与《あずか》っていないことは、理性的で同時にすべての力をもっている存在を私たちが試みにでも思い描きさえするなら、そうした存在の完全な意志作用とまったく両立できないからである。③さて、徳と幸福が共にあることが或《あ》る人格の最高善の所有を構成するのだが、その際、幸福もまたまったく正確に（人格の価値ならびに人格が幸福であるに値するという価値としての）道徳性に比例して分け与えられて、なんらかの可能な世界の最高善を構成する限り、これこそが全体を、つまり完全な善を意味する。もっとも、この完全な善の中ではつねに徳が条件として最上善である。なぜなら、徳は、もはや自分の上に条件をもたないが、幸福はつねに、それを所有する人にとって確かに快適ではあるが、それだけでたんてきにまたあらゆる点で善いわけでなく、いつでも道徳的で合法則的な振舞いを条件として前提にしているようなものだからである。（110f.）

この引用文は、大きく分けて三つの部分からなっています。第一に、「最高のもの」という概念の二義性を指摘することで、「完全なもの」という概念を取り出し、第二に、この世界において、「完全な善」には徳のみならず幸福もなくてはならないことが明らかにされ、第三に、条件づけにおける徳と幸福との関係を明確にしつつ、考えられ得るどのような世界においても、その関係が維持されねばならないことが説明されます。

まず①に基づいて、「最高善」という概念における「最高」について、確認しましょう。すでに述べたように、「最高善」はカントの時代以前から、それも古代から論じられてきたことがらです。カントは、その際の「最高」に、最上と完全という二義性を見いだします。[1]「最上のもの」とは、それ以上の条件がない無条件的なものです。他方、「完全なもの」とは、もはや「同種のなんらかのより一層大きな全体の一部分ではない」ような「全体」です。前者が条件づけの観点から説明され、後者が（種差を念頭に置きつつ）同種のものが欠けていないこと、すなわち「全体」として説明されていることに注目してください。『実践理性批判』の分析論では、議論がもっぱら前者の観点で進行していましたが、弁証論では異なる観点が導入されているのです。

次に、②を検討しましょう。ここでは、分析論における議論を振り返りつつ、「徳」こそが「最上善」だということが確認され、それでもやはり「理性的な有限的存在の欲求能力の対象」にとって幸福なしでは「完全な善」にならないことが指摘されます。ここで「徳」とは、道徳性を実現すべく力強く意志していることです。さて、この「徳」だけでは「完全な善」にならない理由を、カントは次のような仕方で説明します。まず、「自分自身を目的としている」個人の「偏った」観点を設定し、自分が幸せになりたいと思っているのに、せっかく道徳的に善く生きても幸せになれないのは不都合に思われることを指摘します。次に、「この世界」のすべての人格を「目的自体」と観る「公平な理性[2]」の判断を想定し、そもそも徳が「幸福であるに値すること」として位置づけられている以上、幸福を求めていてしかも「幸福に値する」人が幸福にならないのは理に適《かな》っていないことを指摘します。もちろん、善く生きている人が幸せになるとは限らないのが人の世の常ですが、それでも「理性的で同時にすべての力をもっている存在」（すなわち、神）を思い描いてみるなら、そうした存在が力を惜しんでこの

（1）　カントは『純粋理性批判』などの『実践理性批判』に先行する諸著作においてもすでに、「最上（oberst）」と「最高（höchst）」という表現を使い分けています。それらを読み分ける手がかりが、この箇所で与えられているのです。

（2）　ここで「公平な（unparteiisch）理性」として想定されているのは、『基礎づけ』第一章で言及される「公平な観察者」（IV 393）に通じていると見ることができます。すると、この②の部分でカントが『基礎づけ』の第一章の思考レベル、すなわち常識に定位したレベルで考えていることが分かります。

不条理を放置するとは考えられないからです。

しかし、これまでの議論進行では、徳に加えて幸福が与えられていてこそ最高善だということの正当化ができているとは言えません。「この世界」では誰もが幸福になりたいと願っていることを前提として、事実として善く生きている人が必ずしも幸福に与れていないこと、さらには、そうした事態を不条理と判断する、「この世界」の私たちがいることが指摘されているに過ぎないとも考えられます。では、こう問うてみるならどうでしょう。或る人格において、徳と幸福とがたまたま共存しているとしたら、つまり、善く生きている人が偶然的に幸福に与っているのだとしたら、私たちはそれを最高善と言えるだろうか、と。

この問題を踏まえて、議論は③へと進みます。ここでは、徳と幸福との関係が必然的であること、また、そうした関係を最高善とする「可能な世界」が想定されます。『純粋理性批判』の二律背反は総じて純粋理性による世界論ですが、ここで『実践理性批判』の「最高善」論も同様に純粋理性によって考えられた世界論へと変換されます。[3] 私たちが注目すべきは「幸福もまたまったく正確に（中略）道徳性に比例して分け与えられ」という表現です。ここには、道徳性という価値に幸福が正確に対応しているような世界像、言い換えれば、道徳性を実現しながら幸福が与えられないことは考えられないという世界像、まとめて言えば、道徳性と幸福とに必然的な関係が認められる世界像が表現されています。[4] カントは、こうした世界像においてこそ最高善が「完全な善」を構成すると主張するのです。もちろん、このような最高善においても、徳が最上善であり、幸福が徳を条件とするという秩序は変わりません。

〈徳と幸福との結合〉

「最高善」概念を考えることは、このように「徳」と「幸福」との必然的な結びつきを考えることへと私たちを導きます。カントは、『純粋理性批判』で或る概念と他の概念とを結びつける仕方として、「分析的」と「総合的」という二通りがあることを指摘しました。「徳」の概念と「幸福」の概念との結びつきはその二通りのどちらなのでしょうか。

「分析的」な結合とは、主語概念にすでに含まれている概念を同一律に従って述語概念として取り出し、判断する場合の結合です。カント自身が挙げている例を用いるなら、「すべての物体は延長している」がそれに当たります。「物体」概念にはすでに「延長（広がり）」が含まれていますから、これは分析的判断です。他方、「総合的」な結合とは、主語概念に含まれていない概念を述語概念として主語概念と結びつける場合の結合です。たとえば、「すべての物体は重い」がそれです。

すると、仮に徳と幸福との結合が分析的であるとしたら、徳にすでに幸福が含まれているか、

（3）　やがてカントは『判断力批判』の§88で、最高善を「世界の最善（Weltbeste）」（V 453）と表現します。ここには、最高善の問題が「世界」の問題であることが明確に表れています。

（4）　道徳性という価値に幸福が正確に比例するというとき、たとえば、80%の道徳性に80%の幸福が対応する（ほどほど善く生きているから、ほどほどの幸せにあずかる）というような比例関係を考えることはできません。なぜなら、道徳性を程度問題に関係づけることはできないからです。

あるいは幸福にすでに徳が含まれているはずです。古代ギリシアには、人間が実践的に求めるべき「最高善」への態度について、まさにこのように考えた二つの立場がありました。それがストア派[5]とエピクロス派[6]です。ストア派は有徳であろうとすることに幸福の追求が含まれていると考えました。エピクロス派は有徳であろうとすることの根拠に幸福の追求が含まれていると考えました。前者にとって、自分の有徳さを意識することそのものが幸福であり、後者にとって、幸福を目指す態度（格率）こそが徳だったのです。このような思考に基づいて、ストア派は徳を、エピクロス派は幸福を、「全体的な最高善」（112）であると主張することになります。

しかし、カントはすでに「分析論」において、道徳性を求める態度（格率）と幸福を求める態度（格率）とがまったく異種的なものであることを明らかにしていました。その点で、徳と幸福とのあいだになんらかの同一性を見いだそうとするストア派やエピクロス派の態度は、彼にとってとうてい採用できるものではありません。カントの所説からすれば、徳と幸福とが分析的に結びつくことはあり得ないのです。私たちはむしろ徳と幸福との総合的な結合を考えねばなりません。しかし、それがア・ポステリオリな結合であってはなりません。それでは先に説明したように「この世界」における経験に依存することになり、徳と幸福との結合に必然性を見いだせないからです。すると、私たちは両者のア・プリオリな結合の可能性に目を向けることによってしか、最高善の可能性を考えることができないことになります。この点にかんするカントの主張を引用しましょう。

この〔徳と幸福との〕結合は、ア・プリオリなものとして、それゆえ実践的に必然的なものとして、したがって経験から導かれたものとしてでなく、認識されるのであるから、つまり最高善の可能性は経験的な諸原理には基づかないのであるから、このような概念の演繹は超越論的でなければならない。最高善を意志の自由によって生み出すことは、ア・プリオリに（道徳的に）必然的なのであり、それゆえ最高善の可能性の条件ももっぱらア・プリオリな認識根拠に基づかねばならないのである。（113）

カントは、徳と幸福とのア・プリオリで総合的な結合としての「最高善」概念を正当化するには、すなわち「演繹《えんえき》」するには、経験的でなく超越論的な手法が採用されねばならないと指摘します。私たちはすでに、「分析論」においてカントが道徳的法則の意識を手がかりとして「意志の自由」を正当化（演繹）したことを見ましたが、そうした「意志の自由」をもった存在にとって、最高善を求めることが道徳的に必然的だということが、ア・プリオリな認識根拠に基づいて論証されねばならないのです。

（5）ストア派については、第五章の注（6）を参照してください。
（6）エピクロス派については、第五章の注（8）を参照してください。

〈実践理性の二律背反〉

以上のことを前提として、カントは「実践理性の二律背反」を論じます。ところが、この箇所は一見したところ、たいへん不分明です。というのは、『純粋理性批判』の「二律背反」論が、相互に矛盾する命題を明示し、それぞれを（ほとんどの場合）帰謬法《きびゅうほう》で論証しているにもかかわらず、この箇所にはそうした記述が見られないからです。さらに言えば、当該箇所は「純粋実践理性の弁証論」という枠組みで行われている議論の中心的部分であるはずなのに、ここで提示される議論が「実践理性の二律背反」という表題を掲げていることも、(7)実態をいっそう見えづらくしています。

まず後者の問題を検討しましょう。なぜ、ここでの「二律背反」は、純粋実践理性ではなく実践理性のものとされているのでしょうか。先に、私たちは、カントが徳と幸福との結合を総合的なものでしかあり得ないと主張していることを確認しました。彼はさらにこの結合を「原因性の法則」（111）に従うべきものと考えています。すなわち、徳と幸福のいずれかに、他方を結果する原因性があるはずだと考えるのです。私たちは一般に、なんらかの目的（対象）を実現するための手段を考えるとき、原因性の法則を背景において、「実践理性」を使用します。まさにその事態が、ここで最高善にかんして生じているのです。

さらに、ここで最高善に幸福がその要素として含まれることに注目するなら、幸福が経験に根差した概念である以上、最高善が経験的なことがらと無縁であるはずがないことに気づきます。ここにも、二律背反が「実践理性」のものとされる理由があります。「純粋実践理性」は

「純粋理性の実践的使用」として、一切の経験的なことがらから区別されています。その点で、経験の領域、言い換えれば自然現象の領域に、純粋実践理性の働きをそれとして見いだすことはできません。私たちは、最高善が純粋実践理性の対象であることを維持しつつも、視野を純粋実践理性から、より広く実践理性一般に移し、徳あるいは幸福が原因となってどのように他方を結果するのかを明らかにする必要があるのです。

私たちの視野が自然現象を含むものに広がったところで、純粋実践理性の必然的対象としての最高善をめぐって、カントがどのような「実践理性の二律背反」を考えていたのかを検討しましょう。そのために、ここでは彼がこの二律背反を二段階で考えていたと想定します。まず、第一段階の二律背反を示します。これは、カント自身の表現からも見てとれます。

定　立　純粋実践理性の対象としての最高善において、「徳の格率が幸福の作用因でなければならない」。(113)

反定立　純粋実践理性の対象としての最高善において、「幸福への欲望が徳の格率の動因

(7)　サラは、『実践理性批判』の浩瀚《こうかん》な注釈書において、「実践理性の二律背反」という表題を「(純粋)実践理性の二律背反」としています。つまり、ここで論じられる「実践理性」は「純粋実践理性」だと解しています。Giovanni B. Sala, *Kants »Kritik der praktischen Vernunft«, Ein Kommentar*, Wissenschaftliche Buchgesellschaft, Darmstadt 2004, S. 259. これはまた、ベックによる古典的なコメンタリーにも見られる操作です。Beck, *A Commentary on Kant's Critique of Practical Reason*, p. 245.

でなければならない」。（同）

これは最高善における徳と幸福との結合に原因性の概念を適用し、「徳の格率」（有徳であろうとすること）が原因であるか、「幸福への欲望」が原因であるかという二者択一を反復したものです。(8) ここで私たちは『純粋理性批判』における手法に倣って、帰謬法を採用しましょう。まず、定立を論証するために、反定立の「幸福への欲望が徳の格率の動因でなければならない」を前提してみます。しかし、この前提が「たんてきに不可能」（同）であることを、私たちはすでに「分析論」で明らかにしました。幸福への欲望を根拠にした意志規定に道徳性を認めることはできません。したがって、反定立の前提に従うなら、最高善は不可能になります。それでは最高善が純粋実践理性の対象であること、言い換えれば、「最高善の促進が、私たちの意志のア・プリオリに必然的な客観」（114）であることに矛盾します。この矛盾を確認することで定立が証明されます。

次に、反定立を証明するために、定立の「徳の格率が幸福の作用因でなければならない」を前提してみます。しかし、この前提もまた「不可能」（113）です。有徳であろうとすることと幸福とを原因性の概念で結びつけるなら、それは両者の関係を自然現象の世界で結合したことになります。原因性の概念は、カテゴリー（純粋悟性概念）の一つとして、可能な経験の領域、つまり自然現象の世界でのみ、実在性をもつからです。すると、ここでの両者の関係は、自然現象の世界の知識に基づくなら、有徳であろうとすることが幸福という結果をもたらす、それも必然的にもたらす、というように考えられていることになります。しかしながら、この思考を私たちの経験は日々、裏切っているのではないでしょうか。ひとは道徳性を実現することでは必ずしも幸福になれない、という現実が見据えられるべきです。これはもとより困難な事態です。私たちは自分が創りだしたわけではない世界に産み落とされ、その世界を支配している自然法則をすべて理解しているわけでもありません。したがって、私たちは幸福を希求しつつ、さらには「幸福に値すること」としての道徳性を実現したとしても、それによってどのように幸福が実現するのかを原理的に分かり得ない存在なのです。したがって、定立の前提に従うなら、最高善は不可能になります。これは最高善が純粋実践理性の対象であることに矛盾します。この矛盾を確認することで、今度は反定立が証明されます。ここまでが、自然現象の世界に定位した実践理性の二律背反の第一段階です。

実践理性の二律背反の第二段階は、カント自身は明示していないものです。しかし、この段階を確認することで、私たちは純粋実践理性そのものが矛盾に巻き込まれることを確認することができます。(9)

(8) 二律背反の両命題における「原因」が、定立では「作用因」で、反定立では「動因」で表現されています。前者は、有徳であろうとすることが幸福という結果をひき起こすことを意味し、後者は、幸福への欲望が有徳であろうとする格率を採用させることを意味していると見ることができるでしょう。

定　立　純粋実践理性の対象としての最高善は可能である。
反定立　純粋実践理性の対象としての最高善は不可能である。

ここでは反定立の論証は不要です。すでに第一段階で、私たちが徳と幸福とのどちらに原因をおいて考えても、最高善が不可能であることが明らかになっているからです。そこで、定立の論証をここでも帰謬法を用いて試みましょう。私たちが「純粋実践理性の対象としての最高善は不可能である」という前提を採用するとしたら、どうなるでしょうか。純粋実践理性は、私たちが求めるべき「完全な善」を、道徳性を条件としつつも要素として幸福を欠くことのないものとして描き出します。しかし、そうした「完全な善」としての最高善がそもそも不可能であるとしたらどうでしょう。それは、純粋実践理性が前提している世界像があり得ないものであることを意味します。すると、これは純粋実践理性（純粋理性の実践的使用）そのものへの懐疑を、ひいては「純粋実践理性の根本法則」への懐疑を生むに相違ありません。しかし、私たちは分析論においてあの「根本法則」を「純粋理性の事実」として引き受けています。ここに矛盾が顕《あら》わになり、定立が論証されます。こうして、上に掲げた両命題がいずれも論証されたことになり、第二段階の二律背反が成立します(10)。

〈実践理性の二律背反の批判的解決〉

カントはここに提示された二律背反をどのように解決するのでしょうか。それを可能にする洞察は、『純粋理性批判』の二律背反論において第三アンチノミー〈自由と自然必然性との二律背反〉が解決される場合と同じです。カントはそこで、世界における出来事は現象に過ぎず、それは物それ自体とは区別されるという批判的な洞察に基づき、同一の行為者を現象と物それ自体として観る視点を導入します。この視点を確保することで、現象としての行為者（フェノメノン）はもっぱら自然のメカニズムに支配されているものの、物それ自体としての行為者（ヌーメノン）には自由が、詳しく言えば、一切の自然法則から自由に、〈自由による原因性〉の規定根拠になれることが認められるのです。

では、カント自身が、ようやく二律背反を構成する二つの命題を明記した上で、その「批判的解決」の視点を明らかにする箇所を引用しましょう。

（9）　この問題にかんする詳細な研究書を刊行したミルツは次のように二律背反を定式化しています。
定　立「純粋実践理性の対象の無条件的全体性は可能である。」
反定立「純粋実践理性の対象の無条件的全体性は不可能である。」
Bernhard Milz, *Der gesuchte Widerstreit, Die Antinomie in Kants* Kritik der praktischen Vernunft, Walter de Gruyter, Berlin·New York 2002, S. 205f.
　なお、ミルツに先んじて、ベックもこうした命題化の努力をしています。Beck, *op.cit.*, pp. 247-248.
（10）　この第二段階の二律背反を視野に収めることではじめて、「実践理性の二律背反」は「純粋実践理性の二律背反」とも呼ばれることができるでしょう。カント自身、「純粋実践理性の二律背反」という表現を用いる箇所があります（114）。

さて、ここに提示されている純粋実践理性の二律背反の場合も、事情はまったく同じである。二つの命題のうち第一の命題「幸福の追求が有徳な心術のなんらかの根拠を生み出す」はたんてきに誤りであり、他方、第二の命題「徳の心術が必然的に幸福を生み出す」は、たんてきに誤りなのではなく、ただ徳の心術が感性界における原因性の形式と観られる限りで、またそれゆえに、私が感性界における現存在を理性的存在が現実存在する唯一のあり方であると想定する場合、つまり条件つきでだけ、誤りなのである。(114)

この引用文では冒頭で、先に「実践理性の二律背反」の第一段階として提示したものに相当する内容が、「純粋実践理性の二律背反」として言及されます。それが可能なのは、カント自身は明記することがないものの、すでに彼自身の思考の中で第二段階を踏まえているからだと解釈できます。彼自身、すぐ後の段落で今度は同じ内容を「実践理性の自己矛盾」とも言い換えています。なお、先に第一段階のものとして提示した二律背反と、この引用文でカント自身が言及している二つの命題とは、順序が逆になっていることにご留意ください。本書では『純粋理性批判』における定立と反定立の提示の順序を参考にしました。

さて、ここでの二律背反の解決は、第一の命題を「たんてきに誤り」と断じた上で、第二の命題は「条件つきでだけ、誤り」とするというものです。これは、『純粋理性批判』における解決とは異なります。そこでは、定立と反定立がいずれも偽とされる(A531/B559)、あるいはいずれも真とされる(A532/B560)ことを示すのが、解決でした。しかし、ここでは、第一の命題をたんてきに偽としつつ、第二の命題がなんらかの条件の下では真となることを示すことをもって解決とされます。しかし、両書における二律背反の解決の仕方そのものは、先に見たように同一です。すなわち、その仕方は、現象と物それ自体、あるいは感性界（現象界）と悟性界との区別を導入することです。

すなわち、感性界に幸福を結果する原因として「徳の心術」を考える際に、それを「感性界における原因性の形式」とすることは、つまり、「徳の心術」と「幸福」とをいずれも感性界の出来事と考えて両者を原因性という形式で把握することは、先に述べたように、その必然性を疑わせる事例を私たちが多く知っている以上、不可能です。そもそも「徳の心術」を感性界の出来事と考えることなどできるでしょうか。ことがらが自由にかかわっている以上、それは最初から不可能と言わざるを得ません。しかし、「徳の心術」を感性界のことがらと考えるのを止めれば、どうでしょうか。そこには、徳と幸福との必然的な結合を不可能と断じずに済む理路が開くかもしれません。なぜなら、この場合は、「徳の心術」が自然法則の支配する世界に巻き込まれないがゆえに、先に説明した（第一段階の二律背反における）反定立の問題状況を回避できるからです。つまり、定立「徳の格率が幸福の作用因でなければならない」を前提してなお、最高善が不可能になるとは限らない、と言えるからです。

これは、見ようによっては、とんでもなくご都合主義の解決法のように思われます。「徳の心術」を悟性界のことがらと観て、感性界のことがらである「幸福」と切り離すことによってこそ、両者の結合としての最高善の可能性が拓《ひら》くというのですから。(11) 悟性界と感性界とを区別する思想はすでに『純粋理性批判』で確立しているのですから、その区別をここにもち出して解決することは、結果の見えている闘いに私たちが付き合わされたことを意味していないでしょうか。もちろん、第一批判と第二批判とでは、批判的観念論によって解決された問題が異なるのですから、そのように考えるのは浅薄というものです。

さて、私たちはここでただちに、「徳の心術」と「幸福」との結合がどのようにして可能か、「徳の心術」を感性界から切り離したにもかかわらず、それが「原因」となり得るのはどのようにしてか、と問うのでなく、カントと共に「最高善」概念がまったく不可能なものではないという洞察に、いったん立ち止まりましょう。どんな遠大な目標でも、それが不可能ではないという洞察は、私たちを励ましてくれるものです。

〈「実践理性の二律背反」の深淵〉

カントが提示した「実践理性の二律背反」はどのように受け止められるべきものでしょうか。『純粋理性批判』の二律背反が、カントを理性批判という営みへと導くという重みをもっていたのに比して、『実践理性批判』のそれは、解決策を容易に見いだすことができる、あるいは最初から答えの見えている思考の戯れとして軽く受け止められるかもしれません。しかし、これは強調すべきことですが、「実践理性の二律背反」は、善く生きようとする個人にとって、抜き差しならない問題状況を突きつけるものです。しかもこれは、善く生きようと真剣に自己反省を繰り返せば繰り返すほど、いわば傷口が広がっていくような深刻な事態なのです。この深みこそがカントに『実践理性批判』という批判書を書かせることになったと想像したくなるほどです。

ここでの問題状況は、カントの「道徳性」概念を振り返ってみることで、明らかになります。なんらかの行為が道徳性という価値を実現する場合、その行為は道徳的法則に適って、さらに道徳的法則に基づいて行われていなければなりません。さて、私たちが自分は善く生きているだろうかと自問し、この条件を自分が充《み》たしているかを確認しようとするなら、私たちは自分の心術を問い、それを認識しようとするでしょう。しかし、その心術が、現象ならざるものであるがゆえに理論的に認識不可能であることは、カント自身が『純粋理性批判』の頃から一貫して主張していることです(12)（A551Anm./B579Anm.）。このように心術が認識不可能であるにもかかわらず、私たちは自分が、さまざまな欲望に対峙《たいじ》しつつ、〈それでも、私はすべきことをした〉と意識するとき、私たちはなにほどかの快を感じます。ここに問題状況が表れます。私

(11)　この観点からするなら、カントが最高善をめぐる「実践理性の二律背反」を論じることで論難しようとしていた思想は、「現世」とも言うべき「感性界」の中で徳と幸福とが比例的に結合するという思想であることが分かります。カントはこうした思想を主張した人を誰とも明記していませんが、そうした哲学者が古代からカントの同時代までいたことを示唆しています（115）。

(12)　カントは、論文「理論においては正しいかもしれないが、実践にとっては有効でない、という俗言について」（一七九三年）でも次のように記しています。「私はすすんで認めよう。誰も、自分の義務がまったく非利己的に実行されたと、確実に意識することなどできないことを」（VIII 284）。

たちの自分に対する懐疑が生まれるのです。ほんとうは、いま感じられた快こそが、自分の行為の動機だったのではないか、私は道徳的法則に基づいて行為したのではなく、快を求めて行為したのではないか、と。

カント自身がこの問題状況を視野において記述した箇所を引用しましょう。これは、「実践理性の二律背反」の深淵《しんえん》を私たちに覗《のぞ》かせる記述です。

ここにはつねに窃取の誤謬《ごびゅう》（vitium subreptionis）の根拠が、そしてひとが感覚することとは区別された、ひとが行うことの自己意識における、言わば、視覚的な錯覚の根拠があり、この錯覚は、もっとも試練を経た人も完全には避けることができない。道徳的心術は、意志が法則によって直接的に規定されているという意識と必然的に結びついている。ところで、欲求能力を規定するという意識はつねに、その規定によって生み出される行為における適意の根拠だが、このような快、すなわちこのような適意それ自体は、行為の規定根拠ではなく、直接的にもっぱら理性によって行われる意志の規定が快の感情の根拠なのであり、この意志規定はまだ欲求能力の純粋で実践的な、つまり感性的ならざる規定であり続ける。さて、このような規定は、活動への衝動としては、欲求された行為から期待される快適さの感情でももたらしたであろう作用と、内面的にはまったく同じ作用をなすので、私たちは容易に、自分たち自身が行っていることを自分たちがもっぱら受動的に感じていることと見なして、道徳的動機を感性的な衝動と受け止めてしまう。これは、感官の（ここでは内官の）いわゆる錯覚においてそのつど起きるのが常の事態である。（116f.）

この引用文は、私たちが意志規定を行う際の自己意識において、「窃取の誤謬」が起きてしまうことを指摘するものです。窃取の誤謬とは論理学関連の用語です。これは、感性的な概念を知性的な概念であるかのように称する欺瞞《ぎまん》のことで（II 412）、感性的なものと知性的なものとをすり替える欺瞞のことです(13)。ここでは、「感覚すること」と「行うこと」とがすり替えられるという事態が生じています。前者は受動的で感性的なことですが、後者は自発的で知性的なことです。

まず、この「窃取の誤謬」について、カントが「もっとも試練を経た人も完全には避けることができない」と記していることに注目しましょう。多くの人生経験を積めば自分の意志規定が純粋に道徳的なものかそうでないかは見分けられるというものではなく、どこまでもこの誤謬は人間に付きまとうのです。カント自身は書いていないことですが、この誤謬は善く生きようとして自分の心術を反省する人を苦しめます。自分の心術が純粋でないのではないかという疑念がどこまでも払拭《ふっしょく》できないからです。

（13）　この「窃取の誤謬」の説明は、『純粋理性批判』以前の論文『可感界と可想界の形式と原理』に基づくものです。なお、「窃取」概念、特にその二律背反との関係については、次の論文で論じられています。城戸淳「カントにおける『窃取』概念の変容―アンチノミー解決への形成過程」、日本哲学会編『哲學』第51号、二〇〇〇年。

さて、ここに生じている問題状況を確認しましょう。私たちが、自分は「道徳的心術」に基づいて行為していると信じているとしましょう。その場合、私たちは、自分の意志が道徳的法則によって直接的に規定されていると、つまり純粋意志規定が成立していると「意識」します（これが「意識」にすぎず、「認識」でないことにも注目して下さい）。私たちがそうした意志規定（すなわち、上級欲求能力の規定）を行うのは、その規定自体が意に適うからです。この〈意に適う〉という「適意」は、「それでよい」と言い換えられることができるでしょう。この「それでよい」という意識は、一面では、道徳的判定による肯定の意識ですが、同時に、他面では、肯定的な「快」の感覚でもあります。みなさんも、何か思い悩むことがあって、いろいろな迷いの末に決断する場合、なにほどかすっきりした感覚を抱くのではないでしょうか。私たちが道徳的心術に基づいて純粋意志規定を行っているのであれば、この「快」が行為の規定根拠であるはずがありません。しかし、この「それでよい」という意識は、「そうするのが道徳的に善い」という意識と同様に、私たちを道徳的意志規定へと促します。いや、むしろ「それでよい」という意識には、快と道徳的意志規定の両方が含まれていると見るべきでしょう。このとき、私たちは、特に善く生きようとして自分の心術を反省しがちな人間は、この快こそが自分の行為の動機になっていると判定してしまうのではないでしょうか。そうした人は、心術の純粋性を求めるがゆえに、そこに意識される「快」が気になって仕方がないからです。そこで、そのような「快」を求める感性的衝動が実は自分の「道徳的動機」であると考えるところに、「感覚すること」と「行う」こととをすり替える「窃取の誤謬」が生じるのです。

以上のような「窃取の誤謬」から私たちを解放する視点を与えてくれるのも、現象と物それ自体との批判的区別、感性界と悟性界との区別です。すなわち、純粋意志規定を、まったく感性的なものに依存しないという点で、悟性界のことがらとして考え、快はあくまで感性界のことがらだと考えるという区別です。カントが分析論の第三章で明らかにしたように、道徳的意志規定の動機はあくまで道徳的法則そのものですから、それは、快とは「異なる源泉」(117)をもつものなのです。

〈自己への満足〉

カントはここで立ち止まり、純粋意志規定における「それでよい」という意識についても論じています。彼はこの意識に表れる「適意」を「自己への満足 (Selbstzufriedenheit)」(117)であると指摘します。もちろんこれは、私たちが日常的に用いる感性的な「自己満足」とは異なります。カントは、この「自己への満足」を肯定的にとり出しているのです。純粋意志規定において私たちは、純粋実践理性以外の何ものにも依存せず、いかなる傾向性による促しも必要としません。このような傾向性からの自由に注目しましょう。カントは、傾向性は理性的存在にとって「いつでも厄介」(118)だと指摘します。傾向性(習慣的欲望)はつねに変動し、昂進《こうしん》し、さらには習慣の力で理性的意志規定の邪魔をするからです。その点で、傾向性から自由になることは、ひとつの満足です。もちろん、身体をもっている限り、傾向性から完全に自由になることなど不可能ですが、それでも純粋意志規定が行われる際にはそれが一時的にせよ実現しているように意識されます。そこに生じる満足の意識が「自己満足」なのです。

私たちは、カントが「実践理性の二律背反」を提示し、それを解決することで、このような「自己への満足」を肯定する理路を拓いていることを忘れないようにしたいものです。カントの義務に定位した倫理学は、けっしてたんに一方的に義務を強制するだけのものでも、道徳的行為者の苦悩に無関心なものでもなく、善く生きようとして煩悶《はんもん》する行為者が自己を肯定する可能性をも見定めようとしているのです。

コラム②　カントと神の現存在の証明をめぐって

西洋哲学の歴史上、カントが『純粋理性批判』で、「神の現存在」の理論的な証明が不可能であることを明らかにしたことはきわめて有名です。もちろんこれは、神が存在しないことの証明でもなければ、神の現存在の一切の証明が不可能なことの論証でもありません。実際、『実践理性批判』では、「神の現存在」が純粋実践理性によって要請されています。しかし、ここになんらかの不徹底を見いだし、カントの所説を論難したくなる人もいるかもしれません。

ドイツの詩人、ハインリヒ・ハイネ（Heinrich Heine, 1797-1856）の『ドイツ古典哲学の本質』（原題は『ドイツにおける宗教と哲学の歴史のために』）には、二つの批判書のあいだの推移を面白おかしく描いた箇所があります。いくぶん長くなりますが、そこを引用してみましょう。

> 悲劇のあとには茶番が上演される。イマヌエル・カントはこれまでは、きびしい哲学者の役を演じてきた。天国をにわかにおそって、そこの守備兵をのこらず斬りころしてしまった。神、つまり世界の最高の主人は、ついにその存在を証明されないで、血まみれでたおれている。神の大なる慈悲とか、父おやらしい親切とか、この世でひかえ目にくらしたむくいをあの世でうけるとか、いうようなことはもうなくなってしまった。不滅

のはずのたましいが、いきをひきとりかけて、のどをごろごろならして、うめいている。——さて、れいのラムぺじいさんが、いつものこうもり傘をこわきにかかえて、悲しげな顔つきでこの場面を見物していた。ひや汗となみだとがラムぺの顔からぽたぽたおちた。そこでイマヌエル・カントはラムぺじいさんをかわいそうに思った。そして自分がえらい哲学者であるばかりではなくて、やさしい人間でもあることを示そうとした。とくと考えたすえ、なかば親切な、なかば皮肉な口調でカントはこういった。「あのラムぺじいさんは、神さまがなくてはこまる。あのあわれな人間は神さまがいないと、しあわせになれないんだ。——さて人間はこの世でしあわせにくらさねばならぬ。これは実践理性の要求することだ。——えい、かまわん。やっちまえ！——この実践理性に神の存在を保証させよう。」こうした論法で、カントは理論的理性と実践的理性とを区別した。そしてこの実践的理性を魔法の杖のように使って超越神の死体に活をいれた。超越神は一度は理論的理性に殺されていたのである。(1)

カントは、神なしには生きられない「ラムぺじいさん」のことを思いやって、『実践理性批判』で純粋実践理性に神の現存在を要請させたというのです。詩人の想像力と表現力には敬服するほかありませんが、ここに想定された推移が実情に即したものでないことは明らかです。『純粋理性批判』を詳細に検討するなら、すでにそこに神の道徳神学的証明の可能性が残されていることは明らかだからです。

さて、この引用に登場する「ラムペ」（以降、近年の表記に従い、ランペと記します）とは、長年（実に、四十年ほど）、カントの召使をしたマルティン・ランペ（Martin Lampe, 1734–1806）のことです。彼は、住み込みではなかったものの、カントの住居から身の回りのことまで配慮していました。カント自身は生涯独身でしたが、このランペはカントの知らないうちに結婚していて、やがて彼の妻や娘がカント宅の掃除などを行うようにもなりました。しかし、カントの晩年、彼が心身ともに弱くなった時期に、ランペの振舞いには勝手なところが表れ、酔っぱらって横暴な振舞いをすることもありました。そこで、一八〇二年、ついにランペは解雇されることになります。カントはメモ帳に「ランペの名前は今やすっかり忘れてしまわねばならない(2)」と書きつけています。

『純粋理性批判』と『実践理性批判』との関係に限らず、カントの著作の中には、ときに、不整合と思われる記述や不分明と思われる概念の使い方が見られます。しかし、彼の所説をその論述に従ってじっくり検討するなら、多くの場合、そうした不整合や不分明さは解消されます。ハイネの叙述を楽しみながらも、私たちはカントの文章そのものから目を離さないようにしたいものです。

(1)　ハイネ、伊東勉訳『ドイツ古典哲学の本質』、岩波文庫、一九七三年、一八二頁。
(2)　マンフレッド・キューン、菅沢龍文・中澤武・山根雄一郎訳『カント伝』、春風社、二〇一七年、七九七頁。

第十四章　純粋実践理性の優位

私たちは前の章で、カントが「実践理性の二律背反」を批判的観念論を用いて解決することを確認し、「最高善」概念がまったく不可能なものではないという洞察を得ました。「徳の心術」と「幸福」とを結合することは、なんらかの仕方では可能なのです。ただし、その可能性を私たち人間の自然的能力に見いだすわけにはいきません。その理路はすでに二律背反論で塞《ふさ》がれています。その点を踏まえて、カントは「弁証論」第二章Ⅱの末尾で次のように記しています。

私たちは、かの可能性〔道徳性と幸福との結合の可能性〕の諸根拠を、第一に、直接的に私たちの力の内にあるものについて、その後で第二に、理性が最高善の可能性のために私たちの無能力を補うものとして（実践的諸原理に従って必然的に）提供するものではあるが、私たちの力の内にはないものについて、示すことを試みよう。（119）

この引用文には「弁証論」第二章のⅢから（少なくとも）Ⅵまでで論じられる内容の骨子が

二つに分けて示されています。カントはここで、最高善がどのようにして可能かを考えるために、第一に「私たちの力の内にあるもの」について、第二に「私たちの力の内にはないもの」を検討しようというのです。前者はⅢで論じられる「純粋実践理性の優位」を指し、後者は、人間の無能力を補うべく理性が必然的に考えるものとしてⅣからⅥで論じられる「純粋実践理性の要請」を指しています。

〈純粋実践理性の優位〉

Ⅲ節は「思弁理性との結合における純粋実践理性の優位について」と題されています。「思弁理性」は「純粋思弁理性」とも書き換えられますから、この表題は、「純粋理性」の思弁的使用と実践的使用とが「結合」される場面を想定し、その場面では純粋実践理性が優位を占めることを予告しているのです。カントはⅢ節の冒頭で「優位」とは何かを説明していますから、その箇所を引用しましょう。

> 私の言う、理性によって接続された二つあるいはそれ以上のもののあいだにおける優位とは、或るものがそれ以外のすべてのものとの接続の第一の規定根拠となるという優先のことである。より狭い実践的な意味では、それは、或るものがもつ関心の優先を意味するが、それは当のものの関心（それは他のどんな関心にも後置され得ない）に他のものたちのもつ関心が従属する限りでのことである。(119)

この引用文によれば、「優位（Primat）」とは、二つ以上のもの（たとえば、A、B、C）の接続において、その内の一つのもの（A）が、他のすべて（B、C）との結合における「第一の規定根拠」となる場合に、そのもの（A）が占める地位のことです。このとき、AはBやCに優先し、BやCはAに後置されるのみならず、Aがここでの「接続」のかたちを決めることになります。

さらにカントはここで、「優位」の意味を実践的なものに限定します。そのとき、上でAやB、Cと記したものがそれぞれ「関心（Interesse）」をもつことになります。「実践的」であるとは、「何があるか」を考えることではなく「何があるべきか」を意志することですから、基本的にはいまだそこに実現していないものに対して、それはどうでもよいものではないという意識、つまり関心が呼び出されるのです。その上で、A、B、Cそれぞれがもつ関心において、Aのもつ関心が優先し、けっしてBやCの関心に後置されず、さらにBやCの関心がそれに従属する場合、Aの関心が優位を占めると言われるのです。カントの文脈を離れて経験的な例を挙げるなら、健康、清潔、睡眠への関心があるとして、健康のために、清潔を保ち十分な睡眠をとるべきだと考えるとしたなら、清潔への関心や睡眠への関心は健康への関心に従属し、健康への関心が優位を占めていることになります。

実際、私たちは実に多様な関心をもちます。それに加えて、カントは理性そのものも関心をもっていることを指摘します。ただし、彼は、「理性の関心」と聞くと私たちが容易《たやす》く思い浮かべがちなものは、ここで指摘されるそれではないことも注記しています。私たちは、ときに〈理が通っていないこと〉や〈理屈通りにならないこと〉に不満を抱きます。この不満には私たちが理性使用を実現しようとしていることが表れてはいます。しかしカントは、これは「理性の関心」でないと指摘します。彼によれば、これは「理性使用一般の可能性のために必要なこと」(120) に過ぎないのです。他方、彼自身が指摘する「理性の関心」は、思弁的使用の関心であれば「最高のア・プリオリな諸原理に至るまで客観を認識すること」(同) であり、実践的使用の関心であれば、「最終の完璧《かんぺき》な目的にかんして意志を規定すること」(同) です。つまり、理性はたんに自分自身と一致していること (理性の名において筋が通っていること) に関心をもっているのでなく、「最高のア・プリオリな原理」や、「最終の完璧な目的」を目がけて、理性自身を「拡張」することに関心を抱いているのです。

しかし、思弁的使用における純粋理性が「最高のア・プリオリな諸原理に至るまで客観を認識すること」に関心をもっているとしても、人間理性にそうした認識が可能でしょうか。それは不可能です。理論的態度における人間の認識は、可能な経験の範囲においてのみ成立するというのが、カントが『純粋理性批判』で明らかにしたことです。他方、実践的使用における純粋理性の関心は、「最終の完璧な目的にかんして意志を規定すること」です。「最終の完璧な目的」とは、これまでの文脈に基づいて最高善のことを指していると考えられますから、この関心は、最高善を意志規定の根拠にすることへの関心を意味しています。この関心は、「最高善を実現すべきだ」と意識されるでしょう。このようにして、話題は「純粋実践理性の対象の無条件的総体」（108）としての「最高善」に戻ってきました。

私たちの課題は、道徳性と幸福との結合としての最高善がどのようにして可能かを考えることです。これは実践的な領域を越えて、理論的な領域にもかかわる問いです[1]。どのような仕方で実現するにせよ、幸福というものは可能な経験の領域で実現するより他ないからです。しかし、この問いに理性が理論的な構えから答えることは不可能です。「道徳性」が可能な経験の領域のことがらではないからです。では、純粋理性によって思弁的に答えることができるかと言えば、それも不可能です。ことがらは思弁の領域ではなく、経験の領域にかかわるからです。しかしながら、実践的使用における純粋理性の関心に基づくなら、それはなんらかの仕方で可能であるべきです。ここまでは二律背反の解決で明らかになっています。

では、このような純粋理性の実践的な関心（最高善を実現すべきだ）は、思弁的な関心に基づいて却下されるべきでしょうか。このとき、私たちはいずれの関心も純粋理性という「同一の理性」（121）が抱いていることを思い起こすべきです。別々の理性が別々のことがらについてそれぞれの関心を語っているのであれば、思弁的な理性が実践的な理性の言い分を徹底的に拒むこともあり得ましょうが、「同一の理性」が一つのことがらを問題にしているとなると話は別です。そこには一種の理性の矛盾が生じてしまいます。

他方、次のことを思い返しましょう。件《くだん》の問いに対して、思弁的な理性は答えられないものの、実践的な理性はなんらかの仕方で可能であるべきだと考えています。しかも道徳的法則を規定根拠としてア・プリオリにそう考えています。このとき、思弁的な理性の関心と実践的な理性の関心とには矛盾がありません。前者は自分の関心に基づく問いに答えられないだけだからです。しかも、後者の関心は、部分的に理論的・思弁的な理性の関心ともかかわっています。これが、冒頭で言及した「純粋実践理性の優位」が問題になる状況です。この点に言及しているカントの主張を引用しましょう。

この際、明らかなのは、もし前者〔理論的意図〕における理性の能力が、なんらかの命題たちを主張しつつ確立するには不十分であるとしても、他方、その命題たちが理性にともかくも矛盾しないのであれば、〔理論的意図における〕理性は、まさにそうした命題たちを、それらが純粋理性の実践的な関心に不可分に属すやいなや、なるほど、自分の大地の上で育ったわけではなく、自分にとって異質な申し出ではあるが、それでも十分に信じるに値するものとして受け止めねばならず、また、そうした命題たちを、理性が思弁的理性として自分の力の内にもっている一切のものと比較し結合するよう試みなければならない、ということである。(121)

(1)　ここで私たちは『純粋理性批判』の超越論的方法論で立てられた「理性の関心」の第三の問い「私は何を希望してよいか」を思い出すことができます。この問いは、カントによって「私がなすべきことを行った場合、私は何を希望してよいか」と言い替えられます。これはまさに最高善に向けられた問いですが、カントはこの問いを「実践的かつ理論的」であると記しています(A805/B833)。

カントの主張は明確です。理論的意図における理性使用（純粋思弁理性）では十分に確立できない命題であっても、第一に、その命題が矛盾したものでないなら、つまり認識できないまでも理性的に考えることはできるなら、第二に、それが「純粋理性の実践的な関心」に属すなら、純粋思弁理性は「自分にとって異質な申し出」を受け止めねばならず、第三に、そうした命題を「自分の力の内にもっている一切のもの」と比較し結合するように試みるべきだ、というのです。この引用文で加えられた第三の点に注目しましょう。これは、純粋思弁理性が純粋実践理性の関心の下にみずからを位置づける場合、前者は後者の関心を実現するために、自分にできることは何かを考え、それをもって後者に貢献しなくてはならない、ということです。ここで「自分の力の内にもっている一切のもの」とは、純粋思弁理性が（認識できないまでも）考えることはできるものを指しています。それは、『純粋理性批判』の超越論的弁証論で自由と並んで話題となった二つの理念、すなわち魂（の不死）と神（の現存在）です。これから『実践理性批判』でこの二つの理念が話題に上ってきます。カントは、この引用文でそれを示唆しているのです。

以上で、カントが「純粋実践理性の優位」という所説で何を考えているかが明らかになりました。それは、純粋実践理性が純粋思弁理性よりもなんらかの意味で優れているということではありません。特に、前者が後者の認識できないことを認識できるということではありません。また、純粋実践理性の関心が純粋思弁理性の関心よりも上だということでもありません。(2) そうではなく、ある限定された場面、すなわち、純粋実践理性にとっての必然的な「対象の無条件的な総体」である最高善が問題になるとき、そしてそこで理性の実践的使用と思弁的使用とが結合される場合、前者の関心を後者は否定せず、その実現のための理路を拓《ひら》くことに貢献しなければならない、ということなのです（121参照）。これは私たちの理性のことがらですから、「直接的に私たちの力の内にある」（119）ことです。

〈純粋実践理性の要請としての魂の不死〉

純粋思弁理性が拓いた理路のうち、最高善の実現に資する第一のものは「魂の不死（die Unsterblichkeit der Seele）」という理念です。カントはこれをⅣ節「純粋実践理性の要請としての、魂の不死」で論じます。「魂の不死」という話題の登場を目にして、いやいや、カントは『純粋理性批判』の「純粋理性の誤謬《ごびゅう》推理」で、魂を実体のカテゴリーで把握することが不可能であることを指摘し、魂の不死など証明できないことを明らかにしたのではないか、さらに同書第二版では、わざわざメンデルスゾーンを論駁《ろんばく》しつつ「魂の持続性」の論証における不備

（2）カントは、純粋思弁理性の関心と純粋実践理性の関心を比べて、「どちらが最上か」という問題ではないと記していますが（120）、他方、「一切の関心は結局のところ実践的であり、思弁理性の関心さえも、もっぱら条件づけられており、実践的使用においてのみ完璧である」（121）とも記しています。私たちの理論的あるいは思弁的態度もまた、何かを理解しようという意志作用に導かれていますし、自分はそれを理解すべきだという意志作用に導かれていることを考えるなら、一切の関心を実践的なものと考えることにも理由があると言えます。

を指摘したのではないか、と思う方もいるかもしれません。それは、そのとおりです。しかし、そう思う方は、当該箇所では魂の不死の証明ができないことが明らかにされただけで、死後、人間の魂が持続しないことが証明されたわけではないことを確認してください。さらに、カントがそこで魂のことがらは「人間性の最高の関心」（B423）に属しているとも述べていたことも思い出してください。カントによれば、私たちは自分の魂や心に、さらには自分の肉体的な死後に魂がどうなるかに無関心ではいられない存在なのです。

さて、最高善が問題になるとき、私たちは、「心術が道徳的法則と完全な適合」（122）をしているかどうか、あるいは適合できるかどうか、に関心をもたざるをえません。その「適合」こそが、道徳性の実現として、最高善の「最上の条件」（同）だからです。しかし、有限な理性的存在である人間に「完全な適合」など可能なのでしょうか。可能だとしたら、それは人間が神的存在と同様に「神聖性」（同）を実現できることになります。やはり、そうした完全性は私たちには不可能だと言わざるを得ません。すると、私たちは先に「実践理性の二律背反」で最高善にかんして直面したのと同じ問題状況に陥ってしまいます。すなわち、この不可能性をそのまま認めることは、最高善をも最上善をも不可能にし、ひいては道徳的法則をも不可能にしてしまうという問題です。

そこで、カントは、次のように考えることでこの問題状況を打開することを提案します。それは、件の適合が「かの完全な適合に至る無限に進む進行の中に」（同）見いだされ得ると考えることです。これは、どういうことでしょうか。道徳性を実現すべく、無限に努力せよということでしょうか。それでは、先に不可能とされた神聖性を要求されているに等しくなってしまいます。そうではありません。これは、自分の人生が無限に続くとしても、その過程においてつねに（おそらくは、その都度、不完全ながら）道徳性を求め、道徳性の原理である道徳的法則を自分の意志規定の根拠にしようとする態度に、あの「適合」が見いだされると考えることです。[3] 比喩《ひゆ》的に言うなら、カントがここで考えているのは、ある人が山の斜面にいるとして、さらには、その斜面がけっして上りきることのできないものだったとしても、その人がいつでもその斜面を上り続けようとしているなら、それをもって登頂の実現と考えるということです。

　このような仕方で、心術と道徳的法則との「完全な適合」を考えるためには、一つの理論的な思考が必要になります。つまり、最高善の実現が求める〈完全な適合を実現すべきだ〉という実践的意志だけでなく、その可能性を保証する理論的思考もまた必要になるのです。それが〈魂は不死である〉という命題です。カントは次のように述べています。

> このような無限の進行は、同一の理性的存在の、無限に進行する現実存在ならびに人格性（これが魂の不死と呼ばれる）を前提することによってのみ可能となる。それゆえ、最高善は、実践的に、魂の不死を前提することによってのみ可能となる。それゆえ、魂の不死は、

（3）　カントは、このような評価を行うのは人間自身ではなく、「時間条件がそれにとって無である無限者」だと考えています（123）。これは神のことです。

> 道徳的法則と不可分に結合しているものとして、純粋実践理性の要請である（私が要請というのは、理論的ではあるが、それとしては証明不可能な命題であり、しかも、それがなんらかのア・プリオリに無条件的に妥当する実践的法則と不可分に依存している限りでの命題のことである）。（122）

まずは、この引用文の末尾で、「要請（Postulat）」という用語の説明が行われていることに注目しましょう。この用語は、すでに分析論§7の注で用いられていましたが、ここでは、理論的命題として登場します。ただし、理論的には証明不可能だが、無条件的な実践的法則〈道徳的法則〉に不可分に依存しているものとして、したがって、純粋実践理性の優位に基づいて採用されるべき理論的命題、〈魂は不死である〉として、登場するのです。これがここで純粋実践理性によって要請されることです。

さっそく確認されるべきことですが、「魂の不死」は、先の引用文（119）で言及された「直接的に私たちの力の内にある」ことではありません。「私たちの力の内にある」とは、私たちの意のままになることです。なるほど「魂」として考えられているのは私たち各人の魂です。しかし、先に述べたように、それが「不死」であるかどうかは私たちには論証不可能ですし、仮に「魂の不死」が可能であるとしても、それが私たちの意のままになるとどうして言えるでしょうか。

引用文に戻ります。最高善を目がけて、その条件としての、心術と道徳的法則との「完全な適合」に向かう「無限の進行」を考えるには、まず、それを行う一人の理性的存在が「現実存在（Existenz）」することを前提にしなくてはなりません。ここでカントは「現実存在」という表現を説明なしに用いていますが、これは生存をも意味する単語です。したがって、前提されるのは、当の理性的存在がなんらかの意味で生きていることです。なるほど、善く生きようとする人が生きていないことなど考えられません。次に、前提されねばならないのは、その理性的存在に「人格性」があることです。「人格性（Persönlichkeit）」という単語は、すでに『実践理性批判』で固有な意味で用いられていました。それは「全自然のメカニズムからの自由と独立」（155）という意味です。(4) これは可死的なものとしての身体からの独立をも意味します。このように、同一の理性的存在が無限に現実存在し続けかつそれが自然のメカニズムからまったく自由であること、それをひとは「魂の不死」と呼びます。このような魂の不死が（証明されないままであっても）前提にされてはじめて、人間は件の「無限の進行」を考えることができるようになります。だからこそ、純粋実践理性は、人間の無能力を補うべく「魂の不死」を要請するのです。

それにしても、カントがこのように「魂の不死」を要請する理路を説明したことは、私たち

（4）『純粋理性批判』第一版の誤謬推理論では、「人格性」を「時間の中での自己意識の完全なる同一命題」であるとし、この命題は「私は、これらすべての時間の中で数的同一性をもって存在している」ということを意味していると説明しています（A362）。

にとってどのような意義をもつのでしょうか。彼自身は、そこに宗教にかんする批判的な意義を見て、それを二点にまとめて付言しています。「道徳的法則との完全な適合」を無限の進行においてのみ可能なものだと考えることで、第一に、件の「適合」を人間にとって容易に実現できるものへと引き下げることで道徳的法則のもつ神聖性という品位を失わせることを防止できます。道徳的法則はそのように寛大なものではありません。第二に、件の「完全な適合」への期待を募らせて、人間にもそれが可能であると人間の側を引き上げることで、ひとが「熱狂的な、自己意識にまったく矛盾する神智学的夢想」(123) にふけることを防止できます。道徳的法則との完全な適合には、努力や改善の進行が不可欠なのです。

〈純粋実践理性の要請としての神の現存在〉

純粋思弁理性が拓いた理路のうち、最高善の実現に資する第二のものは、「神の現存在(das Dasein Gottes)」という理念です。カントはこれをV節「純粋実践理性の要請としての、神の現存在」で論じます。「神の現存在」もまた、『純粋理性批判』の「純粋理性の理想」の箇所で、徹底的にその証明の不可能が指摘されたことがらです。しかし、同じ箇所で、神の非存在が証明されたのではないこと、また純粋思弁理性が神の現存在を考えずにはいられない理路もまた示されていたことを、私たちは思い出さねばなりません。もちろん「神の現存在」もまた、「私たちの力の内にはない」(119) ことがらです。

さて、最高善の可能性の第一条件である最上善という課題は、「魂の不死」を要請することで解決されました。次に、第二の要素としての「幸福」の問題が解決されねばなりません。最上善が実現するとして、それに比例した幸福をもたらすものの現存在もまた要請されねばなりません。それが「神の現存在」です。カント自身の文章を引用しましょう。

まさに同じ法則はまた、最高善の第二の要素の可能性、すなわちかの道徳性に適《かな》った幸福の可能性のために、それも先の〔魂の不死の〕場合と同様に非利己的に、つまり純然たる不偏の理性に基づいて、この〔幸福という〕結果に適合した原因の現存在の前提へと導かねばならない。言い換えれば、あの同じ法則は神の現実存在を、最高善（この私たちの意志の客観は、純粋理性の道徳的立法と必然的に結びついている）の可能性に必然的に属しているものとして要請しなくてはならない。（124）

「魂の不死」を要請したのと「まさに同じ法則」、すなわち道徳的法則は、最高善の可能性のために、詳しくは、その第二の要素としての「幸福」の可能性のために、「神の現実存在」を要請しなくてはなりません。(5) ここで神は、道徳性に適合した幸福をもたらす原因として考えられます。

（5）　当該箇所の表題では神の「現存在（Dasein）」と表記されていますが、ここでは「神の現実存在（Existenz）」と表現されています。これは、「神の現存在」を要請されたからといって神が空間や時間の中に姿を現すわけではなく、「神の現存在」という意識が私たちのものになるに過ぎないからだと考えられます。

れています。もちろん、「幸福」のためだと言っても、それは「非利己的」で「不偏の理性に基づいて」のことです。つまりこれは、善く生きている人を神がひいきするという話ではなく、もっぱら人間の側の「不偏の理性」に基づく要請なのです。というのは、道徳的に立法する私たちの意志にとって最高善は「必然的」に「客体」となるものですから、その可能性が考えられないとしたら、道徳的法則そのものが「虚偽」(114)になってしまうからです。

それにしても、なぜ「神の現実存在」が要請されることで、最上善に比例した幸福が可能になるのでしょうか。あるいは、なぜ「神の現実存在」でなければ、それが可能にならないのでしょうか。カントは、ここで「幸福」概念をあらためて定義することから議論を始めます。その定義を見てみましょう。

> 幸福とは、この世界の中の理性的存在が、その現実存在の全体の中ですべてのことが願望と意志のとおりになる、という状態のことであり、それゆえ自然がこの存在の全目的に、同様にこの存在の意志の本質的な規定根拠に、合致することに基づいている。(124)

これは、カントの「幸福」概念の表現としてしばしば引用される箇所です。それにしても、なんらかの理性的存在にとって「すべてのことが願望と意志のとおりになる」ことが幸福だと言われるのには、いささか大仰な感じがしないでしょうか。そんな事態はあり得ないと思う方もいるでしょう。あるいは、なにほどか不満があるからこそひとは自分の充《み》たされた部分を意識できるのだから、不満をきっかけとしてはじめてひとは幸福を感じるのではないか、と思う方もいるかもしれません。しかし、では、そうした不満があった方がいいかそれともない方がいいか、と考えるなら、それはない方がいいのではないでしょうか。すると、幸福の定義はカントが提示したとおりの内容に戻ってきます。

さて、こうした幸福が可能になるには、第一に、当の理性的存在がもつさまざまな目的すべてに自然が合致していなくてはなりません。ただし、これは自然がどんな意志や願望も叶《かな》えてくれるということではありません。或る理性的存在が道徳性という「幸福に値する」ことを実現している意志をもっている場合、その理性的存在が何を目的としようと、そうした目的がすべて自然の中で実現可能だということです(6)。第二に、理性的存在の意志にとって本質的な規定根拠、すなわち理性的な規定根拠に自然が合致していなくてはなりません。これは、たんてきに道徳的法則において意志されることと自然とが合致しているということです。なお、この第二の論点は、ここで道徳的法則と自然法則との関係が話題になっていると見るなら、分析論における「純粋実践的判断力の範型論」と類似しています。そこでは、道徳的法則の側から、それを感性界の行為に適用する際に自然法則の形式が範型になるという議論が行われたからです。

(6)　このように、最高善に含まれる幸福を考えるなら、それが利己的なものとは異なる相貌《そうぼう》をもっていることが分かります。ここでの幸福は道徳性を第一条件としているからです。ただし、この点を理解してなお、「実践理性の二律背反」から人間理性は解放されません。第二要素として幸福が意識される限り、それが意志規定の根拠になっているのではないか、という疑念が生じてくるからです。

しかし、あの議論は、あくまで自然法則の形式がもつ合法則性に着目したものに過ぎません。それに対して、ここでは「幸福に値する」意志規定が（幸福が実現する場としての）自然と合致しているという内容的な事態が考えられています。

このようにカントの「幸福」の定義を見てみるなら、そこには道徳性（あるいは、徳の心術）と自然（あるいは、幸福）とを必然的な仕方で架橋するという課題が示されていることに気づきます。では、この架橋を行い得るものはなんでしょうか。それが道徳的法則でないことを私たちは知っています。道徳的法則は「自由の法則」（124）として自然から独立しているからです。それゆえ、道徳的法則の主体としての理性的存在は、自由な意志規定をできるとしても、自然を自分に適合的に改変することなどできません。それでも最高善は求められるべきものですから、私たちは道徳性と幸福との合致のために、その根拠となる存在を要請しなくてはなりません。人間が自然を自分に適合的に改変できないのは、人間が自然を創ったわけでもないし、そうした自然を完璧に理解するだけの知性をもってもいないからです。だからこそ、私たちが要請するのは、自然の創始者（自発的に自然を創ろうと意志し、創った存在）としての神なのです。こうした存在においてこそ、意志の規定根拠と自然とが合致していると考えられます。カント自身の文章を引用しましょう。

> この世界の中での最高善が可能になるのは、道徳的心術に適った原因性をもっている、自然の最上原因が想定される限りにおいてだけである。さて、諸法則の表象に従って行為で

きる存在は、なんらかの知性（理性的存在）であり、そうした存在がもっている、諸法則の表象に従う原因性が、その存在の意志である。それゆえ、自然の最上原因は、それが最高善のために前提されねばならない限り、悟性と意志によって自然の原因（したがって創始者）となる存在、すなわち神である。したがって、最高の派生的善（最善の世界）の可能性の要請は、同時に或《あ》る最高の根源的善の現実性の要請、すなわち神の現実存在の要請である。（125）

最高善が可能になるには「自然の最上原因」が想定されねばなりません。それこそが自然の創始者です。しかも、当の最上原因は「道徳的心術に適った原因性」によって、原因として働くはずです。なにしろ最高善を可能にする存在が「道徳的心術」と無縁であるとは考えられないからです。さて、「自然の最上原因」は「最上」ですから、もはや他の原因の結果のような受動的存在ではありません。それは、自分自身が原因となって結果をひき起こさねばなりません。こうしたことができる存在は、原因と結果との法則的関係を自発的に表象し、もっぱらその表象を根拠にして行為できます。こうした存在をカントは「知性（Intelligenz）」あるいは「理性的存在」と表現します。また、そうした存在がもっている、諸法則の表象に従う原因性は「意志（Wille）」です。[7] したがって、最高善を可能にする自然の最上原因として想定されるべきなのは、悟性と意志とをもって自然を創始する存在、[8] すなわち神（Gott）であることになります。私たちは、最高善の可能性のために、こうした神の現存在を要請しなくてはならないのです。この観点からカントはここで、神を「最高の根源的善」と位置づけ、神によって可能になる最高善を「最高の派生的善」と捉《とら》え直しています。

なお、このように神の現存在を要請することが、道徳的法則が促進を命じている最高善の可能性を考えるために十分であるとしても、それは神の現実存在を想定することが義務だということではありません。前者の必然性は、最高善を求める存在によって主観的に十分であるに過ぎず、それは義務のもつ客観的な必然性とは異なります。このような主観的にのみ十分な確信のことを「信じること、信仰（Glaube）」（126）と言います。[9] したがって、ここでのカントの議論は、私たちを一種の信仰へと導いたことになります。ただし、この導きの根拠になったのはもっぱら純粋理性ですから、カントはこれを「純粋な理性信仰」（同）とも呼びます。

ここまでの議論によって、私たちは「最高善」概念を可能なものとして確保しました。カントは先に、「最高善」の演繹《えんえき》（正当化）は超越論的でなければならないと記していましたが（113）、ここまでの議論が一切の経験的な内容に依存していないことで、超越論的な正当化が遂行されたのです。

〈最高善とキリスト教の教え〉

さらにカントはここで、自身が提示した「純粋な理性信仰」と「キリスト教の教え」（127）とを結びつけます。より正確には、結びつけつつ両者の違いを示唆します。というのは、最高善は、カントにとっては「この世界の中での最高善」（125）ですが、キリスト教にとっては

「神の国の最高善」(127) だからです。もっとも、カントは、キリスト教の教えと彼の所説とのあいだに、最上善をめぐっては相違がないと考えていたようです。あるいは、カントはキリスト教の教えをそうしたものとして理解していたようです。両者ともに心術の純粋性を重んじ、それを実現するために、魂の無限の持続・進行を希望するからです。

しかし、最高善の第二要素としての幸福については、いくらか相違があるようです。カントは「この世界の中」で最高善の可能性を考えるために、自然における幸福を可能にする存在として、神の現存在を要請することを考えました。他方、カントが見るところ、キリスト教は最上善に対して幸福を補うために「神の国」を描きました。「神の国」では、「神聖な創始者」

---

(7) カントは『基礎づけ』で「意志」を「諸法則の表象に従って行為する能力」と定義していました (IV 412)。

(8) 引用文中で、いったん「知性 (Intelligenz)」に言及されながら、「悟性 (Verstand)」に用語が変わる意図は説明されていません。しかし、ラテン語の intellectus のドイツ語訳は Verstand ですから、ここに無理はないでしょう。また、カントが「知性」を「理性的存在」と言い換えているように、「悟性」には「理性」をも含む意味の広がりが認められる場合もあります。

(9) カントは『純粋理性批判』の超越論的方法論において、「信じること、信仰」を「知ること (知)」「思うこと (臆見《おっけん》)」から区別しています (A822/B850)。それが判断の「信憑《しんぴょう》性 (真と見なすこと)」の三段階です。「思うこと」は、主観的にも客観的にも不十分な信憑性しかもたず、「信じること」は主観的には十分だが客観的には不十分な信憑性をもち、「知ること」は主観的にも客観的にも十分な信憑性をもちます。

(128)である神によって道徳と自然とが調和することになります。ここには、道徳性と幸福とを架橋するために、実践理性が二律背反に陥るというような問題状況は生じません。いきおい、カントとキリスト教の幸福観にも相違が生まれます。キリスト教にとって幸福は「神の国」のことがらですから、それはむしろ「浄福（Seligkeit）」（129）と呼ばれるべきものになります。これは、けっして地上で、すなわち「この世界の中」で実現するはずのない、「永遠において到達可能なもの」（同）です。

ともあれ、カントがキリスト教の教えに言及することで確認しようとしたのは、「道徳そのもののキリスト教原理」（129）は、それがカントの所説と整合的だとしても、いやそうであるからこそ、神学的な他律的なものではなく、むしろ「純粋実践理性それ自身の自律」（129）なのだということです。道徳的法則はけっして神の意志を根拠とするものではありません。神の現存在はあくまでも最高善の可能性のための根拠なのです。

〈道徳的法則から宗教へ〉

「最高善」概念の可能性を正当化することで、カントの議論は「純粋な理性信仰」に行き着きました。さらに、それはキリスト教の教えとも関連づけられました。これらの議論を踏まえて、カントは道徳と宗教との関係を論じます。

このようにして道徳的法則は、純粋実践理性の客観であり究極目的である最高善の概念を

> 介して、宗教へと至る。宗教に至るとは、一切の義務たちを神の命令として認識すること、である。すなわち、制裁としてすなわちなんらかの他者の意志の恣意的でそれ自身偶然的な指示としてではなく、それぞれの自由な意志それ自身にとっての本質的諸法則ではあるが、それでも最高存在の命令と見なされねばならない諸法則として認識することである。なぜなら私たちは、道徳的に完全（神聖で慈悲深い）だが同時に全能でもある意志によってのみ、私たちの努力の対象とすることを道徳的法則が私たちに対して義務づけている最高善を希望できるからであり、それゆえそうした意志との一致によって最高善に到達することを希望できるからである。だから、ここでもすべては非利己的のままであり、もっぱら義務に基づいているままである。もし、恐れや希望が原理となるなら、それは行為の道徳的価値全体を無に帰させることになるが、そうしたものが動機として根拠とされることがあってはならない。（129）

やがてカントは『たんなる理性の限界内の宗教』の初版への序文（一七九三年）で「道徳は不可避的に宗教へと至る」（VI 6）と記しますが、この引用文の冒頭にも同様のことが言われています。「宗教に至る」とは、すべての義務を「神の命令」、「最高存在の命令」として認識することです。すると、カントはここで一挙に神律道徳という一種の他律道徳へと彼の道徳を転換するのでしょうか。もちろん、そうではありません。私たちは、神の「制裁」として、つまりその恣意《しい》的で偶然的な指示として道徳を認識するわけではありません。あくまで道徳的法則は、「自由な意志」の「本質的諸法則」として、宗教から独立です。

しかし、私たちは、道徳的法則が最高善の促進を命じるにもかかわらず、「神聖で慈悲深く」また「全能である」神の意志に依《よ》ることなしには最高善への到達を希望できません。このとき、神の意志に依るとは、神の恣意的な意志に委《ゆだ》ねるということではありません。それは、私たちが自分の自由な意志にとって本質的である道徳的法則を神の命令であると認識することで、神の意志と「一致」することです。ここで神は自然の創始者と考えられていますから、道徳性の最上原理としての道徳的法則が神の命令であるとすれば、ここには神の意志における道徳性（徳の心術）と自然（あるいは幸福）との一致が想定されることになるでしょう。ただし、ここで私たちが確認すべきなのは、私たちが義務を神の命令として認識するのは、最高善の第二要素としての幸福を求めるためにではなく、道徳的法則が促進を命じている最高善の実現を希望するためだということです。あくまで、ことがらは「義務に基づいて」いて、「非利己的」なのです。

さて、この引用文の末尾には「もし、恐れや希望が原理となるなら、それは行為の道徳的価値全体を無に帰させることになるが、そうしたものが動機として根拠とされることがあってはならない」という一文が添えられています。「恐れや希望」は道徳的行為を執行する原理（動機）であってはならない、仮にそうなるなら、道徳性という道徳的価値が無に帰してしまうというのです。これはカントの自己批判とも解することのできる文です。というのは、ここに『純粋理性批判』からの思想的変化を見てとることができるからです。同書でも最高善が話題になり（A811f./B839f.）、そこでも道徳性と幸福との結合は創始者によって可能になると言われます。しかし、カントはそこで、道徳的法則が命令になるには、その法則に適合した行為の結果がなにかを「約束」し、それに違反した行為の結果がなんらかの「威嚇」を伴うのでなければならない、と記しています。これは、カントが道徳的行為の動機として希望や約束あるいは恐れや威嚇を考えていることを意味します。この所説を『実践理性批判』のカントが首肯するはずもないことは明らかです[10]。カントの倫理学説の最終的な確立をどの時点に見るかは研究者によって諸説がありますが、『純粋理性批判』と『実践理性批判』とのあいだには大きな相違があることが、この箇所から確認できます。

〈人間性の神聖さ〉

カントはさらに、「神の現存在」を論じた箇所の末尾で、『実践理性批判』ではこれまで十分に言及されてこなかった思想、しかも、すでに『基礎づけ』で重要な位置を占め、今日に至るまで彼の倫理思想の不朽の要素となっている思想に言及します。それが「目的それ自体」としての人間という思想です。さっそく当該箇所を引用しましょう。

---

(10)　カントの最高善論は、『純粋理性批判』と『実践理性批判』とのあいだでさまざまに変化しています。たとえば、前者では道徳性と幸福との結合の場が「可想界」（A811/B839）とされていることもその一つです。

①諸目的の秩序の中で、人間（それとともにあらゆる理性的存在）は目的それ自体であること、すなわち、他人に手段として使用される際でも、同時にそれ自身目的であることなしにけっして誰かに（神によってさえ）たんに手段として使用され得ないこと、それゆえ、私たちの人格の中の人間性が私たち自身にとって神聖でなければならないことが、いまやおのずから帰結する。②なぜなら、人間は道徳的法則の主体であり、それゆえそれ自身神聖であるものの主体、なるほどそのもののためにだけ、またそれと一致してだけ、一般になにか或るものが神聖と呼ばれ得るものの主体だからである。③というのは、そうした道徳的法則は人間の意志の自律に基づいており、人間の意志は、その普遍的な諸法則に従って必然的に、自分がそれに服すべき意志と同時に一致することが可能でなければならない自由な意志だからである。（131f.）

この引用文でまず確認されるべきは、その内容が規範的にでなく記述的に記されていることです。カントはこの引用文の①を「あるべき」こととして記しているのではなく、「である」、「され得ない」、「ならない」という表現を用いて記しています。それを根拠づけるのが②です。さらに、②が①の根拠になる論拠を示すのが③です。

まず、①の内容ですが、人間は「目的それ自体」であり、同時に「目的」であることなしには、誰か（自分をも神をも含む）からたんに「手段」として使用されることがあり得ない存在だと指摘されます。どうしてそう言えるのでしょうか。ヒントは引用文冒頭の「諸目的の秩序」における「秩序」にあります。これは、目的と手段との関係や、あるいは上位の目的と下位の目的との関係のことを指しています。さらに言えば、この関係はすでに秩序あるものと考えられていますから、目的の他に手段の関係を含むからといって、ここでは誰もたんなる手段として使用され得ない関係が考えられています。

さて、これまでの行論によってカントは、最高善の可能性を正当化しました。誰もが、自分の道徳性を実現したなら、自分の幸福を希望してよいのです。自分自身の幸福を目的とするとき、ひとは幸福な自分自身を目的とします。その点で、人間は「目的それ自体」です。しかし、その幸福が最高善の第二要素である限り、当人は第一の条件としての道徳性を実現していなければなりません。これは普遍的な道徳的法則を実現することですから、誰かを「たんに手段」として使用することも、誰かにそうされることもあり得ません。さもなければ、道徳的法則が求める普遍性が実現されないからです。こうしてみると、①の最初の指摘は、実現可能な最高善の側から人間たちを見た表現だということが分かります。

次に①の後半では、「私たちの人格の中の人間性が私たち自身にとって神聖でなければならない」と指摘されます。これがこの引用文でカントがもっとも言いたかったことです。私たちひとり一人（人格）が、「たんに手段」として使用され得ない「目的それ自体」なのだから、私たちがもっている人間性は、言い換えれば、私たちひとり一人が人間であることは、当人にとって「神聖」なのだ、と。

しかし、どうしてここに「神聖」という表現が出てこられるのでしょう。その根拠が②で示されます。すなわち、人間である私たちひとり一人は、道徳的法則というそれ自身、神聖なものの主体だからです。このように各人が道徳的法則の主体と言える根拠を、カントは③で、道徳的法則が「人間の意志の自律」に基づいているからであり、人間の自由な意志はそれ自身が服すべき法則と一致できるからだと指摘するのです。

〈純粋実践理性の要請一般について〉

「魂の不死」と「神の現存在」の要請に続いて、カントはⅥ節「純粋実践理性の要請一般について」という箇所を設けています。そこでは、彼の要請論が概観され、それが、「理論的定説」(132)として諸理念にかんする理論的認識を拡張するようなものではなく、あくまで「実践的意図における前提」(同)だということが確認されます。ただし、実践的観点からは、件の諸理念に客観的実在性が与えられることも付言されています。

さて、ここでの論述に特徴的なのは、魂の不死と神の現存在と並んで、「自由」もまた要請とされていることです。なるほど、カントは序文で、「神、自由、不死」とまとめて言及することもありました(5)。もっとも、そこでは「自由」が特に重視されていましたし、これまでのカントの行論は、道徳的法則の意識を介して自由を演繹したように、やはり自由を他の二つの理念とは区別してきました。しかし、ここでは再び、三つの理念が等しく扱われることになります。これは、問題設定を、『純粋理性批判』の「超越論的弁証論」と照らし合わせ、純粋思弁理性の観点を考え併せていることを意味します。

この箇所について、すでに演繹された「自由」も要請に留《とど》まるのだろうか、という疑問を抱く人もいるかもしれません。それについては、そのとおりだと言うほかありません。カントの言葉を引用しましょう。

しかし、自由さえもどのようにして可能なのか、また、どのようにしてこの種の原因性が理論的かつ積極的に考えられねばならないかは、これによって〔実践的意図によって：引用者〕は洞察されず、その種の原因性があるということが、道徳的法則によって、また道徳的法則のために、要請されるに過ぎないのである。（133）

『実践理性批判』の行論をもってしても、さらには特定の場面で純粋実践理性の優位を認めてなお、自由という理念にかんする理論的な認識が拡張されたわけではありません。さらに言えば、『基礎づけ』第三章で立てられた問い、「どのようにして自由が可能か」（IV 459）に答えが与えられるわけでもありません。あくまで〈自由による原因性〉があるということが、道徳的法則の「存在根拠」（4）として要請されたに過ぎないのです。

以上のように、カントは、「最高善」概念という、純粋理性の思弁的使用と実践的使用とが結合される場面において、純粋実践理性の優位を認め、その観点から「魂の不死」と「神の現存在」を要請しました。加えて、分析論で演繹された「自由」もまた、実践的意図からの要請であることが確認されたのです。これらの議論は、『純粋理性批判』の「超越論的弁証論」における三つのテーマ（神、自由、不死）と重なっているがゆえに、ときに読者に対して、これは既存のキリスト教信仰や伝統的な特殊形而上学《けいじじょうがく》の体系を念頭においた弥縫策《びほうさく》ではないか、という疑念をもたせるかもしれません。しかし、カントの行論をたんねんに追えば、そこには彼なりの理路があることが分かります。あらためて確認するなら、カントは一つの理性に対して理性批判を行っているのです。

第十五章　純粋で実践的な理性信仰

「純粋実践理性の弁証論」第二章の末尾に設けられた数節（Ⅶから Ⅸ）で、カントは「Ⅵ 純粋実践理性の要請一般」までに到達した見地から、第一に、広くは私たちが理論的な態度では実現できないこと、狭くは純粋思弁理性にできないことを確認します。これは、「弁証論」が仮象を見抜く論理でもあることを私たちに思い出させてくれます。第二に、思弁的態度との対比において、道徳的法則を根拠とした実践的態度でなら手に入れることができることを明らかにしています。後者は、一言でまとめるなら、「純粋で実践的な理性信仰（ein reiner praktischer Vernunftglaube）」（146）です。

ここで私たちは、カントが『純粋理性批判』第二版の序文で「私は、信じる（Glauben）ために場所を得ようとして、知ること（Wissen）を廃棄しなくてはならなかった」（B XXX）と書いていたことを思い出すことができます。当該箇所では、「純粋理性の実践的拡張」が可能であるからこそ、「神、自由、不死」を想定できることが示唆されていました。これから検討する『実践理性批判』の数節によって、カントが、信仰に場所を与えるため知を廃棄しなければならないと書きながら、何を考えていたかが確認されることでしょう。

〈思弁的認識の拡張？〉

Ⅶ節では表題が次のように疑問文で掲げられています。「実践的意図において純粋理性をなんらか拡張することを、それとともに純粋理性の認識を思弁的なものとして同時に拡張することなしに、考えることがどのようにして可能なのか」(134)。この問いは、一見すると純粋理性の実践的使用における拡張について「どのようにして」と問うているように見えますが、実は、問いの中心に位置するのは、「それとともに純粋理性の認識を思弁的なものとして同時に拡張することなしに」という部分です。なぜなら、最高善という実践的意図において、「神、自由、不死」という理念をめぐって純粋理性が拡張することはすでに明らかになっているからです。問題なのは、それが思弁的な認識を拡張しないということが「どのようにして」可能なのか、ということです。

カントはここで、最高善の可能性という観点からにせよ、あの三つの理念に実在性を認めることができたことをもって純粋理性の思弁にも拡張がもたらされていると考える人を想定して、そうはならないことを説明しようとしています。そうした想定を行う人は、純粋実践理性によって理念が要請されたことによって、かえって、思弁的態度における仮象に欺かれているのです。この論点が厳しく見極められることで、この弁証論がその本領を発揮することになります。

とはいえ、まず確認すべきはカント自身が、最高善の可能性をめぐって理論理性に一定の拡張がもたらされたと考えていることです。実際ここでは、神、自由、不死という、『純粋理性批判』では思弁的理性にとって蓋然《がいぜん》的にしか考えられなかった概念に客観的実在性が認められたのです。つまり、そうした概念に客観が対応することが認められたのです。これを彼は「理論理性が、そうした諸対象が存在することを認めるように強制されている限りで、超感性的なもの一般にかんする理論理性とその認識の拡張」(135)だと認めています。理論的認識は、なんらかの対象について「○○である」と規定します。ここでも、強制されてのこととはいえ、理念についてその諸対象が存在するものであると認めているのですから、これは一種の拡張であると言わざるを得ません。

しかし、これは当該の客観の思弁的認識における拡張ではありません。思弁的認識について『純粋理性批判』では、「理論的認識は、それが、ひとが経験の中では到達できない対象やそうした対象の概念にかかわるなら、思弁的である」(A634f./B662f.)と記されています。つまり、思弁的認識は理論的認識の一種なのですが、その対象が可能な経験の範囲を超えている場合の認識のことです。思弁的認識もまた理論的認識なのですから、後者と同じ条件の下にあります。つまり、たんに主観が考えるのみならず、主観が総合的に(拡張的に)判断することが必要なのです。そのためには、概念の分析に終始するのでなく、概念の外つまり感性的直観にかかわること、それによって客観になんらかの規定が加えられることが必要です。しかし、もとより理念は超感性的なものですから、その客観(対象)が感性的に与えられることなど不可能です。あくまで、件《くだん》の理念は理論理性にとって「超越的」(135)であり、けっして「内在的」(同)なものではありません。また、その認識にとって「統制的」(同)であり、けっして「構成的」（同）ではありません[1]。

以上のように、神、自由、不死という理念に対応する対象が存在することを、理論理性が「最高善」概念の可能性の問題を介して認めざるを得なくなったとしても、それでも超感性的なものにかんする思弁的認識は少しも拡張されていないのです。カントのこの指摘は重要です。なぜなら、いったん理念についてその対象の存在を理論理性が認めたなら、ひとはやはり当の対象やその概念が規定されたと考えてしまうのではないでしょうか。自由という理念に限っても〈そうであるかもしれない〉と考えることだけしかできなかったことが、〈そうである〉と認められるのですから。しかし、この認識の背景には、「実践的意図」による強制があることが忘れられてはなりません。ここで行われているのは、けっして純粋思弁理性による認識ではなく、純粋実践理性による要請なのです。

〈カテゴリー演繹の意義〉

この議論を背景において、カントは自身が『純粋理性批判』で遂行した「純粋悟性概念（カテゴリー）の演繹《えんえき》」のもつ意義について、ここで言及しています。彼は、『純粋理性批判』初版の序文で件の演繹について、「私たちが悟性と呼ぶ能力の根拠を見極めるために、また同時に、悟性使用の諸規則や諸限界を規定するために、私が超越論的分析論の第二章で純粋悟性概念の演繹という表題の下で行った探究よりも重要であるような探究を知らない」（A XVI）と記してその重要性を主張し、さらに「私にとって最大の労力を要するものだったが、その労力は、望むらくは無駄には終わらなかった」（同）と記しています。同書第二版の刊行後の『実践理性批判』におけるこの箇所でも、その「演繹」のことを「かの労苦に満ちた演繹」（141）と表現しています。「純粋悟性概念の演繹」は、『純粋理性批判』の出版当時から現代に至るまで多くの読者にとって難解な箇所ですが、カント自身にとっては他の何ものにも代えがたい重要な探究だったことが、こうした表現からも分かります。

純粋悟性概念（カテゴリー）とは、デカルトが考えたような生得観念ではなく、純粋悟性が考える際に自己産出する純粋概念であり、それを用いることで私たちが対象一般を考えることができる概念、言い換えれば、（カント自身は用いない表現ですが）さまざまな対象が一般にもつはずの対象性をそれによって得ることができる概念です。私たちは、感性的直観の多様なものを（図式を介して）このようなア・プリオリなカテゴリーで把握することによって、認識の対象を成立させることができるはずなのです。カントは、ア・プリオリな理論的対象認識の可

（1）「超越的（transzendent）」と「内在的（immanent）」とは、可能な経験にとって「超越的」か「内在的」かという対義語です。なんらかの概念は可能な経験の範囲内で、つまり「内在的」に使用される場合にのみ理論的認識を拡張しますが、それを「構成的（konstitutiv）」と言います。その対義語が「統制的（regulativ）」です。これは、認識を増やしはしませんが、認識における方向を示し（可能な経験の範囲での）発見を促します。さらに統制的原理には、それが統制的原理に過ぎないことを踏まえることで、人間の認識がその限界を踏み越えて「狂信」（136）などに陥ることを防止する機能もあります。

能性を明らかにすることを意図して、こうした機能をもつカテゴリーを正当化（演繹）することを試みました。というのは、ア・プリオリな認識の可能性を明らかにすることで、普遍性と必然性をもった認識の可能性が保証されるからです。これは経験論的思考によって懐疑論に陥ることを抑止するという意義をもつ試みでした。

しかし、このことがらの重要性は「理論的対象認識」の範囲に留《とど》まりません。彼が、『実践理性批判』で純粋悟性概念（カテゴリー）に言及する文を引用してみましょう。

なんらかの対象にかんして理性をどのように使用するにしても純粋悟性概念（カテゴリー）が必要であり、それなしでは対象が考えられ得ない。（136）

この引用文の「理性をどのように使用するにしても」に注目しましょう。理性の理論的あるいは思弁的使用のみならず実践的使用においても、対象にかんする理性使用においては純粋悟性概念が不可欠なのです。なぜなら、それなくしては対象を考えることができないからです。私たちは、最高善の可能性を考えることで、神、自由、不死について、こうした理念が客観をもつことまでは理解しました。それに先んじて、『純粋理性批判』では、こうした理念を考える際に、関係カテゴリーに属する三つの純粋悟性概念（実体、原因性、相互性）がどのように使用されるかも示されています。もちろんカテゴリーは、感性的直観なくしては理論的認識を成立させることができません。しかし、認識にまで至らないとしても、私たちは神、自由、不死についてカテゴリーを用いて考えることはできますし、それのみならず最高善の可能性という観点からは、これらの理念に実在性を認めることができるのです。これは、あらかじめ『純粋理性批判』でカテゴリーが正当化されていたがゆえにもたらされた重要な成果です。

さて、『実践理性批判』でカントは、このようなカテゴリーの演繹が「神学と道徳学にとっていかに最高度に重要であり、いかに有益か」(141) を語ります。彼によれば、あの労苦に満ちた哲学的営みは「神学と道徳学」にとっても重要なのです。カントはここで、カテゴリーが、デカルトが考えたような生得概念でも、経験論がもっぱら依拠する経験的概念でもないこと、そうしたものとしてカテゴリーを正当化したことの意義を語ります。カテゴリーが神によって与えられた生得的な概念だと思い違えたとしたら、私たちはそれを用いて法外にも超感性的なことを理論的に認識できると考えたかもしれません。他方、カテゴリーが経験に由来する経験的概念だと思い違えたとしたら、それを使用した思考はあくまで感性的な次元に制限され、あの三つの理念を考えることができなかったでしょう。しかし、カテゴリーはそのいずれでもないことによって、純粋実践理性の対象（最高善）を可能にする、神、自由、不死を考えることを可能にしているのです。これが、「神学と道徳学」にとって重要な意義をもつことは改めて説明するまでもないでしょう。

〈自然神学に対する批判〉

カントは、このようなカテゴリーにかんする記述のあいだに、自然神学に対する批判を挿入しています。[2] カントは『純粋理性批判』で、純然たる理性に基づく神学を「超越論的神学」と「自然的神学」とに分け（A631/B659）、さらに後者を「自然神学（Physikotheologie）」と「道徳神学（Moraltheologie）」に分類しています（A632/B660）。『実践理性批判』のこの箇所でカントは「自然神学者たち（natürliche Gottesgelehrte）」（137）に言及していますが、それは「自然神学」を語る学者たちを指しています。

カントは、最高善の可能性を考える範囲内で、「神」の概念に言及しました。このような態度は、神概念を感性的なものに引き下ろす「擬人観」（137）に陥ることをも、神という超感性的な対象の認識を不当に誇ることをも退けるものでした。他方、自然神学者は、この自然の世界の一部が秩序だっていることや合目的的であることに基づいて、「なんらかの賢明で、慈悲深く、力強い等々」（139）の規定をもった存在者を考えました。このように秩序だった自然が存在するからには、それを設計し創造した者がいるはずだろう、と。しかし、自然神学者はここに留まらず、そうした存在者の「全知、全慈、全能等々」（同）までも推論しました。[3] これに対して、カントは問います。そんなことが人間にできるだろうか、と。もしできるとするなら、人間が全自然の秩序や合目的性を把握し、それを最も完全な世界だと判断できることになる。それでは人間の方が「全知」の存在になってしまう、と。その上で、カントは次のように言います。

さて、このような注意の後では、次の重要な問いへの回答をもまた容易に見いだすことができる。それは、神の概念は自然学に（したがって、自然学のア・プリオリな純粋原理だけを一般的意義において含んでいるような形而上学《けいじじょうがく》にも）属す概念なのか、それとも道徳学に属す概念なのか、という問いである。（138）

カントの答えは明確です。神の概念は、自然学にではなく道徳学に属すものです。理性は、道徳的法則を出発点とし、最高善を意図することによってしか、根源的存在の概念に至ることができないのです。この理路においてどのように神の概念の規定が得られるかを反復しておきましょう。前章で見たように、最高善の可能性を考えることで、世界創始者としての神の現存在が要請されました。この世界創始者は、いかなる場合も人間の「心術の深奥」（140）を認識できる存在として「全知」（同）であり、「幸福に値すること」としての道徳性に比例した「幸福」を与える力をもつ存在として「全能」（同）だと考えられます。[4] こうして、「神」概念に全

（2）　この挿入（136ff.）は、アカデミー版では前後に「＊＊＊」を挿入することで、哲学文庫（PhB）版では前後を一行分、行間を空けることで、表現されています。

（3）　カントはこのような「推論」の可能性を否定しますが、人間がみずからの限界を踏まえて、世界創始者が「全知、全慈、全能等々」という完全性にかかわる規定をもつことを「理性的な仮説」とする権能をもつことは認めています。ただし、彼は、この権能を実際に使用するには、実践面からの「推薦」（139）が必要だと付言していますし、当該の規定が自然学においては「厳密に規定されていない」（同）ことも確認しています。

（4）　カントはここでさらに「遍在」や「永遠」等の規定も同じ理路で得られると示唆しています。

知や全能という規定が得られることから、カントにとって唯一可能な自然的神学は「道徳神学」だということになるでしょう。

〈信憑と信仰〉

しかし、「道徳神学」がなにほどか神概念に規定を加えることができるものだとしても、それが「神」を客観的に規定するものだと誤解されてはなりません。そこで、私たちは、純粋実践理性の要請に基づいて「神の現存在」を前提する際の私たちの主観の状態に目を向けねばなりません。そのために、続くⅧ節は「純粋理性のなんらかの必要に基づく信憑《しんぴょう》について」と題され、主観の状態にかかわる「信憑」の一つとして、「信じる」ことや「信仰」を取り出すことでことがらが捉《とら》え返されます。

　この「信憑（真とみなすこと、Fürwahrhalten）」という概念は、『純粋理性批判』の「超越論的方法論」第二章ですでに論じられたものです。同章の第三節は「思うこと、知ること、信じること」と題されていますが、この三つが人間にとっての「信憑」のあり方です。カントが当該箇所で「信憑（真とみなすこと）」を説明している箇所を引用します。

> 真とみなすこと〔信憑〕とは、私たちの悟性の中に生じることであり、それは客観的な諸根拠に立脚しているかもしれないが、その際、判断を下す人のこころの中の主観的な諸原因をも必要として生じることである。それが、いやしくも理性をもっている限りの誰にで

も妥当するなら、その根拠は客観的に十分であり、その場合、真とみなすことは確信と呼ばれる。それが主観の特殊な性状だけに根拠をもっているなら、それは思い込みと呼ばれるだろう。（A820/B848）

私たちは「悟性」によって判断を下しますが、それは「客観的な根拠」に基づくのみならず、主観的なこころにも関係することです。このとき、「客観的な根拠」が十分であるか否かに応じて、悟性に生じることが変わってきます。それが「信憑」です。これは「真とみなすこと」とも訳すことができる言葉ですが、私たちが日常用いる「信憑性がある、信憑性がない」という表現を思い出して考える方が理解しやすいでしょう。詳しく言えば、当の判断の内容が真であることに信憑性があるかどうか半信半疑のままにそう判断する場合（たとえば、十分な情報の有無にかかわらず急いで判断することが求められる緊急の場合）もあれば、信憑性をなんら疑うことなく判断する場合（たとえば、見紛《みまが》うことのない客観的根拠に基づいて判断する場合）もあるのです。

個人の悟性判断において、どのようにして信憑性に差が生じるのでしょうか。ここで私たちは、判断する自分以外にも理性的存在がいることを念頭に置きます。すると、当人が「理性」的に考えて、自分の判断に自分以外の理性的存在とも共有できる場合とそうでない場合があることに気づきます。自分以外の理性的存在と判断を共有できるのは、その判断に客観的に根拠があるからです。この場合、悟性は「確信（Überzeugung）」しています。他方、自分以外の理性的存在と判断を共有できないのは、その判断に客観的根拠が欠けているからです。この場合、それでも悟性が判断するとしたら、それは悟性が自分の主観的な状態に依存して（たとえば、先入見に支配されて）判断しているのです。この場合、悟性は「思い込み（Überredung）」に陥っています。

このように「思い込み」から区別された「確信」に、カントは三段階を見いだします。それが「思うこと、知ること、信じること」です。まず、「知ること（Wissen）」と表現される確信は、十分な客観的な根拠に基づいていて、それゆえに主観的にも判断の十分な原因が認められる場合です。この判断にはおおいに信憑性があります。次に、「思うこと（Meinen）」という確信は、なにほどかの客観的根拠はあるとはいえ、自分の判断の根拠が主観的にも客観的にも不十分であることを私たちが意識している場合です。この判断にはあまり信憑性がありません。最後に、「信じること（Glauben）」という確信の場合は、信憑性が「たんに主観的に十分であり同時に客観的には不十分である」（A822/B850）ことが意識されています。逆に言えば、客観的には十分な信憑性がないものの、主観的には十分な信憑性がある場合、私たちは「信じる」という主観的状態にあるのです。この「信じること」は「信仰」と表現することもできます。

さて、私たちは、『実践理性批判』のこの箇所で、「知ること」と「思うこと」との、いわば中間に位置する「信じること（信仰）」と正面から向き合うことになります。カントはここでまず「仮説」と「要請」との対比を再確認します。「仮説」は、思弁的使用における理性が必要とするものです。たとえば自然の秩序や合目的性を解明する場合を考えましょう。実は、自然界には一見したところ無秩序な状態や反目的的な状態も多々見いだされます。それにもかかわらず、自然界には秩序が貫かれ、合目的性が認められるはずだと考えて自然探究を継続するために、神的存在が世界を創始したのだから秩序も合目的性も見いだされるはずだと、「神性」(141)を前提する場合があります。これは仮説に過ぎません。他方、「要請」は、すでにみたように実践的使用における純粋理性が必要とするものです。これらの確認に基づき、カントは、前者の「仮説」が「最も理性的な思うこと」(強調は引用者)の域を出ないことを指摘します。そうした「仮説」は、きわめて理性的ではあっても「思うこと」に過ぎず、「信じること」ではないのです。その上で、彼は「信じること(信仰)」について次のように記しています。

> 最高善は、たんてきに必然的な意図における必要であり、その前提をたんに許容された仮説としてのみならず、実践的意図における要請として正当化する。また、純粋な道徳的法則が誰をも命令として(怜悧《れいり》の規則としてでなく)仮借なく拘束することが認められるなら、まじめな人は次のように言ってしかるべきである。私は、神が存在することを、この世での私の現存在が、自然の結合の外でもなお、或《あ》る純粋悟性界の中での現存在であることを、最後にまた、私の持続が無限であることを意志する、私はこれを固く保持し、私からこの信仰を奪わせない。というのは、これは、私の関心が、理屈に注意を向けることなく、自分の判断を不可避に決定する唯一の場面だからである。なぜなら、私が自分の関心から何

かを割り引くことは許されないからである。たとえ、おそらくは私がその理屈に答えることもできず、その理屈に対して、さらにもっともらしい理屈を対置することもできないとしても、と。(143)

「純粋実践理性の対象全体」(109)としての最高善は、その促進をたんてきに道徳的法則によって命じられるものです。したがって、「最高善」概念の可能性において前提される神、自由、不死は、たんなる仮説ではありません。引用文中の表現にさらに注目するなら、それは「許容された」仮説、すなわち命令も禁止もされていない仮説には留まらないのです。あくまで、これらの理念は「要請」です。すると、この「要請」の根拠をなす、たんてきに命じる道徳的法則を認める限り、まじめな人なら、神の現存在、自分自身の自由(「私の現存在が、自然の結合の外でもなお、或る純粋悟性界の中での現存在であること」)、魂の不死(「私の持続が無限であること」)について、それを「私は意志する」と言うだろうと、カントは指摘します。

それにしても、この引用文で表現されていることがら、たとえば、〈私は神の現存在を意志する〉というのは、一見したところ不可解な表現です。私が意志したところで、それによって神が現存在するわけではないからです。この「私は意志する」という表現で考えられているのは、どういうことでしょうか。引用文中で、直後に「信仰」が言及されるところにヒントがあります。「信仰」というものは、一時のものではなく、なにほどかの時間的広がりを前提としています。同様に、「純粋な道徳的法則が誰をも命令として(怜悧の規則としてでなく)仮借なく拘束することが認められる」とは、一時的に、私が自分の認める道徳的法則の拘束力の下で意志作用を行うことではなく、そうした意志作用を持続的に自分のものとしていることを意味しているのではないでしょうか。繰り返しになりますが、そうした意志作用には、最高善の促進もまた含まれます。それゆえに、件の意志作用の内部に、最高善の促進を介して、神、自由、不死を要請することが道徳的に必然的に入っている、ということではないでしょうか。

私たちは、こうしたカントの行論をキリスト教文化圏固有のもの、特にプロテスタントのものとして、受け止めるべきでしょうか。そうした側面があることは否定できないでしょう。しかし、もっぱらそうした受け止め方だけをするなら、私たちはカントの思索から引き離されてしまいます。これは、普遍性を最も重んじるカントの思想に対する、部分的にせよ無理解をひき起こすのではないでしょうか。キリスト教文化圏に身を置かないままでも、カントの所説を理解する努力をしてみたいものです。

そこで、もう一度、「純粋な道徳的法則が誰をも命令として〈怜悧の規則としてでなく〉仮借なく拘束することが認められる」というところに立ち戻ります。ここでは、神の現存在にかかわることに話題を限定して考えてみます。ある人が善く生きようとして、無条件的な命令としての道徳的法則について、それが〈自分を〉拘束するものとして認めたとします。その人は、それでも自分の格率がほんとうに道徳的法則を取り込んだものになっているかどうかを「知る」ことができません。これは、カントが繰り返し言及する事態です。それでも、その人は、善く生きようとしている自分の格率が道徳的法則に適《かな》っていると「信じる」とします。この

「信じる」営みはどのようにして可能になるのでしょうか。それは、自分では認識不可能なもの（自分の心術）を見抜く存在（神的存在）を「信じる」ことによってではないでしょうか。そのとき、善く生きようとしている人は、自分の心術が道徳的なものであるかどうかを仮にその人心照覧者が見極めるとしても、自分はまったく恥じるところがないと考えることで、自分が道徳性を実現していると信じることができるのです。日本人がときに「天」を語る際にも、そうしたことが考えられているのではないでしょうか。

カント自身の行論に戻りましょう。彼は、これまでの行論を他の理性的存在と共有できると考えているはずです。すると、彼の所説は彼自身にとってたんなる「思い込み」ではなく「確信」です。しかもそれは、行為主体が道徳的法則の下で意志することとして主観的に十分な根拠をもっていますから、「思うこと」ではありません。そうかといって、それは「理屈」として理論的に十分な客観的な根拠をもって「知ること」ではなく、あくまで「要請」です。以上のことから、ここで「私は意志する」と表現されている事態は、「私は信じる」と言い換えることができます。カントが引用文の中で「私からこの信仰を奪わせない」（強調：引用者）と記している所以《ゆえん》です。このように、道徳的法則の下で純粋理性だけを根拠として「信じること（信仰）」を、カントは「純粋で実践的な理性信仰」（144）と表現しています。(5)

〈最高善へのもう一つの道〉

カントの「最高善」は、純粋実践理性に基づいて神、自由、不死を要請することで、その可能性が保証されるものでした。言い換えれば、「純粋で実践的な理性信仰」において確信されるものでした。『実践理性批判』ではこの議論がどこまでも重要です。しかし、最高善への道は、件の三つの理念を介してのみ可能になるのでしょうか。カントはⅧ節の末尾近くで、最高善に向かうもう一つの道があることを示唆しています。これは彼の歴史哲学や政治哲学にとって重要な論点ですので、ここで注目しておきましょう。

「最高善」概念の可能性のために純粋実践理性が神の現存在を要請するのは、自然の経過において、「幸福に値すること」としての道徳性を原因として、「幸福」という結果を考えることが不可能だからでした。カントはここまで来て、その「不可能性」が実は「たんに主観的」(145)なものに過ぎないことに言及しています。すなわち、道徳的法則に基づく道徳性と自然法則の領域に予想される幸福とのあいだに、「合目的的な連関」があることを、「ひとつのたんなる自然経過に従って把握することは、理性にとっては不可能」(同、強調カント)だというの

(5)　カントは『純粋理性批判』でも、「このような理性信仰は道徳的心術という前提に根拠をもっている」(A829/B857)と記しています。なお、『実践理性批判』のこの箇所で「純粋で実践的な理性信仰」について、それが命じられるものではないと記されていることにも注目すべきです(144)。命じられる信仰など無意味だからです。さらに、この引用文で「関心」(すなわち、最高善の可能性への実践的関心)が言及されているのには、次のような意味があります。仮に誰かある人があるとき道徳的心術を欠いているとしても、それでも、ひとが最高善にまったく無関心になることは考えられません。なぜなら、それは理性の関心だからです。こうした関心に言及することで、カントはここで論じられる理性信仰が疑いの対象となることを回避しているのです。

です。つまり、自然経過に対して客観的に即して不可能なのではなく、「理性にとっては不可能」に過ぎないのです。この不可能性は人間理性にとってのものに限定されるのです。すると、ここには一つの可能性が残されることになります。それは、人間理性には把握不可能であるにせよ、客観的な「自然経過」が、あの「連関」すなわち最高善を、なんらかの仕方で実現するのではないか、あるいは自然そのものが最高善を実現するわけではないものの、自然の経過が最高善の実現になんらかの寄与をするのではないか、という可能性です。

この理路を理解するために、いったん（カント自身のものではありますが）別種の最高善、すなわち政治的な最高善に目を向けましょう。やがてカントは、『永遠平和のために』（一七九五年）の第一補説「永遠平和の保証について」で、「偉大な芸術家である自然」（VIII 360）を論じます。自然が芸術家として永遠平和を保証するというのです。永遠平和とは、一切の敵対関係が終焉《しゅうえん》を迎える状態です。カントはそれを「最高の政治的善」（VI 355）と表現しますが、これを政治的な最高善と言い換えることもできるでしょう。当該箇所では、この最高善の保証は神ではなく自然に求められます。このとき自然とは、人間の自然本性のことです。さらに、最高善への道程に歴史的な時間経過が加味されます。これらの観点からカントは、人間がその自然本性に基づいて行為する歴史的過程が、合目的的に人類を最高善の実現へと導くことが考えられるというのです(6)。

議論を『実践理性批判』に戻しましょう。最高善の実現のために、神の現存在を要請するのではなく、自然にその保証を求める理路は、やがて『道徳形而上学』の第二部「徳論の形而上学的原理」にその姿を表します。そこでは、各人は「自己自身に対する義務」として自己の（道徳的なものを含む）完全性を追求し、「他人に対する義務」として他人の幸福の促進に寄与すべきことが論じられます。ここに取り出された完全性の追求も幸福の希求も、いずれも人間の自然本性に基づくものです。このような道徳的な人間関係の見方からすれば、幸福を保証してくれるのは神の現存在ではなく、むしろ他人の存在だということになります。私たちは、『実践理性批判』では展開されないものの、その展開の可能性を示唆するものとして、Ⅷ節末尾におけるカントの記述を読むことができるかもしれません。

〈人間の実践的使命と認識能力〉

『実践理性批判』の「純粋実践理性の弁証論」の最終節、それゆえ同書の「純粋実践理性の原理論」の末尾に置かれているⅨ節は、「人間の実践的使命に賢明に適合している、人間の認識能力のつり合いについて」と題されています。ここで「つり合い（Proportion）」と訳した単語は、これまで道徳性（幸福に値すること）に対応して幸福が与えられることという文脈で「比例」と訳してきたものと同じです。原理論の末尾に位置するこの節でカントが主張したいのは、人間の認識能力（とその限界）が、最高善の促進という人間の実践的使命と絶妙な「つり合

（6）ここには自然の客観的な合目的性が想定されていますが、このような合目的性を批判哲学が扱うには、『判断力批判』、特にその第二部を待たねばなりません。

い」をもっているということです。

まず確認されるべきは、『純粋理性批判』の所説に基づくなら、純粋思弁理性が最高善の促進のために積極的な働きを果たせないことは明らかだということです。なるほど、この理性は、みずからの推論の能力に基づいて、神、自由、不死という理念を考え、さらには自然神学的な思考に基づいて、不十分とはいえ「神」概念の規定に迫りもしました。しかし、純粋思弁理性は、道徳性とそれに比例した幸福からなる最高善に向かう私たちの努力を支えることはできません。この理性には、道徳性の可能性の条件である自由を演繹することもできなければ、道徳性を原因として幸福が結果するという合目的的な連関を考えることもできないからです。

では、逆に、純粋思弁理性に仮にそうしたことがらを洞察する能力が与えられていたとしたらどうでしょうか。そのとき、人間は自分がどのようにしたら幸福になれるかを、自分の能力で把握できることになります。このとき考えられるのは、あるいは危惧《きぐ》されるのは、当の幸福に向かう傾向性が支配的な力をもち、幸福を実現するために道徳性を追求するという倒錯した事態です。道徳的法則は意識されているとしても、それは、どうしても幸福追求よりは「遅れて発言する」(147)ことになります。道徳的心術が幸福を目指す傾向性と闘うとはいえ、やはり人間は自然本性に従ってどうしても幸福を願うからです。

この場合、他方で、傾向性と闘っている道徳性にとっては、「神と永遠性」(同)が「恐るべき威厳」(同)をもって現前することになります。人間は身体をもっている限り、傾向性との闘いに最終的に勝利することなどできないという点で、どこまでも有限な存在だからです。なるほど、〈全知全能の神を前にして永遠に生きる魂〉という表象には「恐るべき威厳」があります。また、それは人々に傾向性を抑えて反道徳的行為を思い留まらせることには資するかもしれません。しかし、この「威厳」は、道徳的心術そのものにとって有意義ではありません。そもそも道徳的心術は、そうした威厳に由来する恐れや希望から生じるものではないからです。あくまで道徳的心術は、各人が義務に基づいて行為するところに成立するものです。そうした威厳に依拠する態度は、外面的には道徳的な身振りを生み出すかもしれませんが、それは道徳的に生きることではないのです。

以上の確認に続いて、カントは次のように記しています。

さて、私たちの事情はまったく異なっている。私たちは、自分たちの理性の全力を傾けても、未来に対するたいへん不明瞭《ふめいりよう》で曖昧《あいまい》な展望しかもたず、世界支配者はその現存在と栄光を私たちに推測させはするものの、それを目の当たりにさせることや明晰《めいせき》に証明することをさせはしない。これに対して私たちの内なる道徳的法則は、何かを確実に約束することや脅迫することなどなしに、無私な尊敬を私たちに要求する。さらに言うなら、このような尊敬が働き支配的になるときにはじめて、またそれによってのみ、道徳的法則は超感性的なものの国への展望を、おぼろげながらではあるが許すのである。このような理由から、誠実で道徳的で法則に直接捧《ささ》げられた心術というものが成立し得るのであり、また理性的被造物が、その人格の道徳的価値に適合し、たんにその諸行為に適合するだけではない最高善に与《あずか》るに値するようになり得るのである。（147f.）

この引用文ではまず、人間理性の限界が指摘されています。すでに見たように、人間は未来の幸福を希望しつつも、実は、「未来に対するたいへん不明瞭で曖昧な展望しか」もてません。また、この理性は神の現存在を要請しますが、神を「目の当たりに」することもその現存在を「証明する」こともできません。他方、道徳的法則の側から事態を見直すとき、このような限界が有意味なものになります。未来に幸福が与えられることが不分明であること、また神の現存在も理論的に証明不可能であることによって、かえって道徳的法則が要求する「無私な尊敬」が際立つのです。また、この道徳的法則への尊敬に基づいて、かえってどのような利己性にも搦《から》めとられていない、法則的秩序をもった「超感性的なものの国」への展望を得ることができるのです。

カントが『実践理性批判』の分析論でその可能性を明らかにした「道徳的心術」も、弁証論でその可能性を演繹した「最高善」も、実は、人間理性のこのような限界と表裏の関係をなしているのです。このように人間理性に限界があることこそが、最高善を追求するという実践的使命を可能にするという点で、人間の認識能力（の限界）と実践的使命とは「つり合い」がとれていると言うことができるでしょう。

この引用文は、このように「道徳的心術」と「最高善」に言及している点で、『実践理性批判』の「純粋理性の原理論」の末尾に置かれるのに実に相応《ふさわ》しいと言えます。本章では「純粋で実践的な理性信仰」を検討しましたが、この「信仰」もまた同様の事情にあると言えるでしょう。道徳的法則による無条件的な要求を意識している人間が、最高善の希求を介して神の現存在や魂の不死を「信じる」のは、人間が理論的に「知る」ことに限界があることと不可分の関係にあるのです。

第十六章　純粋実践理性の方法論

『実践理性批判』も、『純粋理性批判』と同様に、もっとも大きくは「原理論」と「方法論」とに区分されています。そこで、第一部「純粋実践理性の原理論」に続いて、第二部「純粋実践理性の方法論」が展開されることになります。しかし、このように両書が並行関係にあるとしても、ことがらはそう単純ではありません。というのは、『純粋理性批判』の方法論と『実践理性批判』の方法論とは、その相貌《そうぼう》が大きく異なるからです。『純粋理性批判』の「超越論的方法論」は、初版で一五〇頁ほどの分量があり、その内部は四つの章、すなわち「純粋理性の訓練」、「純粋理性の規準」、「純粋理性の建築術」、「純粋理性の歴史」に分節化され、純粋理性の正当な使用に展望を開くものになっています。他方、『実践理性批判』の方法論は、初版で二〇頁ほどしかなく、その内部では、(段落分けを除いて) 一切の分節化が行われていません。しかも、実践理性という能力の批判に目新しい要素が付け加えられるわけでもありません。もとより両書全体の大きさに差異があるとはいえ、これは看過し難い相違ではないでしょうか。[1]

〈純粋実践理性の方法論とは〉

しかし、このような方法論のあり方は、カント自身によって自覚的に選ばれたものです。そのカントの意図を理解することで、私たちは、〈実践的なことがら〉にとっての最重要事項、すなわち、当のことがらを主体的に引き受けることの必要性を共有できるでしょう。まずは、カントの意図を確認するために、方法論の冒頭を引用します。

純粋実践理性の方法論とは、純粋実践理性の学問的認識を意図して純粋で実践な諸原則を取り扱う仕方（思索や講述において）のことではあり得ない。（中略）むしろ、この方法論とは、どのようにして純粋実践理性の諸法則に対して人間のこころへの入口を作り、人間のこころの諸格率に影響をもたらすことができるか、言い換えれば、客観的に実践的な理性を主観的にも実践的にすることができるかという仕方のことである。（151）

この引用文の冒頭では、理論理性の方法論との対比が意識されています。『純粋理性批判』を振り返るなら、そこでは「私のいう超越論的方法論とは、純粋理性の完璧《かんぺき》な体系の形式的諸条件の規定のことである」（A707f./B735f.）と記されていました。つまり、同書の方法論は、純

（1）　このような事情を反映してか、『実践理性批判』の代表的な注釈書の一冊、Beck, *A Commentary of Kant's Critique of Practical Reason* には「方法論」の注釈のための章が立てられていません。

粋理性に基づく学問体系を完璧に仕上げるための形式的条件、つまり、学問体系を規定する条件を明確にするものだったのです。実際、同書で意識され目指されていたのが学問体系であることは、「純粋理性の建築術」で哲学体系（A840ff./B868ff.）や自然の形而上学《けいじじょうがく》の体系（A845ff./B873ff.）が提示されることからも分かります。これに対して、「純粋実践理性の方法論」は、学問体系を目がけるような書き方をされていません。

むしろ、『実践理性批判』の方法論は、人間が「純粋実践理性の諸法則」である道徳的法則を受け入れるための「入口」を開ける仕方、また、それによって「影響」を受けて、「客観的に実践的な理性を主観的にも実践的にする」仕方を明らかにするものです(2)。これは、言い換えれば、客観的に実践的な法則を主観的な格率に取り入れて道徳的心術を確立する仕方を示すことです。これまで原理論において「客観的に実践的な理性」に則して論じられてきたことがらを、この方法論では「主観的にも実践的にする」、すなわち、件《くだん》のことがらを私たちが自分自身の格率のこととして捉《とら》え直し、それを遂行して生きる方法が示されるのです。カントは、この課題を果たすために、ひとが「行為の適法性」（151）に留《とど》まることなく「心術の道徳性」（同）を生み出すために道徳的な動機をもつことができることを示すことが必要だと指摘します。

ここで、私たちはカントによる後年の論文、「理論においては正しいかもしれないが、実践にとっては有効でない、という俗言について」（一七九三年）を参照してみましょう。その冒頭では、「理論」と「実践」とが区別され、次のように言われます。

次の場合、実践的な諸規則についてさえ、その総体を理論と呼ぶことができる。それは、当の諸規則が原理として一定の普遍性において考えられ、その際、その諸規則の遂行にそれでも必然的に影響を及ぼす多くの条件が捨象される場合である。（VIII 275）

ここでカントは、「実践的な諸規則」についても、その思考が普遍性の次元で行われ、それに影響を及ぼす諸条件が捨象されているなら、それをひっくるめて「理論」と呼ぶことができることを指摘しています。この観点からすれば、『実践理性批判』の原理論もまた、一つの「理論」として、すなわち実践の理論として受け止めることができるでしょう。実際、そこでのカントの所説は、次のような多様性について部分的に目くばせすることはあっても、基本的にその差異を捨象しつつ展開されたからです。それは、道徳性の原理から排斥される幸福や傾向性にどのような多様性があるか（分析論第一章）、道徳的な善悪概念を取り巻く、社会的な禍福にどのような多様性があるか（分析論第二章）、道徳的行為の執行における行為主体にどのような性格の多様性があるか（分析論第三章）、最高善をめぐる二律背反における困惑のあり方に

（2）カントが〈客観的なものを主観的なものにする〉ということで考えているのは、客観的な道徳的法則を主観的な格率に取り込むということです。これは、§1の「定義」で「この条件（実践的な諸原則）が自分の意志にとって妥当すると主観によって見なされさえすれば、実践的諸原則は主観的であり、言い換えれば格率である」（19）と記されることで示唆されていた事態です。

どのような多様性があるか（弁証論）、などの問題です。だからこそ、方法論では、原理論で展開された客観的な所説を、私たちが主体的に引き受け直す方法が論じられるのです。(3)

〈方法論が提示するもの〉

さて、カントはこの方法論を、分析論第三章で提示された、行為の「適法性」と心術の「道徳性」との区別を振り返るところから話を始めます。道徳的法則によって提示された義務について、それに表面的に適《かな》っているだけの行為は「適法性」をもち、他方、当の義務に基づき、道徳的法則それ自身を動機とする心術は「道徳性」をもつのでした。これはカント倫理学の基本性格にかかわる区別です。カントは、さっそく「道徳性」について次のように記します。

しかしながら、次のことは誰にとってもさほど明確でなく、むしろ一見したところではまったくありそうもないと思われるに相違ない。それは、あのように純粋な徳を提示することが、満足や一般にひとが幸福に数えるだろうものすべての見かけがいずれ生じさせる可能性のある一切の誘惑や、あるいはまた、いずれ生じる可能性のある痛みや災いによる一切の脅迫と比べて、主観的にも人間のこころに対してより大きな威力をもち、またはるかに強い動機をもたらして、自分であの行為の適法性を生じさせ、さらに法則への純粋な尊敬に基づいて、法則を他のどんな配慮に対しても優先しようという力強い決心を生み出すことができる、ということである。(151f.)

この引用文は、カント倫理学の基本的主張が、特に、分析論第三章の主張が、一見したところでは「ありそうもないと思われる」ことを指摘しています。すなわち、道徳的心術としての「純粋な徳」を提示したところで、それが幸福への「誘惑」や痛みや災いによる「脅迫」よりも、ひとのこころに対して強い力をもつこと、それが行為の適法性のみならず、心術の道徳性をも生み出すことができる、などというのは、誰にとっても「ありそうもないと思われる」というのです。「方法論」は『実践理性批判』の終わり近くに位置しているというのに、この期に及んでカントは何を言い出すのでしょうか。いや、この指摘こそが、この方法論を必要とさせるものなのです。

ポイントは、引用文中の「主観的にも人間のこころに対して」（強調：引用者）にあります。この「主観的」は、行為する私たちひとり一人を念頭に置いて「主体的」と読むことができるでしょう。カントが指摘しているのは、彼の所説を客観的に理解できた人でも、「純粋な徳を提示すること」だけで、その所説を主体的にも自分のものにできるとはなかなか思えないだろ

（3）　このように方法論を、カントの所説を実践に移すための記述として捉えるものとして、次のものを挙げることができます。Stefano Bacin, The meaning of the *Critique of Practical Reason* for moral beings: the Doctrine of Method of Pure Practical Reason, in: Andrews Reath, Jens Timmermann (eds.), *Kant's Critique of Practical Reason, A Critical Guide*, Cambridge University Press, Cambridge, 2010.

うということです。詳しく言えば、定言的命法として意識される道徳的法則に適い、さらにはそれに基づいて生きることが「純粋な徳」であるというカントの所説に納得した人でも、具体的な場面で、定言的にあるいは絶対的にそうした行為を行うというわけにはいかないだろうということです。

私たちは、カントの所説とは無関係に、世間で〈よし〉とされていることを行うことでほめられ、〈よし〉とされていないことを行っては叱られるというような過程を経て、（あくまで世間的な意味での）善悪のある人間社会になじむようになります。しかし、人間の道徳意識の発達がそのようなものであったとしても、これがカントの所説の〈よし〉とするものでないことを私たちは知っています。そうしたものでないからこそ、「純粋な徳」の提示がそれだけで、行為主体にとって、「誘惑」や「脅迫」よりもっと「大きな威力」をもつことを示さねばならないのです。そのためには、自分の道徳的な行為根拠が「自分自身の尊厳を感じることを教え」（152）るがゆえに、この尊厳の意識に基づいて私たちのこころが「力」（同）を得る方法を示さねばなりません。まさにこのような道徳的な行為根拠を自分のものにする仕方こそが、この方法論が提示しようとしているものです。これが、カントが「純粋理性の客観的に実践的な諸法則が、義務の純然たる純粋表象を介して、主観的で実践的になる」（153）と記していたことの意味です。

以下で、彼はこの「より大きな威力」が存在することを証明するにあたって、それを「純粋な道徳的関心の感受性」（152）と「徳の純粋な表象がもつ〔ひとを〕動かす力」（同）という二面から検討します。さらに、カントは手順を二つに分け、まず、他のいかなる経験的な関心からも独立な「純粋な道徳的関心」を誰もが抱くことができる「感受性」の証拠を提示し、次に、道徳的法則に基づく判定をみずからの習慣とし、純粋な意志における自由に気づくことによって「真の道徳的心術」（153）を確立し陶冶《とうや》する方法を論じます。

〈純粋な道徳的関心の感受性〉

カントがこの「感受性」の証拠を示す仕方は、実に経験的です。なにしろ、「感受性」があることの証拠は、そこで何かが現実に感じられていることを示すことによってのみ得られるからです。

さて、カントが「社交」に背を向けない哲学者、それどころか社交に積極的な人物であったことは、彼の評伝がさまざまに伝えてくれています[4]。彼は社交上のさまざまな会話に一つの特徴を見いだします。それは、現存する人にせよ、すでに没した人にせよ、そうした人々の行為の「道徳的価値」（同）を判定する話題になると、人々の論議が盛り上がるという特徴です。他のある人は、当該人物の行為の道徳的価値を疑わせる論拠をさまざまに探し出して提供し、他の

（4）　たとえば、カント自身からの依頼を受けて、彼の伝記を準備していたヤハマン（Reinhold Bernhard Jachmann, 1767–1843）は、カントのことを「最も明朗な、最も洗練された社交家」であったと報告しています。ヤハマン、木場深定訳『カントの生涯』理想社、一九七八年、一〇四頁以下。

人は、同じ人物を道徳的に擁護する論拠を思い巡らして対抗する論陣を張ります。

こうした論議に際して言及されるのは、当該人物の意図の純粋さあるいは不純さです。このような純粋さへの注目は人々の判断基準を、英雄的な振舞いのような具体的な事例そのものやその結果にではなく、「仮借ない法則」(154)に求めることへと導きます。なぜなら、ある行為を英雄的な振舞いとして見る場合、私たちはその行為の外形的な立派さとその結果の豊かさを語ることになりますが、他方、当該の行為の意図の「純粋さ」を論じるなら、そこで問題になるのは、その行為がもっぱら「義務に基づいていること」、つまり道徳的「法則」を動機(執行原理)にしていることだからです。

さっそくカントは付け加えます。このように行為の道徳的内容を詳細に検討しようとするのは「理性の性癖」(同)である、と。理性は「原理の能力」ですから、なんらかの行為に対してその行為原理を問わずにいられないのです。さらにカントは、この性癖を若者の教育に利用できるとも指摘します。すなわち、さまざまな伝記を手がかりに行為の道徳的内容をくりかえし検討させ、善い振舞いの純粋さを賞賛し不純な行為を軽蔑《けいべつ》しつつ見るという反復訓練を行うことで、それが若者に尊敬や軽蔑の印象を残し、やがて人生を実直に生きる基礎となるというのです。

このような議論に哲学者は疑問を差しはさむかもしれません。そもそも「純粋な道徳性とは何か」(155)と。しかしこれは、カント自身がすでに「純粋実践理性の原理論」で論じたことです。だからこそ、そうした「問い」はもはやここでの私たちの問題ではありません。むしろ、私たちは、そうした原理的な問いに向かわなくても、社交のような常識の領域で、そうした純粋性をめぐる判断や論議が行われていることに着目すべきです。私たちは、哲学する以前に、実践の領域で行為しているのですから。

ここでカントは「純粋な道徳的関心の感受性」の証拠を提供すべく、ひとつの例を挙げます（155f.）。登場するのは、十歳の子どもと教師です。ただし、この教師は一人の正直者について物語るだけで、何かを教えることはありません。概略は以下のとおりです。

或る人がその正直者を、〈抵抗する力をもたない無実な人〉を誹謗《ひぼう》する仲間に引き入れようとしています。まず、そのために、仲間に入ることで得られる利益をちらつかせます。当の正直者がそれを拒否すれば、子どもはその人を是認するでしょう。しかし、この是認をもって「純粋な道徳的関心の感受性」の証拠とすることはできません。それは、不正な利益を諦《あきら》めることが常識的に考えても奇異なことではないからのみならず、この拒否を「純粋な道徳的関心」と見なすにはなお不十分だからです。すなわち、当の拒否の理由がそれを根拠にしたものかどうかは、なお不分明だからです。実際、この場面で私たちは、他の経験的理由をさまざまに想像できるでしょう。

次に、同じ人が正直者をさまざまな、そしてその程度が重大さを増していく損失によって脅します。誹謗者たちの中にはすでに当の正直者の友だち、近親者、有力者、領主がいて、仲間にならなければ、友達を失うぞ、近親者からの相続権を失うぞ、有力者からハラスメントを受けるぞ、領主が生命を奪うぞ、と。さらに正直者の困惑を深めるために、君の家族も、この際、意地を張らずに誹謗する仲間に入って欲しいと思っている、とも付け加えます。それでも、その正直者が動じることなく、「実直であれ」という法則に従ったという話をしたならどうでしょう。それを聞いた子どもは、もはやたんなる是認ではなく賛嘆し、さらに驚嘆し、ついには「最大の崇拝」(156)を感じるようになり、自分もそうした人になりたいという「生き生きした願望」(同)を抱くようになるでしょう。これがカントが記した例です。(5)

カントがここで挙げた例の特色をまずは確認しましょう。この例は、ある正直な人が〈抵抗する力をもたない無実な人〉を誹謗しなかったという事態を表現していますが、この正直者の行為選択が、当該の無実の人を救ったわけではありません。その人はすでに多くの人から誹謗されているからです。また、その行為によって、なんらかの好ましい結果が生じたわけでもありません。むしろ、この正直者には好ましからざる結果が待っているのかもしれません。さらに言えば、この正直者の行為選択は、家族の願いに背を向けています。この例が示しているのは、つまるところ、正直な人が、困難に耐えつつ、「実直であれ」という法則を遵守したという事態に他なりません。

では、この例でカントは何を示そうとしたのでしょうか。それは「道徳性は、それが純粋に示されれば示されるほど、それだけますます人間のこころに強い力を及ぼす」(156)ということです。先の例では、さまざまな困惑や苦悩が提示されましたが、それはひとえにこの純粋性を取り出すためだったのです。ここで話題となった「実直であれ」という法則がいかなる利益、幸福とも無関係に純粋さをもって取り出されるなら、そうした生き方への願望が生じるに相違ないという指摘を行うことで、カントは「純粋な道徳的関心の感受性」の証拠を示し、純粋な道徳性の表象がもつ威力を表現したのです。(6)

それにしても、カントが挙げた例を読んで、そんな正直者がいるはずがないと思う人もいるかもしれません。しかし、私たちが忘れてはならないのは、「純粋さ」を目がける物語は、けっして経験的なものにはなり得ないということです。仮に、この正直者が家族の願いに従い、意地を張らずに仲間に入ったという物語にすれば、その行為選択の意図は、家族を思う純粋な気持ちに見定められるかもしれませんが、同時に、それを疑うさまざまな要素を呼び出してしまいます。

さらに、仮にそうした正直者がいるとしても、子どもが「最大の崇拝」を感じたり、そうした人になりたいと思うはずがないと疑う人もいるでしょう。しかし、そうだからといって、この物語が全面的に無効になるとは言えないでしょう。なるほど、多くの子どもは、自分はそんなに実直に生きられないかもしれないという不安を抱くかもしれません。しかし、同じ子どもが、脅しに屈して生きることが自分にとって唯一の選択肢ではないという思いを抱く可能性も否定できません。そこに、自分もそうした実直な人になりたいという「生き生きした願望」が

(5)　カントは『実践理性批判』の§6の末尾で、ここに挙げたものと部分的に類似した例を挙げています。

(6)　ここでカントは、「感情」に言及しつつ、ルソーの所説を念頭に置いていると考えられます。たとえば、ルソーはそのさまざまな著作で「憐《あわれ》みの情」を論じています。

生まれる余地が見いだされるのです。これはまた、逆に言えば、ことがらが道徳的心術にかかわっている場合、幸福に代表される純粋ならざるものへの希求を動機とする例を語ることは、私たちの道徳的法則に対してこころへの「入口」を閉ざすことになり、道徳的法則が私たちのこころへ「影響」を及ぼすための「障害」(156)となるということです。

〈「純粋さ」を目がける方法の意義〉

カントは、このように心術の「純粋さ」を語りだすことを重視しますが、それは道徳性を英雄的な振舞いがもたらす功績と関係づけることを拒むことをも意味しています。ここでさらにカントはいくつかの「高貴で潔い行為」(158)を例示します。それによって、彼の同時代に見られた傾向、すなわち、そうした行為が功績に値すると称揚することで、そうした行為に対する感激を子どもに注入しようとする方法の問題を指摘するためです。

カントは例として、海難事故を目にした人が自分の生命の危険を冒して他人を救おうとすることや、祖国を守るために自分の生命を潔く犠牲にすることを挙げます。これらは、確かに子どものこころに感激をもたらすかもしれません。しかし、これらの例が、先に挙げた正直者の例とは異なり、行為の功績的な側面をクローズアップするものだとしたら、その感激は長続きしないでしょう。すごいなあ、という印象が短く残るだけです。これらの例が、行為主体としての自分自身(子ども)の問題にならないからです。しかも、これらの例をもっぱら功績をもたらすものと考え、それを道徳的法則に基づく義務と照らし合わせるなら、当該の行為の義務としての性質にも疑問が湧いてきます。カントは、功績のために自分の生命を危険にさらすのは、生命維持を命じる「自己自身に対する義務」に反すると指摘します。また、国家を守るという功績のために自分の生命を犠牲にすることを「完全義務」とするには疑問が残るとも言います（158）。

これらの例を挙げつつ、カントが確認しようとするのは、なんらかの行為の功績を称揚するのではなく、義務が義務に基づいて行為される場合を表象することによってのみ、つまり心術が純粋な場合を表象することによってのみ、私たちのこころはその入口を開いて道徳的法則を受け入れることができるということです。海難事故の例も、祖国防衛の例も、それが義務として認識され、義務に基づいて遂行されるとしたら、私たちはそれに対して「完全な尊敬」を捧《ささ》げると彼は言います(7)。

（7）　海難事故の例をとっても、ここでは、その救助が義務違反の嫌疑をかけられたり、それが義務として語られたりしています。海難事故に際して、自分の生命を守るのが義務なのでしょうか、それとも他人を救助するのが義務なのでしょうか。これは、一見したところ、倫理学上しばしば話題となる「義務の衝突」という事態だと思われるかもしれません。しかし、カントは後年の『道徳形而上学』で、「義務や拘束力の衝突はまったく考えられない」（VI 224）と主張します。なぜなら、同一の事態に対峙《たいじ》して、相互に背反しさえするが、とるべき行為が二つある場合、その拘束力の根拠に相違があり、そうした拘束力のいずれかは義務づけに不十分であるがゆえに、そうした行為は義務ではないからです。さらに付言するなら、このようにカントが考える背景には、どのような行為の拘束力を認めてそれを義務とするかは、行為主体自身にかかっているという彼の主張があります（VI 417）。

次のカントの文章は、その大半がすでにこれまで述べられてきたことの繰り返しになっていますが、ひとつのまとまった表現として印象的な引用文です。

義務の神聖性に対して他の一切を後置すること、また、私たち自身の理性がそれ〔行為〕を理性の命令として承認してそれを行うべきだと語るがゆえに、それを行うことができると意識すること、それはいわば感性界そのものを完全に超え出るということであり、それはまた、まさにこの法則の意識の中で、感性を支配する能力がもつ動機としても不可分である。たとえ、いつでも効果と結びついているわけではないとしても。もっとも、この効果は、しばしばこの動機とかかわることで、またこの動機を用いるはじめはささやかな試みによって、その実現への希望をもたらし、私たちの内に次第に、この動機に対する最大の、しかし純粋で道徳的な関心を生みだすのである。(159)

この引用文の冒頭にある「義務の神聖性に対して他の一切を後置すること」とは、道徳的法則の遵守において、一切の条件を設けないことです。私たちがその行為を「できる」のは、それが理性によって「行われるべきだ」と語られるからに他なりません。そこに他の根拠が入り込んではなりません。このような事態は、まさに道徳的心術の純粋さを言い換えたものです。さて、この〈純粋さ〉の意識は私たちを感性界から超出させます。感性界からもたらされる感覚はもっぱら経験的だからです。さらに、この意識は、感性の領域を離れるのみならず、それを支配する能力（すなわち理性）がもっている動機（執行原理）とも不可分です。つまり、或る感性的欲望を支配するために他のもっと強い感性的欲望を用いるのではなく、理性の命令だけで純粋に支配するのです。私たちがこのような状態を表象するとしても、それが実際に私たちのこころに変化を生みだし、私たちを行為へと促す「効果」を生むかどうかは別問題です。しかし、純粋な道徳的心術のもつ動機とかかわり、そうした動機に基づいて行為するという試みを繰り返すことで、私たちはまさにそうした動機に関心を、しかも「純粋で道徳的な関心」を抱くようになるというのが、この引用文の趣旨です。

この引用文で「効果」が言及される前までは、これまでのカントの所説の繰り返しです。しかし、私たちが「動機」に対して「純粋で道徳的な関心」を抱くようになる仕方を説明するところには、「方法論」固有の内容がまとめられています。それは、ひとが道徳的法則を判定原理にするのみならず自分の行為の執行原理にすることを最初はささやかでも試みることで、そこで生まれた「効果」が、やがて「動機」そのものへの道徳的関心を抱かせるようになる、ということです。これは、切り縮めて言えば、純粋な動機をもって行為しようと試みれば、やがて、動機の純粋さそのものに無関心でいられなくなるということです。これはまた、道徳的法則に対してこころへの「入口」を開けることに他なりません。

この抽象的な議論を、私たちの日常に落とし込んで理解してみましょう。私たちは、ときに嘘をつきたくなりますが、いつでも嘘をつくわけではありません。それは、他人から自分への信頼を守るためかもしれませんし、自分と他人との関係を守るためかもしれませんし、さらにはもっぱら他人を守るためかもしれません。しかし、そうした「〜ため」という意識を離れて（感性界を超出し）、そもそも嘘をつくべきではないから、私は嘘をつかないという振舞いをしてみるとします。私たちは、そのとき何を意識するでしょうか。それは、感性界に理由を見つけて行為することと感性界を超出して行為することとの差異、言い換えれば、経験的な意志規定と純粋な意志規定との差異です。この差異への気づきは、純粋な意志規定が可能であるという気づきです。これは、私たちに行為の動機への「純粋で道徳的な関心」を抱かせるのではないでしょうか。この気づきによって、私たちの行為の幅が大きく広がります。私たちは、もはや嘘をつくのは当然だとは考えられない自分をここに見いだします。もちろん、カント自身が引用文中で示唆しているように、こうした「効果」がいつでも生まれるわけではありません。しかし、カントは、一人の行為主体としての私たちにはその可能性が拓《ひら》かれていることを指摘しているのです。

〈真の道徳的心術の確立と陶冶〉

以上の行論を経て、カントは「真の道徳的心術」を陶冶し確立する方法の進み行きを二段階にまとめています。これこそが、「純粋実践理性の方法論」で彼が提示したかったことの中心でしょう。まず、第一段階から確認します。

まず第一に、もっぱら重要なのは、道徳的諸法則による判定を、私たち自身の一切の自由な行為にも他人の自由な行為の観察にも自然に伴う営みとし、つまりいわば習慣とし、そして、まずは、その行為が客観的に道徳的法則に適っているかどうか、しかもどのような道徳的法則に適っているかを問うことによって、そうした判定を研ぎ澄ますことである。(159)

カントはここで、道徳的心術を確立し陶冶するには、自分や他人のどのような自由な行為についても、それを道徳的法則に従って判定するという習慣を身につけることが重要だと指摘します。カント倫理学は一般に「習慣」を原理とするものではありませんが、このような場面では習慣の意義が語られます。さらに、そうした道徳的判定を「研ぎ澄ます」ために、まずは行為が客観的に道徳的法則に適っているかどうかを検討することが必要です。

このように道徳的判定を習慣化しさらに陶冶する際に重要なことを、カントは二つ指摘します。それは、まず、当該の行為を実際のところ拘束している根拠は何かを見極めることです。これは、例えば、嘘をつかないという行為に対して、その拘束の根拠がどこにあるかを見定めることです。世間的に嘘をつかないことが〈よし〉とされているという事実が拘束しているのか、それとも嘘をつくべきでないという義務意識に基づいているのかを見分けることです。次に、引用文中で言及された客観的な判定に留まることなく、主観的にも判定することです。それは当該の行為が「道徳的法則のために」(同) 行われたのかどうか、つまり当該の行為がたんに正しいのみならず道徳的価値をもつものかどうかに注意することです。このような行為の吟味は、カントによれば一種の「訓練」です。彼は、これによって、私たちが自分の理性を「陶冶」し、この陶冶の意識が「道徳的に善い行為」への関心を生むに違いないと指摘します。

このような指摘を読んで、カントもずいぶん楽天的なことを書くと思われた方もいらっしゃるかもしれません。彼が挙げる理由を確認しましょう。先に示された「訓練」は、自他の行為を観察し、そこに見えている以上のことを考えさせます。詳しく言えば、理論的に観察されたこと（〇〇である、と認識されたこと）以上のことを、実践的に判定（〇〇べきである、と判定）させます。これは、実践的とはいえ、一種の「認識諸力の拡張された使用」（160）を感じさせますが、そのように感じさせるものを私たちは「愛する」（同）から、というのがその理由です。どう思いますか。私たちは理論的に観察された行為が人間の行為のすべてだと断定されると、息苦しさを感じるのではないでしょうか。その場合、私たちの行為がすべて時間的に先行する諸原因によって決定されているということになるからです。しかし、道徳的判定の見地からすれば、行為の理論的観察に対して、私たちは〈それがすべてではない〉と言い、ではどうあるべきかを語ることになります。このような「べきだ」の意識は、なるほど私たちを強制する意識ではありますが、しかし、そこには理論的に認識された自然界からの自由と、自己決定に基づく道徳的自由が意識されます。この拡張に私たちは抗しがたい魅力を感じるのではないでしょうか。

第二の段階に進みましょう。この段階が「純粋理性の客観的で実践的な諸法則が、義務の純然たる純粋表象を介して、主観的で実践的になる」（153）ための最終段階です。

第二の訓練がその仕事を開始する。それは、さまざまな実例において道徳的心術を生き生きと描き出す中で、意志の純粋性に気づかせることである。まずは、義務に基づくなんらかの行為において傾向性という動機がまったく規定根拠として意志に影響を与えないという点で、意志の消極的な完全性としてだけ気づかれる。これによって、それでも生徒は自分の自由の意識に注意を向けるようになり、また、このような〔傾向性の動機の〕放棄がはじめは痛みの感覚をひき起こすとしても、それでもこの放棄があの生徒から真の必要ですらもたらす強制を取り去ることによって、同時に、あの生徒に、そのような一切の必要が当人を巻き込んでしまう多様な不満足からの解放を告げ知らせ、そしてこころが他の諸源泉に基づく満足の感覚を感じるようにさせられるのである。(160f.)

第二の訓練は、「さまざまな実例において道徳的心術を生き生きと描き出す」ことによって、「意志の純粋性」に気づかせることです。この純粋性は、傾向性の影響を受けないという点では「消極的な完全性」ですが、しかし、それは同時に、傾向性の支配を脱することで「自由の意識」にも気づかせてくれます。もちろん、傾向性という動機を拒むことは、はじめは「痛み」を伴います。しかし、傾向性のような「必要」が私たちに日々「不満足」をもたらすことを考えてみるなら、これはそうした「不満足」からの解放です。さらには、そこに「他の諸源泉」、つまり道徳的法則やそれへの尊敬に基づいているという「満足の感覚」をももたらすことになります。

　ここに至って、厳粛主義と呼ばれるカント倫理学が私たちに最終的に提示する境地が「満足の感覚」だということが分かります。これはもちろん、通俗的な意味での自己満足ではありません。この「満足」において私たちは、日常的には意識しない「内的自由」（161）を自分のものにできます。これは、私たちが道徳的心術をもって、道徳的法則に基づいて生き生きと生きる自由の意識です。さらに、この自由において私たちは自分を、道徳的法則を自己立法する主体としても意識します。ここには「自分たちが自由であるという意識における私たち自身への尊敬」（同）も生み出されるはずです。自分こそが神聖な道徳的法則を立法する主体なのですから。この自分自身への尊敬は、カントによれば、「あらゆる善き道徳的心術」（同）の土台となります。この尊敬こそが、私たちを堕落させる感性的衝動がこころに入って来ることを防御してくれるからです。

　以上のように、「純粋実践理性の方法論」は、客観的に実践的な道徳的法則が主観的にも私たちの心術において実践的になる方法を描きました。私たちは、カントによってここに見定められた、自分に満足し自分を尊敬している行為者像を見失わないようにしたいものです。それこそが、客観的な道徳的法則を主観な格率に取り込むという、カントの根本的な思想が表現しているものなのです。

第十七章　結語

『実践理性批判』の末尾には「結語」が置かれています。これは『純粋理性批判』には見られなかったことです。ただし、この結語はその内容上、「純粋実践理性の方法論」の内部でその末尾に置かれたものと見るべきです。それでも、この「結語」の冒頭はあまりにも有名ですから、私たちはここで章を改めて検討することにしましょう。なお、この冒頭部分を掲げた銘板が、日本でもカントの「墓碑[1]」として紹介されたこともありますが、それはかつてケーニヒスベルクに存在した城の城壁に設置された記念銘板です。

ケーニヒスベルクの記念銘板

〈星々さんざめく天界と道徳的法則〉

さっそく、当該の冒頭部分（次の引用文の二つ目の句点まで）を含む箇所を引用しましょう。

そのもののことを憶《おも》うことがしばしばであればあるほど、また長ければ長いほど、それだけますます新たにしていや増す賛嘆と畏敬《いけい》とをもって、こころを充《み》たすものが二つある。それは、私の上に広がる星々さんざめく天界と私の内なる道徳的法則である。このいずれも私は、暗黒の中で覆い隠されたものとして、あるいは法外なものの中で、私の視界の外で探し求めたりたんに推測したりする必要がない。私は、この両者を自分の前に見て、直接的に私の現実存在の意識と結合させる。第一のものは、私が外的な感性界で占める場所から始まり、私がその中に立っている結合を、さまざまな世界の上なる世界やさまざまな体系の体系を備えた見渡し難い大きさにまで拡大し、さらには世界や体系の周期的運動、始まり、継続がもつ、限りない時間にまで拡大する。第二のものは、私の見えざる自己つまり私の人格性から始まり、次のような世界の中にいる私を描き出す。それは、真の無限性をもつのだが、悟性にとってだけ明らかな世界であり、また、その世界（またその世界を介して同時にあの一切の見える世界）との、第一のものの場合のように、たんに偶然的な結合の中で私が自己を認識するのでなく、その世界と普遍的で必然的な結合の中で自己を認識するような、そうした世界である。（161f.）

この引用文中で強調されている「私の上に広がる星々さんざめく天界と私の内なる道徳的法則」は、それぞれが『純粋理性批判』と『実践理性批判』で扱われた領域、すなわち自然と自由という領域を代表していることは、一読して明らかです。しかし、それらが「賛嘆と畏敬」

の対象となるとき、私たちはここでのカントの問題意識がすでに、およそ二年後に刊行される『判断力批判』との連関の中にあることに気づきます。というのは、ここで「天界」も「道徳的法則」も、理論的認識や実践的認識が主として問題にする〈一般的なもの〉としてでなく、むしろ自分が眼前に見据えているもの、あるいは「直接的に私の現実存在の意識と結合」しているもの、として言及されているからです。現実存在する私が意識する「天空」も「道徳的法則」も、やがて『判断力批判』で「崇高なもの」として論じられる対象に関係しています。(2) この論点にはすぐ後でもう一度触れます。

引用文に戻りましょう。ここでは、「二つのもの」が「賛嘆と畏敬」の対象として結び付けられながら、対比されています。第一のものは「私の上に広がる星々さんざめく天界」です。私たちは、自分自身を感性界の中に位置づけつつ、そうした天界を眼前に見据えて観察します。そうすることで私たちは星々を、たとえば太陽系として結合し、さらには銀河系として結合し

---

(1)　Uwe Schultz, *Immanuel Kant in Selbstzeugnissen und Bilddokumenten*, Rowohlt, Reinbek bei Hamburg 1965, S. 43. 邦訳：ウヴェ・シュルツ、坂部恵訳『カント』、理想社、一九八二年、四一頁。

(2)　この点については、『判断力批判』第一部「美感的判断力の批判」から、第一篇「美感的判断力の分析論」の第二章「崇高なものの分析論」を参照してください。なお、引用文中の「私の上に広がる星々さんざめく天界」に関連して、私たちは若きカントの論文「天界の一般自然史と理論」（一七五五年）の最終段落で、やはり「星々さんざめく天界（ein bestirnter Himmel）」（II 367）という表現が用いられたことを思い出すこともできます。

ます（引用文中の「体系」はこうした「系」の表現です）。こうした観察は空間的にも時間的にも無限に広がりますが、すでに理論的認識においてコペルニクス的転回を遂行した私たちは、そこに「体系の周期的運動」のような法則性を見いだすことができます。ただし、そうした天界やそこに見られる諸対象と自己との関係はどこまでも偶然的です。感性界の中で各人が占める空間的・時間的な位置が人それぞれだからです。これは北半球に住む人々の中には南十字星を見たことがない人も多くいることを考えてみれば、当然のことです。

次に、第二のものは、「見えざる自己」を出発点とします。つまり、感性界で理論的に認識される自己ではなく、道徳的法則と「直接的に私の現実存在の意識」において結合している自由な自己を出発点とします。(3) カントはそうした自己を、自然のメカニズムから自由な「人格性」とも言い換えています（87参照）。この道徳的法則の意識は、「悟性にとってだけ明らかな世界」、すなわち「超感性的な」世界である悟性界へと私たちを移し置きます。この世界は「真に無限性」をもちます。それは、この世界が定言的命法という無条件的な命令によって開かれ、空間性や時間性によって限定されないからです。また、この世界において、私は当該の世界と自己とが「普遍的で必然的」に結合していると認識します。なぜなら、第一に、道徳的法則は、ア・プリオリな定言的命法として意識されるがゆえに普遍性と必然性の意識をも伴いますし、第二に、道徳的法則が開示する超感性的世界において私は自己を、みずからの理性的な自己立法によってその世界の成員となるものとして実践的に認識するからです。

さらにここで注目すべきは、第二のもの（道徳的法則）について、カントが、超感性的な悟性界を介して、「同時にあの一切の見える世界」と自己とを結合させると括弧内で注記していることです。「あの一切の見える世界」とは、先に「天界」によって代表された感性界あるいは自然界のことです。ここで彼が、悟性界の表象を介して感性界と自己とを結びつけるという事態で考えているのは、道徳的法則の意識に基づいて〈あるべき世界〉を表象し、それを感性界における自分の行為の原理とするということです。たとえば、道徳的法則の意識に基づいて戦争のない世界を思い描いた人が、絶え間なく戦争が起きている感性界に生きつつ、その感性界を戦争のない世界にすべきだと考えて行為するような事態です。

これをカントが『実践理性批判』の弁証論で提示した文脈に帰って考えるなら、道徳的法則の意識に基づいて、最高善を「純粋実践理性の対象全体」(109)として見定め、それを実現すべく、自由の領域で道徳性を追求しつつ、自然の領域に幸福を希望するという事態です。さて、弁証論では、最高善という究極の目的を実現するために、魂の不死と神の現存在が要請されましたが、魂が不死であることは道徳性の実現にとって合目的的です。なぜなら、魂が「無限に進行する」(162)という想定の下でだけ、道徳性とそれに基づく最高善が可能になるからです。

(3)　結語の冒頭でカントが「私の内なる道徳的法則」と書いていることをもって、私たちがいつでも道徳的法則を意識しているとか、いわんや、私たちの身体に道徳的法則がなんらかの仕方で刻み込まれているなどと考えてはならないでしょう。なるほど、私たちは理性的存在として自分の行為原理としての格率に基づいて行為しますが、そうした格率を意識することも、また格率を理性的に反省することも、いつでも行っているとは言えないからです。

先の引用文には含まれていませんが、カントはこの結語の第一段落の末尾でこのような「私の現存在の合目的的規定」（同）に言及しますが、私たちはここにも自由と自然とを架橋することを企図した著作としての『判断力批判』との連関を予想することができるのではないでしょうか[4]。

〈実例に対する態度〉

さて、カントはこのように結語の冒頭で「賛嘆と畏敬」について言及しましたが、それは、自然や道徳を賛美するためではありません。さっそく彼は、自然や道徳の探究において、そうした「賛嘆や尊敬」（162）は刺激にはなるものの、そうした感情が認識の欠如を補うものではないと指摘します。さらに、そうした感情に基づいて、自然探究を行うなら、私たちは「占星術」（同）に逢着《ほうちゃく》するはめに陥り、道徳の探究を行うなら、「狂信や迷信」（同）に陥るだけだとも言います。探究において必要なのは、そうした感情的な要素に依存することなく、理性使用に徹し、理性的に採用された方法を貫くことです。

カントは、『実践理性批判』全体の最終段落で、次のように記しています。

> 私たちは道徳的に判断する理性の実例を手許《てもと》にもっている。そこで、これらの実例をその要素概念に分解することで、しかし〔ここでは〕数学が欠けているので化学に似た手続きを、すなわち、実例の中にあると思われる経験的なものを合理的なものから分離する手続

きを、ふつうの人間理性にかんして繰り返し試みることで、私たちは両者を純粋に、そしてそれぞれがそれ自身だけでできることは何かを、確実に知ることができる。また、このようにして、私たちは、一方で、いまだ粗削りで訓練を欠いた判定が犯す錯誤を防止できるし、他方で、（こちらの方がはるかに重要だが）天才の飛躍を防止できる。天才の飛躍とは、それによって賢者の石の錬金術師に見られるように、一切の方法論的探究と自然の知識を欠いたまま、夢のような財宝を約束し、真の財宝を浪費することである。（163）

カントは、ここで道徳にかんする実例に対しては、化学に似た手法を採用することを提案しています。物理学においては、物体の運動をさまざまな要素に分解し、それを数学的に処理することで、世界を貫く法則を把握することができました。しかし、道徳的判断の場合には数学が援用できません。そこで採用されるべきなのが、化学における「分離」という手法を模倣することです(5)。それは、道徳的判断の事例において「経験的なもの」と「合理的なもの」とを明《めい》晰《せき》に分離し、それぞれの要素を「純粋」に取り出すことです。それによって純粋に理性的なものが析出されることでしょう。この訓練を繰り返すことで、私たちは、道徳的なことがらをす

（4）　感性界に生きる私たちが最高善の実現を考えるためには、あらかじめ自然の側にも合目的性を見いだす理路が必要になります。その理路は、『判断力批判』の第二部「目的論的判断力の批判」が提示します。

べて経験的なことに還元してしまうような粗野な態度や、それを根拠もないままに超感性的なものに関係づける狂信的な態度を免れることができるのです。[6]

私たちもカントがなぜ『実践理性批判』の末尾で、「分離」という化学の手法に言及したかを少しだけ考えておきましょう。私たちは、自分の理性による批判的検討を行うはるか以前に、すでにさまざまな行為について善や悪が語られている世界に産み落とされ、有徳とされる人々の伝記が陳列されている図書室のある学校で教育を受けます。有徳な人の伝記を読めば、私たちはそうした人々の努力がもたらした功績に賛嘆することでしょう。そうした功績はその人物の行為の結果です。そうした結果に賛嘆することで、私たちはいつの間にかことがらを善や悪の領域にずらし込み、善悪とは行為の結果から判断されるべきものだと考えてしまうかもしれません。しかし、これがカントの所説に反することは明らかです。では、私たちがそうした誤解に陥らないようにするにはどうすればよいでしょうか。それは、偉人とされる人々の行為であっても、それを構成する理性的な要素と経験的な要素とに「分離」し、純粋に理性的な要素を見極めるという試みを繰り返すことです。それは、翻って、取り立てて偉人と呼ばれることのない、「ふつうの人間理性」の持ち主の行為についても、純粋理性に基づく部分があることを気づかせることになるかもしれません。それは、ルソーから人間を人間であるがゆえに敬うことを学んだカントとともに、私たちにとっても重要な気づきになるのではないでしょうか。

このように「分離」という話題を受け止めるなら、それは、人間に「純粋実践理性というものがあること」を明らかにすべく書かれた『実践理性批判』の末尾にふさわしい指摘であると言うことができるでしょう。

私たちはこれまで、『実践理性批判』という書物において、カントが「純粋実践理性の根本法則」を捉《とら》え出し、それが善悪規定の根拠になることを示し、さらにはそれが道徳的行為の執行原理にもなることを明らかにしたことを確認してきました。これらは、カントという哲学者の哲学的な営みですし、実践の理論と言うべきものかもしれません。他方、こうした哲学的な営みとはひとまず無関係に、「公衆（Publikum）」（163）は世間の道徳を生きることでしょう。それでも、哲学者がいなくても、道徳というものは人間社会に文化として生成消滅し続けます。それでも、人々は、カントが方法論のはじめの方で指摘したように、社交の場などで道徳的行為の純粋さに強い関心を示すものです。その際、カントが「純粋実践理性の方法論」で提示した方法、す

（5）　カントはすでに『実践理性批判』の分析論でも、化学者が用いる「分離」という手法に言及していました（92）。彼はまた、『純粋理性批判』の初版でもそれに言及していますが（A842/B870）、さらに注目すべきは、同書第二版の序文においても、純粋理性批判における「実験」的手法を、化学者による「還元」の試みと類似のものとしていることです（B XXI）。

（6）　引用文中の「天才の飛躍」は、こうした狂信的な態度を表現していると言えるでしょう。なお、ここでカントは「天才（Genie）」概念を、「賢者の石の錬金術師」という表現とともに、否定的に扱っているように見えます。「錬金術師」とは、化学者が「分離」を行うのと対照的に、卑金属を総合して貴金属を錬成しようとする人々です。しかし、カントにとって「天才」概念はもっぱら否定的なものではありません。彼もまた、彼の同時代人と同様に、それを哲学的に論じています。この点については『判断力批判』の第四六節以降を参照してください。

なわち、「分離」によって「純粋」なものを取り出す訓練は、道徳的行為の「純粋さ」に無関心ではいられない公衆にとっても無関心でいられないもののはずです。カントはこの指摘をもって同書を閉じますが、ここから私たちは実践の理論（近年ではこれを道徳理論や倫理理論と呼ぶことがあります）が、私たちの日々の実践における道徳性とひと続きのものだということを読みとることもできるでしょう。

おわりに

本書は、先に刊行した『カント　純粋理性批判』と同じく、『実践理性批判』という書物を手に取って実際に自分で読んでみようとする人のための本です。そのための〈手引き〉と〈練習〉を提供するのが、本書の目的です。この目的に基づくなら、本書の読み方は次のようになるでしょう。本書には『実践理性批判』からの引用がたくさん行われ、その引用文に対する解説が行われていますが、まずはじっくり引用文を読んでください。引用文こそが、『実践理性批判』のポイントを理解する〈手引き〉となっているからです。引用文を読み飛ばして解説文からカントの所説を理解しようとするのは、本書が意図するところとはいささか異なると言わざるを得ません。あらかじめ引用文をしっかり読んでおかないと、解説文が〈練習〉とはならないからです。さらには、できることなら『実践理性批判』の翻訳を手もとにおいて、引用文の前後でカントが論じていることにも目を向けて下さい。本書は、そうした箇所をも念頭に置いて解説を試みています。

さて、『実践理性批判』の全体を扱った解説書・研究書が、カントの『純粋理性批判』や『道徳形而上学の基礎づけ』のそれに比して、たいへん少ないことは洋の東西を問いません。『実践理性批判』の問題喚起力が他の著作に劣るなどということはまったくありません。それにもかかわらずこうした事態が生じていることは不思議と言わざるを得ません。もちろん、若干の解説書はありますし、本書の執筆に際してもそれらを参照しました。ここでそれらのうちから頼りになるものの書名を挙げておきましょう。

Lewis White Beck, *A Commentary on Kant's Critique of Practical Reason*, The University of Chicago Press, Chicago & London 1960. 邦訳：L・W・ベック、藤田昇吾訳『カント『実践理性批判』の注解』新地書房、一九八五年。

Otfried Höffe (hrsg.), *Immanuel Kant, Kritik der praktischen Vernunft*, Akademie Verlag, Berlin 2002.

Andrews Reath and Jens Zimmermann (ed.), *KANT'S Critique of Practical Reason, A Critical Guide*, Cambridge University Press, 2010.

Giovanni B. Sala, *Kants "Kritik der praktischen Vernunft", Ein Kommentar*, Wissenschaftliche Buchgesellschaft, Darmstadt 2004.

高峯一愚『カント実践理性批判解説』論創社、一九八五年。

細川亮一『要請としてのカント倫理学』九州大学出版会、二〇一二年。

他方、カントの『実践理性批判』の邦訳は、一九一八年に波多野精一と宮本和吉によって翻訳されたものをはじめとして、たくさんあります。その中で、本書の執筆に際して参考にしたのは次の訳書です。

宇都宮芳明『訳注・カント『実践理性批判』』以文社、一九九〇年。
坂部恵・伊古田理訳『実践理性批判』、カント全集7、岩波書店、二〇〇〇年。

ここで、今日、カントの『実践理性批判』と取り組むべき理由に言及しておきましょう。現在世間に流布している倫理学の教科書を繙《ひもと》くなら、必ずと言っていいほどその冒頭で、規範倫理学に義務論、功利主義、徳倫理学という三つの立場があることが説明されています。このうち功利主義や徳倫理学にはそれなりの解説が加えられているのですが、義務論の解説となると実に心もとない状況です。なかには、義務論とはカント倫理学のことだとして、それ以上の説明を省いているものさえあります。カント倫理学を義務論として理解することに誤りがあるわけではありませんが、どのような意味でカント倫理学が義務論なのかという説明が不十分なのです。なるほど、カント倫理学は「義務」概念を基軸に成立しています。しかし、理解されるべきなのは、カントの用いる「義務」とはどのような概念であり、その「義務」づけの構造がどのようになっているのかということです。これを理解するためには、『実践理性批判』の精読が不可欠です。私たちが義務論という規範倫理学上の立場に言及し続けるのであれば、ていねいに『実践理性批判』と取り組むことが必要なのです。

本書の執筆にあたっては、今回もまた、著者の本務校である早稲田大学の大学院文学研究科の哲学コースの大学院生の、さらには他大学大学院の大学院生の、忍耐と協力に助けられました。毎週の授業で、それまでに執筆した範囲を音読し、院生諸君からさまざまな批判を浴びながら文章を修正することができました。参加した院生はたいへん多いので全員の名前を挙げることは控えさせていただきますが、特に、逢坂暁乃さんには索引の検討でお世話になりました。記して、みなさんに感謝申し上げます。

本書は、拙著『カント　純粋理性批判』（二〇二〇年）を株式会社KADOKAWAから刊行した後、同社からご依頼をいただいて執筆したものです。この間、忍耐強く見守ってくださった、同社の麻田江里子さんにはたいへんお世話になりました。ありがとうございます。

二〇二四年はカント生誕三〇〇年です。この記念の年を契機として、カント哲学がさらにさかんに読まれることを期待しつつ。

二〇二三年九月二九日

御子柴　善之

上／カントの墓があるケーニヒスベルク大聖堂（戦前）
下／第二次大戦中に破壊された大聖堂。大聖堂の左隅に屋根が見えるのが、カントの墓所。ここだけは戦災を免れた。

カント略年譜

一七二四年	四月二十二日　プロイセンのケーニヒスベルク（現ロシア領カリーニングラード）に生まれる。
一七四〇年	ケーニヒスベルク大学入学。哲学部で学ぶ。
一七四六年	同大学卒業。卒業論文『活力の真の測定に関する考察』（一七四九年に出版）
一七五四年	論文「地軸の回転によって地球がこうむる変化」「地球は老衰するか」
一七五五年	『天界の一般自然史と理論』、マギスター論文「火について」 教授資格論文『形而上学的認識の第一原理の新解明』（出版は翌年） ケーニヒスベルク大学私講師に就任。
一七五六年	前年十一月のリスボンの大地震を受けて、地震論三つ。他に『物理的単子論』。 正式に私講師就任。
一七六三年	『神の現存在の論証の唯一可能な証明根拠』
一七六四年	『自然神学と道徳の諸原則の判明性にかんする研究』 『美と崇高の感情にかんする観察』
一七六六年	『形而上学の夢によって解明された視霊者の夢』 王室図書館副司書官（七二年まで）。
一七七〇年	正教授就任論文『可感界と可想界の形式と原理』 ケーニヒスベルク大学正教授（論理学・形而上学）に就任。 その後、いわゆる「沈黙の十年」。

一七八一年	『純粋理性批判』初版
一七八三年	『プロレゴーメナ（学問として現れ得るであろう、あらゆる将来の形而上学のための序説）』
一七八四年	「世界市民的見地における普遍史の理念」 「啓蒙とは何か、という問いに対する回答」
一七八五年	『道徳形而上学の基礎づけ』
一七八六年	『自然科学の形而上学的原理』
一七八七年	『純粋理性批判』第二版
一七八八年	『実践理性批判』（実際の出版は前年末）
一七九〇年	『判断力批判』
一七九三年	『たんなる理性の限界内の宗教』
一七九四年	宗教・神学に関する講述を禁止される。
一七九五年	『永遠平和のために』
一七九七年	『道徳形而上学』、「人間愛に基づいて嘘をつくという、思い誤られた権利について」
一七九八年	『実用的見地における人間学』、『諸学部の争い』
一八〇〇年	『論理学』（イェッシェの編纂による）
一八〇四年	二月十二日　カント没

自己－　307
無限性（Unendlichkeit）　386
矛盾（Widerspruch）　45, 317
無条件的（unbedingt）　46, 95, 164, 192, 279, 287, 322
命題（Satz）　59, 74, 89, 299, 317
　総合的－　90, 108
　分析的－　161
命法（Imperativ）　64
　仮言的－　64, 74
　定言的－　64, 90
メカニズム（Mechanismus）　247, 299, 323, 388
目的（Zweck）　179, 287, 315, 332
目的それ自体（Zweck an sich selbst）　196, 248, 335
目的論（Teleologie）　179
物それ自体（Ding an sich selbst）　32, 160, 261, 299

【や行】

優位（Primat）　314
　純粋実践理性の－　286, 312
要請（Postulat）　322
　純粋実践理性の－　286, 313, 319, 341
様相（Modalität）　197
欲望（Begierde）　86, 295

【ら行】

理性（Vernunft）　43
　実践的－　116, 254, 310
　思弁的－　284, 317, 343
　純粋－　24, 45, 62, 76, 109, 121, 136, 158, 230, 251, 277, 317, 364
　人間－　26, 285, 358, 391
　－使用　142, 254, 318, 346, 390
理性的存在（vernünftiges Wesen, Vernunftwesen）　59, 136, 198, 266, 321
理想（Ideal）　324
立法（Gesetzgebung）　91
　自己－　121
　普遍的－　83, 127, 166, 185, 203, 218, 224
理念（Idee）　27, 42, 116, 152, 204, 272, 318, 342
量（Quantität）　188, 191, 192
良心（Gewissen）　268
理論的（theoretisch）　31, 38, 45, 100, 142, 164, 309, 317
倫理学（Ethik）　107, 117, 234, 256, 335, 368, 381, 384
例外（Ausnahme）　81, 191, 194
怜悧（Klugheit）　129
論理学（Logik）　54, 199, 305

超感性的（übersinnlich） 144, 202, 343, 361, 388
直観（Anschauung） 138, 164, 187, 200, 252
定言的（kategorisch） 64
定式（Formel） 34, 197, 207
適意（Wohlgefallen） 223, 304
適法性（Legalität） 217, 231, 240, 368
哲学（Philosophie） 69
　実践－ 88, 124, 217, 254
哲学者（Philosoph） 38, 75, 86, 125, 129, 131, 133, 159, 173, 229, 232, 269, 309, 371
当為 → べきだ
統一（Einheit） 161, 253, 269
動因（Bewegursache） 295
動機（Triebfeder） 55, 215, 333, 378
道徳（Sitten, Sitte の複数形） 114
道徳学（Moral） 347, 349
道徳性（Moralität, Sittlichkeit） 35, 90, 114, 127, 137, 217, 240, 280, 287, 312, 349, 366, 374, 389
徳（Tugend） 116

【な行】

人間（Mensch） 45, 113, 176, 212, 220, 262, 310, 358, 365, 391
人間性（Menschheit） 195, 213, 244, 320, 335
二律背反（Antinomie） 25, 279, 286
認識（Erkenntnis） 30, 43, 53, 95, 137, 160, 205, 211, 222, 251, 293, 315, 333, 342, 359, 365, 382
　実践的－ 31, 169, 189, 387
ヌーメノン（Noumenon） 31, 162, 266, 299
能力（Vermögen） 24, 54, 145, 158, 190, 204, 312, 378
　認識－ 38, 45, 204, 251, 362
　欲求－ 38, 68, 74, 170, 220, 287, 304

【は行】

範型（Typus） 208, 327
範型論（Typik） 208
判断力（Urteilskraft） 200
被造物（Geschöpf） 361
必然性（Notwendigkeit） 100, 224, 260
必要（Bedürfnis） 350, 383
批判（Kritik） 31, 42, 148, 181, 241, 250, 274, 299
　純粋実践理性の－ 25
　純粋思弁理性の－ 25
フェノメノン（Phänomenon） 32, 162, 266, 299
不快（Unlust） 78, 172, 235
不死（Unsterblichkeit） 28, 319, 338
物件（Sache） 232
普遍性（Allgemeinheit） 367
普遍的（allgemein） 38, 81, 105, 121, 386
分析的（analytisch） 291
分析論（Analytik） 55, 137, 168, 215, 250, 280, 287
べきだ（Sollen） 64, 103, 241, 257, 315, 378, 382
弁証論（Dialektik） 277, 312, 341
法則（Gesetz） 59
　自然－ 205, 262
　道徳的－ 29, 89, 97, 109, 121, 142, 164, 181, 192, 217, 257, 279, 321, 354, 381, 386
　道徳の－ 101, 113, 204
方法（Methode） 181
方法論（Methodenlehre） 364, 391

【ま行】

満足（Zufriedenheit） 78, 172, 219, 307, 368, 383

実践的（praktisch） 24, 45, 59, 81, 95, 112, 134, 152, 158, 202, 230, 254, 279, 310, 341, 359, 365
実体（Substanz） 188, 196, 319, 346
質料（Materie） 81, 94, 121, 282
質料的（material） 68, 74, 124, 127, 230
実例（Beispiel） 390
自発性（Spontaneität） 27, 50, 92, 154, 228
自由（Freiheit） 27, 93, 121, 134, 169, 186, 190, 221, 250, 270, 333, 381
　回転串焼き機の－ 263
　超越論的－ 27, 134, 258
　道徳的－ 382
習慣（Gewohnheit） 38, 224, 233, 307, 381
宗教（Religion） 332
主観（Subjekt） 59, 127, 173, 230, 350, 365
主体（Subjekt） 60, 68, 110, 171, 227, 235, 265, 336
手段（Mittel） 173, 195, 336
純粋（rein） 69
純粋実践理性（reine praktische Vernunft） 24, 51, 58, 88, 121, 134, 168, 205, 223, 257, 277, 286, 312, 365
純粋性（Reinigkeit） 254, 383
純粋理性の実践的使用（praktischer Gebrauch der reinen Vernunft） 53, 62, 166, 181, 237, 274, 298
条件（Bedingung） 29, 46, 95, 154, 179, 192, 266, 278, 288, 300, 321, 367
浄福（Seligkeit） 78, 332
自律（Autonomie） 117
仁愛（Wohlwollen） 223, 244
神学（Theologie） 310, 347
人格（Person） 232, 245, 269, 287
人格性（Persönlichkeit） 196, 245, 321, 386
信仰（Glaube） 330, 341
　理性－ 330, 341
心術（Gesinnung） 164, 300, 349
　道徳的－ 268, 304, 328, 360, 380
神聖さ（Heiligkeit） 335
神秘主義（Mystizismus） 209
心理学（Psychologie） 259, 263
数学（Mathematik） 140, 390
崇高さ（Erhabenheit） 248
図式（Schema） 200
生（Leben） 72
性格（Charakter） 232, 266, 368
精神（Geist） 232
性癖（Hang） 372
世界（Welt） 143, 260, 287, 328, 361, 386
善（Gut） 89, 168, 186, 219, 279
　最高－ 279, 282, 286, 312, 342, 353, 356, 389
選択意志（Willkür） 69, 117, 189
総合（Synthesis） 393
総合的（synthetisch） 42, 90, 108, 291
創造（Schöpfung） 271
尊敬（Achtung） 223, 256, 361, 383
尊厳（Würde） 214, 370

【た行】

体系（System） 34, 222, 250, 365, 386
対象（Gegenstand） 32, 45, 68, 75, 135, 158, 169, 204, 223, 279, 287, 295, 343
妥当性（Gültigkeit） 61, 136
　客観的－ 65
魂（Seele） 43, 286, 319, 389
他律（Heteronomie） 117
知性（Intelligenz） 200, 223, 305, 328
秩序（Ordnung） 138, 247, 336
超越的（transzendent） 46, 52, 152, 345
超越論的（transzendental） 26, 54, 135, 199, 252, 258, 293, 330, 348, 365

義務（Pflicht） 35, 115, 117, 197, 234, 257, 333, 377
逆説（Paradoxon） 32
方法の－ 181
客観（Objekt） 78, 136, 164, 325, 332, 343
客観的（objektiv） 31, 45, 59, 67, 127, 149, 216, 350, 365, 381
狂信（Schwärmerei） 167, 244
強制（Zwang） 235
驚嘆（Bewunderung） 374
強要（Nötigung） 64, 115, 235
キリスト教（Christentum） 330
空間（Raum） 46, 388
国（Reich） 209, 331, 361, 376
諸目的の－ 198, 241
経験（Erfahrung） 26, 37, 82, 91, 96, 135, 160
経験的（empirisch） 32, 46, 68, 100, 108, 137, 149, 164, 263, 293, 347, 390
傾向性（Neigung） 211, 222, 234, 246, 307, 360, 383
形式（Form） 46, 77, 81, 91, 105, 121, 126, 204, 251, 300
形式的（formal） 74, 230, 282
形而上学（Metaphysik） 340, 358, 366
原因（Ursache） 49, 68, 102, 145, 159, 270, 296, 325, 300
原因性（Kausalität） 27, 31, 45, 96, 136, 152, 161, 186, 223, 227, 235, 260, 294, 299, 328, 339
限界（Grenze） 38, 45, 141, 222, 344, 359
現象（Erscheinung） 50, 139, 161, 261, 265, 299
原則（Grundsatz） 35, 43, 56, 59, 100, 134, 141, 192, 200, 254
現存在（Dasein） 72, 138, 261, 309, 324, 353
謙抑（Demütigung） 227
権利（Recht） 213, 243
原理（Prinzip） 35, 43, 101, 114, 117, 121, 126, 171, 193, 243, 256, 312, 333, 359, 367
実践的－ 68, 71, 124
原理論（Elementarlehre） 53, 359, 364
行為（Handlung） 44, 60, 105, 169, 186, 215, 260, 304, 333, 361, 389,
行為根拠（Bewegungsgrund） 370
後悔（Reue） 264
構想力（Einbildungskraft） 201
拘束力（Verbindlichkeit） 117, 156
幸福（Glückseligkeit） 71, 78, 85, 124, 177, 256, 287, 312, 325, 357, 368
幸福論（Glückseligkeitslehre） 256
合法則性（Gesetzmäßigkeit） 205, 328
悟性（Verstand） 32, 43, 75, 148, 187, 204, 266, 329, 344, 350, 386
悟性界（Verstandeswelt） 142, 301
誤謬推理（Paralogismus） 323
根拠（Grund） 30, 45, 68, 91, 117, 126, 136, 145, 177, 203, 217, 251, 279, 299, 312, 350
根本的諸力（Grundkräfte） 149

【さ行】

指図（Vorschrift） 65, 100, 192
自愛（Eigenliebe） 223
時間（Zeit） 260, 266, 271, 386
自己（Selbst） 71, 95, 121, 223, 235, 307, 386
自己尊重（Selbstachtung） 248
事実（Faktum） 107, 137, 254
自然（Natur） 203, 261, 299, 326, 347, 381, 391
超感性的－ 144, 209
自然学（Physik） 349
質（Qualität） 194
実在性（Realität） 24, 31, 45, 152, 164

事項索引

【あ行】

愛（Liebe） 223, 242, 248, 382
　自己－ 71, 124, 129, 208, 213, 223
　隣人－ 242
悪（Böse） 89, 168
ア・プリオリ（a priori） 29, 38, 135, 221, 293, 322
ア・ポステリオリ（a posteriori） 146, 150
アンチノミー → 二律背反
意志（Wille） 26, 45, 56, 59, 68, 74, 77, 81, 91, 105, 117, 124, 136, 145, 169, 217, 234, 252, 270, 304, 325, 328, 336, 354
　純粋な－ 203, 371, 380
　神聖な－ 115
意識（Bewußtsein） 29, 95, 103, 108, 137, 147, 235, 266, 304, 307, 378, 383, 386
意志作用（Wollen） 49, 56, 65
嘘（Lüge） 47, 92, 184, 207, 248, 379
うぬぼれ（Eigendünkel） 223, 244
永遠（Ewigkeit） 332
演繹（Deduktion） 134, 148, 344

【か行】

快（Lust） 70, 146, 172, 229, 237, 303
懐疑論（Skeptizismus） 159, 346
快適（angenehm） 72, 173, 304
解明（Exposition） 141, 250
確信（Überzeugung） 351
学問（Wissenschaft） 250, 366
格率（Maxime） 59, 81, 91, 105, 164, 170, 192, 203, 281, 292, 295, 365
仮言的（hypothetisch） 64
我執（Selbstsucht, Solipsismus） 223
仮象（Schein） 26, 277, 341
可想界（intelligible Welt, mundus intelligibilis） 155, 335
可想的（intelligibel） 138, 158, 227
価値（Wert） 92, 287, 303
　道徳的－ 102, 217, 240, 333, 371, 381
カテゴリー（Kategorie） 31, 46, 135, 252, 347
　－表 188, 190, 208
可能性（Möglichkeit） 24, 29, 152, 156, 169, 233, 242, 258, 270, 293, 312, 325
禍福（Wohl und Übel） 176, 180
神（Gott） 28, 127, 243, 270, 309, 324, 346
感覚（Empfindung） 56, 76, 173, 178, 229, 304, 383
感官（Sinn） 56, 75, 131, 204, 235, 304
関係（Relation） 195
感受性（Empfänglichkeit） 173, 371
感受的（pathologisch） 77, 227
感情（Gefühl） 75, 173, 223, 256
　道徳的－ 127, 226
関心（Interesse） 239, 313, 378
　実践的－ 357
感性（Sinnlichkeit） 55, 97, 162, 178, 192, 215, 230, 266, 304, 361
感性界（Sinnenwelt） 137, 202, 300, 378, 386
感性論（Ästhetik） 55, 215, 253
完全性（Vollkommenheit） 127, 359, 383
願望（Wunsch） 48, 287, 326, 375
幾何学（Geometrie） 107
規準（Kanon） 364
擬人観（Anthropomorphismus） 348
規則（Regel） 59, 64, 67, 206, 367
　実践的－ 74, 194

人名索引

【ア行】
アリストテレス　281
イェニッシュ，D.　33
ヴィラシェク，M.　111
ヴォルフ，Ch.　75, 87, 127
エピクテトス　129
エピクロス　127, 131

【カ行】
ガルヴェ，Ch.　37
河村克俊　71
城戸淳　95, 305
クルージウス，Ch. A.　127, 129
ケアスティング，W.　219

【サ行】
佐々木純枝　101
サラ，G. B.　295
シェーラー，M.　107
シャフツベリ　229
シュルツ，J.　33
ショーペンハウアー，A.　109
シラー，F.　243
スピノザ，B. de　271
セネカ　129
ゼノン　129

【タ行】
ティッテル，G. A.　35

【ナ行】
ニコライ，F.　31
ネーゲル，T.　265

【ハ行】
ハイネ，H.　309
バウムガルテン，A. G.　75
ハチソン，F.　125
ピストリウス，H. A.　30
ビットナー，R.　61
ヒューム，D.　38, 159
フェーダー，J. G. H.　37
フォントネル，B. L. B. de　232
フラット，J. F.　31
プリーストリー，J.　269
ベック，L. W.　39, 295, 299
ベンサム，J.　76
細川亮一　89, 107, 111, 151

【マ行】
マイヤー，G. F.　71
マルクス・アウレリウス　129
マンデヴィル，B. de　131
ミュラー，J.-W.　5
ミルツ，B.　299
メンデルスゾーン，M.　271, 319
モンテーニュ，M. E. de　127, 131

【ヤ行】
ヤハマン，R. B.　371
ユヴェナリウス　111

【ラ行】
ランペ，M.　311
ルクレティウス　131
ルソー，J.-J.　211, 234, 245, 375

御子柴善之（みこしば・よしゆき）
1961年生まれ。早稲田大学文学学術院教授。早稲田大学大学院文学研究科博士後期課程満期退学。日本カント協会会長。著書に『カント　純粋理性批判』（角川選書）、『自分で考える勇気――カント哲学入門』（岩波ジュニア新書）、『カント哲学の核心――『プロレゴーメナ』から読み解く』（NHKブックス）。共著に『グローバル化時代の人権のために――哲学的考察』（上智大学出版）などがある。

角川選書 1008

カント　実践理性批判《じっせんりせいひはん》　シリーズ世界《せかい》の思想《しそう》

令和6年3月21日　初版発行

著　者／御子柴善之《みこしばよしゆき》

発行者／山下直久

発　行／株式会社KADOKAWA
〒102-8177　東京都千代田区富士見2-13-3
電話 0570-002-301（ナビダイヤル）

印刷所／株式会社KADOKAWA

製本所／株式会社KADOKAWA

装　丁／片岡忠彦　　帯デザイン／Zapp!

●お問い合わせ
https://www.kadokawa.co.jp/（「お問い合わせ」へお進みください）
※内容によっては、お答えできない場合があります。
※サポートは日本国内のみとさせていただきます。
※Japanese text only

定価はカバーに表示してあります。

ISBN 978-4-04-703715-1　C0310

◆◇◇